科目別 過去問題集

SUPER
J-Book Series

国語
2023高卒認定
スーパー実戦過去問題集

編集●J-出版編集部
制作●J-Web School

最新過去問題
& 詳細解説
6回分
(2020~2022年)

J-出版

もくじ

高卒認定試験の概要

1. 高等学校卒業認定試験とは

高等学校卒業程度認定試験（高卒認定試験）は、高等学校を卒業していないなどのため、大学等の受験資格がない方に対し、高等学校卒業者と同等以上の学力があるかどうかを認定する試験です。合格者には大学・短大・専門学校や看護学校などの受験資格が与えられるだけでなく、高等学校卒業者と同等以上の学力がある者として認定され、就職、転職、資格試験等に広く活用することができます。ただし、試験で合格点を得た者が満18歳に達していないときには、18歳の誕生日の翌日から合格者となります。

2. 受験資格

受験年度末の3月31日までに満16歳以上になる方。現在、高等学校等に在籍されている方も受験が可能です。ただし、すでに大学入学資格を持っている方は受験できません。

3. 実施日程

試験は8月と11月の年2回実施されます。8月試験と11月試験の受験案内（願書）配布開始日、出願期間、試験日、結果通知送付日は以下のとおりです（令和4年度の実施日程を基に作成しています。最新の実施日程については文部科学省のホームページを確認してください）。

	第1回(8月試験)	第2回(11月試験)
配布開始日	4月4日(月)～	7月19日(火)～
出願期間	4月4日(月)～5月9日(月)	7月19日(火)～9月13日(火)
試験日	8月4日(木)・5日(金)	11月5日(土)・6日(日)
結果通知送付日	8月30日(火)発送	12月6日(火)発送

4. 試験科目と合格要件

試験の合格者となるためには、合格要件に沿って8科目もしくは9科目、10科目の試験科目に合格することが必要です（「公民」および「理科」の選択科目によって科目数が異なります）。

教科	試験科目	科目数	合格要件
国語	国語	1	必修
地理歴史	世界史A、世界史B	1	2科目のうちいずれか1科目必修
	日本史A、日本史B	1	4科目のうちいずれか1科目必修
	地理A、地理B		
公民	現代社会	1または2	「現代社会」1科目 「倫理」および「政治・経済」の2科目 いずれか必修
	倫理		
	政治・経済		
数学	数学	1	必修
理科	科学と人間生活	2または3	以下の①、②のいずれかが必修 ①「科学と人間生活」の1科目と「物理基礎」、「化学基礎」、「生物基礎」、「地学基礎」のうち1科目（合計2科目） ②「物理基礎」、「化学基礎」、「生物基礎」、「地学基礎」のうち3科目（合計3科目）
	物理基礎		
	化学基礎		
	生物基礎		
	地学基礎		
外国語	英語	1	必修

5. 試験科目の出題範囲

試験科目	出題範囲（対応する教科書名）	
国語	「国語総合」古文・漢文含む	平成25年4月以降の高等学校入学者が使用している教科書
世界史A	「世界史A」	
世界史B	「世界史B」	
日本史A	「日本史A」	
日本史B	「日本史B」	
地理A	「地理A」	
地理B	「地理B」	
現代社会	「現代社会」	
倫理	「倫理」	
政治・経済	「政治・経済」	
数学	「数学Ⅰ」	平成24年4月以降の高等学校入学者が使用している教科書
科学と人間生活	「科学と人間生活」	
物理基礎	「物理基礎」	
化学基礎	「化学基礎」	
生物基礎	「生物基礎」	
地学基礎	「地学基礎」	
英語	「コミュニケーション英語Ⅰ」	平成25年4月以降の高等学校入学者が使用している教科書

出願から合格まで

1. 受験願書の入手

受験案内（願書）は、文部科学省や各都道府県教育委員会、各都道府県の配布場所などで配布されます。ただし、配布期間は年度毎に異なりますので、文部科学省のホームページなどで事前に確認してください。なお、直接取りに行くことができない方はパソコンやスマートフォンで受験案内（願書）を請求することが可能です。

〈パソコンもしくはスマートフォンで請求する場合〉

次のURLにアクセスし、画面の案内に従って申し込んでください。

https://telemail.jp/shingaku/pc/gakkou/kousotsu/

○受験案内（願書）は、配布開始時期のおよそ1か月前から出願締切のおよそ1週間前まで請求できます。

○請求後、受験案内（願書）は発送日から通常3～5日程度で届きます。ただし、配布開始日以前に請求した場合は予約扱いとなり、配布開始日に発送されます。

○受験案内（願書）に同封されている支払い方法に従って料金を払います。

○不明な点はテレメールカスタマーセンター（TEL：050-8601-0102　受付時間：9：30～18：00）までお問い合わせください。

2. 出願書類の準備

受験案内（願書）を入手したら、出願に必要な次の書類を用意します（令和4年度の受験案内を基に作成しています。内容が変更になる場合もあるため、最新の受験案内を必ず確認してください）。

①受験願書・履歴書
②受験料（収入印紙）
③写真2枚（縦4㎝×横3㎝）※同じ写真を2枚用意
④住民票または戸籍抄本
⑤科目合格通知書　※一部科目合格者のみ
⑥試験科目の免除に必要な書類（単位修得証明書、技能審査の合格証明書）　※試験科目の免除を申請する者のみ
⑦氏名、本籍の変更の経緯がわかる公的書類（戸籍抄本等）　※必要な者のみ
⑧個人情報の提供にかかる同意書　※該当者のみ
⑨特別措置申請書および医師の診断・意見書　※必要な者のみ
⑩出願用の封筒

①受験願書・履歴書
受験願書・履歴書の用紙は受験案内に添付されています。

②受験料（収入印紙）
受験科目が7科目以上の場合は8500円、4科目以上6科目以下の場合は6500円、3科目以下の場合は4500円です。受験料分の日本政府発行の収入印紙（都道府県発行の収入証紙等は不可）を郵便局等で購入し、受験願書の所定欄に貼り付けてください。

③写真2枚（縦4㎝×横3㎝）
出願前6か月以内に撮影した、無帽・背景無地・正面上半身の写真を2枚（同一のもの）用意し、裏面に受験地と氏名を記入して受験願書の所定欄に貼り付けてください。写真は白黒・カラーいずれも可です。

④住民票または戸籍抄本（原本）
出願前6か月以内に交付され、かつ「本籍地（外国籍の方は国籍等）」が記載されたものを用意してください。マイナンバーの記載は不要です。海外在住の外国籍の方で提出が困難な場合は、必ず事前に文部科学省総合教育政策局生涯学習推進課認定試験第二係まで問い合わせてください。
TEL：03-5253-4111（代表）（内線2590・2591）

⑤科目合格通知書（原本）
過去に高等学校卒業程度認定試験または大学入学資格検定において、一部科目に合格している方は提出してください。なお、紛失した場合は受験案内にある「科目合格通知書再交付願」で出願前に再交付を受けてください。結婚等により、科目合格通知書に記載された氏名または本籍に変更がある場合は、「⑦氏名、本籍の変更の経緯がわかる公的書類（戸籍抄本等）」をあわせて提出してください。

⑥試験科目の免除に必要な書類（単位修得証明書、技能審査の合格証明書）（原本）
試験科目の免除を申請する方は受験案内を確認し、必要書類を提出してください。なお、単位修得証明書が発行元で厳封されていない場合は受理されません。結婚等により、試験科目の免除に必要な書類の氏名に変更がある場合は、「⑦氏名、本籍の変更の経緯がわかる公的書類（戸籍抄本等）」をあわせて提出してください。

⑦氏名、本籍の変更の経緯がわかる公的書類（戸籍抄本等）（原本）
結婚等により、「⑤科目合格通知書」や「⑥試験科目の免除に必要な書類」に記載された氏名または本籍が変更となっている場合に提出してください。

⑧個人情報の提供にかかる同意書
外国籍の方で、過去に高等学校卒業程度認定試験または大学入学資格検定で合格した科目があり、「⑤科目合格通知書」の氏名（本名）または国籍に変更がある場合は、提出してください。

⑨特別措置申請書および医師の診断・意見書
身体上の障がい等により、受験の際に特別措置を希望する方は、受験案内を確認し、必要書類を提出してください。

⑩出願用の封筒
出願用の封筒は受験案内に添付されています。封筒の裏面に氏名、住所、受験地を明記し、「出願書類確認欄」を用いて必要書類が揃っているかを再度チェックし、不備がなければ郵便局の窓口で「簡易書留扱い」にして文部科学省宛に送付してください。

3. 受験票

受験票等（受験科目決定通知書、試験会場案内図および注意事項を含む）は文部科学省から受験願書に記入された住所に届きます。受験案内に記載されている期日を過ぎても到着しない場合や記載内容に誤りがある場合は、文部科学省総合教育政策局生涯学習推進課認定試験第二係に連絡してください。　TEL：03-5253-4111（代表）①試験実施に関すること（内線2024・2643）②証明書に関すること（内線2590・2591）

4. 合格発表・結果通知

試験の結果に応じて、文部科学省から次のいずれかの書類が届きます。全科目合格者には「**合格証書**」、一部科目合格者には「**科目合格通知書**」、その他の者には「**受験結果通知**」が届きます。ただし、「**合格証書**」が届いた方は、大学入学資格（高等学校卒業程度認定資格）が与えられます。試験で合格点を得た方が満18歳に達していないときには、18歳の誕生日の翌日から合格者となります。そのため、大学入学共通テスト、大学の入学試験等については、原則として満18歳になる年度から受験が可能となります。大学入学共通テストについては、独立行政法人大学入試センター　事業第一課（TEL：03-3465-8600）にお問い合わせください。「**科目合格通知書**」が届いた方は、高等学校卒業程度認定試験において1科目以上の科目を合格した証明になりますので、次回の受験まで大切に保管するようにしてください。なお、一部科目合格者の方は「**科目履修制度**」を利用して、合格に必要な残りの科目について単位を修得することによって、高等学校卒業程度認定試験合格者となることができます（「**科目履修制度**」については次のページもあわせて参照してください）。

科目履修制度

1. 科目履修制度とは

科目履修制度とは、通信制などの高等学校の科目履修生として未合格科目（合格に必要な残りの科目）を履修し、レポートの提出とスクーリングの出席、単位認定試験の受験をすることで履修科目の単位を修得する制度となります。この制度を利用して単位を修得した科目は、免除科目として文部科学省に申請することができます。高等学校卒業程度認定試験（高卒認定試験）の合格科目と科目履修による単位修得を合わせることにより、高等学校卒業程度認定試験の合格者となることができるのです。

2. 科目履修の学習内容

レポートの提出と指定会場にて指定回数のスクーリングに出席し、単位認定試験で一定以上の点数をとる必要があります。

3. 科目履修制度の利用

❶すでに高卒認定試験で合格した一部科目と科目履修を合わせることにより高卒認定試験合格者となる。

高卒認定試験 既合格科目 ＋ 科目履修（残り科目を履修） ＝ 合わせて8科目以上 高卒認定試験 合格

※最低1科目の既合格科目または合格見込科目が必要

①苦手科目がどうしても合格できない方　②合格見込成績証明書を入手し、受験手続をしたい方
③残り科目を確実な方法で合格したい方　④大学・短大・専門学校への進路が決まっている方

❷苦手科目等を先に科目履修で免除科目にして、残りの得意科目は高卒認定試験で合格することで高卒認定試験合格者となる。

科目履修（苦手科目等を履修） ＋ 高卒認定試験 科目受験 ＝ 合わせて8科目以上 高卒認定試験 合格

※最低1科目の既合格科目または合格見込科目が必要

①得意科目だけで高卒認定試験の受験に臨みたい方　②できるだけ受験科目数を減らしたい方
③どうしても試験で合格する自信のない科目がある方　④確実な方法で高卒認定試験の合格を目指したい方

4. 免除を受けることができる試験科目と免除に必要な修得単位数

免除が受けられる試験科目	高等学校の科目	免除に必要な修得単位数
国語	「国語総合」	4
世界史A	「世界史A」	2
世界史B	「世界史B」	4
日本史A	「日本史A」	2
日本史B	「日本史B」	4
地理A	「地理A」	2
地理B	「地理B」	4
現代社会	「現代社会」	2
倫理	「倫理」	2
政治・経済	「政治・経済」	2
数学	「数学Ｉ」	3
科学と人間生活	「科学と人間生活」	2
物理基礎	「物理基礎」	2
化学基礎	「化学基礎」	2
生物基礎	「生物基礎」	2
地学基礎	「地学基礎」	2
英語	「コミュニケーション英語Ｉ」	3

（注）上記に記載されている免除に必要な修得単位数はあくまで標準的修得単位数であり、学校によっては科目毎の設定単位数が異なる場合があります。

■科目履修制度についてより詳しく知りたい方は、J-出版編集部にお問い合わせください。
TEL：03-5800-0552
Mail：info@j-publish.net
http://www.j-publish.net/risyu/

傾向と対策

1. 出題傾向

過去3年間の8月試験および11月試験の出題傾向は左のとおりです。現代文70点、古典（古文・漢文）30点という配点構成で、現代文は「小説」と「評論」が交互に出題されています。また、平成29年度の試験以降に出題されるようになった「資料読み取り」「実用文」「敬語」「会話文・スピーチ」について、「実用文」と「敬語」は過去3年間の試験を見てみても数回ほどの出題ですが、「資料読み取り」と「会話文・スピーチ」は毎回出題されています。古典（古文・漢文）は「文脈把握」「解釈」「読み取り」の3つの内容の出題が続いていますが、「訓点・訓読」についてはここしばらく出題がありません。

出題内容	令和2年度第1回	令和2年度第2回	令和3年度第1回	令和3年度第2回	令和4年度第1回	令和4年度第2回
現代文						
読み	●	●	●	●	●	●
書き取り（選択問題）	●	●	●	●	●	●
熟語（四字熟語含む）	●		●	●	●	●
適語・適句の選択補充	●		●	●	●	●
小説		●		●	●	
評論	●		●			●
資料読み取り	●	●	●	●	●	●
実用文						●
敬語	●		●		●	
会話文・スピーチ	●	●	●	●	●	●
古典（古文・漢文）						
文脈把握	●	●	●	●	●	●
解釈	●	●	●	●	●	●
訓点・訓読						
読み取り	●	●	●	●	●	●

2. 出題内容と対策

1 現代文

〈現代文〉

現代文の問題を解くときには、まず問題文に目を通して「何を問われているのか」をざっと理解したうえで本文を読むと、効率よく必要な内容を抽出することができます。もうひとつの方法としては、本文を読みつつ傍線部が出てきたら、そのすこし先まで読んでからその傍線部の問題を解いていくというものです。そのほかにも、まず本文をすべて読んでから問題を解いていくという方法もあります。しかし、何が問われるのかがわからない状態で読み進めることになるので、結果的に時間がかかってしまうことがあります。そのため、本文をすべて読んでから設問に移るというやり方はあまりおすすめしません。

「小説」を読む際には、登場人物の心情と行動の結びつき（例：悲しい→泣く）を意識して読んでいくとよいでしょう。それに対して、「評論」を読む際には、形式段落ごとに線を引いて、段落どうしの関係性（例：第一段落は導入で、第二段落で自論の紹介）を意識しながら読むとよいでしょう。

問題はすべて択一の形式になっていますが、正解だと思われる選択肢を見つけたしても、ほかの選択肢が本当に間違っているのかを確認するようにしましょう。そのようにしてから正解だと思う選択肢を選ぶようにすると、ミスが減るだけでなく正答率が上がるようになります。

〈資料読み取り〉

「資料読み取り」の問題では、まず問題文に目を通すことが重要で、問題文に目を通したうえで、その内容を確認するかのようにして本文を読んだり、また資料を見たりして特徴や間違いなどを見つけていく方法をおすすめします。資料の特徴や内容を頭の中でまとめる練習をすると、より正答率が高まります。

「資料読み取り」の問題でも、正解だと思われる選択肢を見つけたしても、ほかの選択肢が本当に間違っているのかを確認するようにしましょう。

〈実用文〉

「実用文」については、定型のあいさつ表現やマナーを聞かれることが多いため、文章の読み取りというよりは暗記の要素が強くなります。日頃から手紙文を読むなどして、あいさつ表現やマナーを把握しておくとよいでしょう。

また、日常的に言葉遣いを意識して文章を読む習慣を身に付け、間違いやすい表現（例：「お父さん」の場合、「おとおさん」ではなく「おとうさん」という読みが正しい）にも気を配るとよいでしょう。

〈敬語〉

「敬語」は、尊敬語、謙譲語、丁寧語のそれぞれのしくみと表現を理解して覚えていることは前提として問われますので、隙間時間などに敬語表現を暗記するようにしましょう。問題を解くときには、本文をしっかりと読み込んで、傍線部の前後は誰の発言で誰に対して敬意を表そうとしているのかに注意しましょう。発言者や敬意の対象が把握できれば、用いるべき敬語が尊敬語なのか、あるいは謙譲語なのか、はたまた丁寧語なのかを判断できるようになります。

〈会話文・スピーチ〉

「会話文」の問題では、話し合いのテーマや目的を意識しながら読み進めて、全体の流れ（展開）をつかむことが重要です。また、この問題では、それぞれの発言者の役割、個々の発言のはたらきや意味合いがよく問われます。誰がどのような発言をしているのかを整理して解くようにしましょう。

「スピーチ」の問題では、スピーチ全体の内容と構成を把握したうえで、設問に答えるようにしましょう。スピーチのなかで繰り返し用いられることばについては、スピーチの内容のキーワードであるほか、繰り返し用いることによって何らかの印象付けを行おうとしている場合もあります。

2 古典

古典の問題を解くときは、現代文と同じようにまず問題文に目を通して「何を問われているのか」をざっと理解したうえで本文を読むとよいでしょう。古典の場合には注釈がありますので、問題文に目を通してから注釈も確認しておくと、本文の内容を理解しやすくなるでしょう。本文中に用いられている敬語も内容理解のヒントになります。敬語を手掛かりにすると、誰の発言なのか、また誰の行動なのかといったことが把握しやすくなります。

「文脈把握」の問題では、登場人物のうちの誰の発言や行動なのかに注意して選択肢を吟味するようにしましょう。「解釈」の問題では、とくに漢文の場合、返り点などの訓点のルールに従って、語順を正確に把握することを意識しましょう。

古典も現代文と同様に問題はすべて択一の形式になっていますが、正解だと思われる選択肢を見つけても、ほかの選択肢が本当に間違っているのかを確認するようにしましょう。そのような解き方をすることによって、確実に正答を出せるようになっていきます。

令和４年度 第２回
高卒認定試験

国　語

解答時間　50分

注　意　事　項（抜粋）

＊　試験開始の合図前に，監督者の指示に従って，解答用紙の該当欄に以下の内容をそれぞれ正しく記入し，マークすること。

①**氏名欄**

氏名を記入すること。

②**受験番号**，③**生年月日**，④**受験地欄**

受験番号，**生年月日を記入**し，さらにマーク欄に**受験番号**（数字），**生年月日**（年号・数字），**受験地をマーク**すること。

＊　**受験番号，生年月日，受験地が正しくマークされていない場合は，採点できないことがある。**

＊　解答は，解答用紙の解答欄にマークすること。例えば，［10］と表示のある解答番号に対して②と解答する場合は，次の(例)のように**解答番号 10 の解答欄**の②に**マーク**すること。

（例）

解答番号	解　答　欄
10	① ● ③ ④ ⑤ ⑥ ⑦ ⑧ ⑨ ⓪

国語（解答番号 1 〜 22）

1 次の問1〜問5に答えよ。

問1 (ア)、(イ)の傍線部の漢字の正しい読みを、次の各群の①〜⑤のうちからそれぞれ一つ選べ。解答番号は 1 ・ 2 。

(ア) アナウンサーの明瞭な発音を聞く。 1

① けいかい
② けいみょう
③ めいかい
④ めいりょう
⑤ めいろう

(イ) 期待と不安が交錯する。 2

① かいそう
② こうしゃく
③ かいしゃく
④ ふさく
⑤ こうさく

問２　傍線部に当たる漢字と同じ漢字を用いるものを、次の①～⑤のうちから一つ選べ。解答番号は 3 。

メイギを娘に書き換える。

① テキギ休みをとる。
② 自分のギムを果たす。
③ ギジュツの向上を図る。
④ ヨウギを否認する。
⑤ ギカイの承認を得る。

問３　空欄 □ に入る言葉として最も適当なものを、後の①～⑤のうちから一つ選べ。解答番号は 4 。

決勝戦に進出できて □ 夢のようだ。

① たとえ
② どうか
③ もしも
④ ぜひ
⑤ まるで

問4 熟語の構成として他と種類が異なるものを、次の①～⑤のうちから一つ選べ。解答番号は 5 。

① 就職
② 入学
③ 潜水
④ 巨大
⑤ 即位

問5 手紙を書く時期（新暦）と時候の挨拶の組合せとして**適当でないもの**を、次の①～⑤のうちから一つ選べ。解答番号は 6 。

① 二月中旬……立春とは言いながら寒い日が続きます
② 四月上旬……小春日和の好天が続く今日この頃
③ 七月下旬……暑中お見舞い申し上げます
④ 八月中旬……残暑お見舞い申し上げます
⑤ 十月上旬……秋晴れの日が続く今日この頃

2 東高校では、「新入生オリエンテーション」の一環として、入学式の翌日の放課後に、生徒会が主催する「部活動紹介」が体育館で行われる。次に挙げる**【部活動紹介冊子（演劇部）】**は、新入生に配られた部活動紹介冊子中の演劇部のページである。また、**【演劇部勧誘スピーチ】**は、体育館での部活動紹介の際に、演劇部の飯山さんが新入生に向けて話したものである。これらを読んで、問１、問２に答えよ。

【部活動紹介冊子（演劇部）】

部活動名　（　　演劇部　　）

活動日　（　　月・火・金(週３日)　　）

活動場所　（　　第１体育館ステージ　　）

新入生の皆さんへ

４月 20 日 16:00 ～
第１体育館ステージ
A <u>新歓公演やります！</u>

２年生６名、３年生４名の 10 名で活動しています。
B <u>とても仲のよい部活です。</u>
C <u>誰もが「主役」になれる部活です。</u>
D <u>初心者、経験者は問いません。</u>
E <u>意欲があれば誰でもＯＫ！</u>

まずは第１体育館ステージに遊びに来てください。

— 10 —

【演劇部勧誘スピーチ】

皆さん、こんにちは。演劇部の紹介を始めます。私は部長の飯山です。冊子の 10 ページをあけてください。活動日や活動場所などは、冊子の通りです。今日は、各部ごとの紹介時間が５分ということなので、皆さんに特に伝えたいことを、二つに絞ってお話しします。

私が伝えたいことの一つ目は、演劇部は、誰もが自分のやってみたいことを実現できる部活だということです。皆さんの中に、文章を書くことが好きな人、絵を描くことが好きな人、大声を出してすっきりしたい人、小物を作ることが好きな人、舞台照明や音響の装置に興味がある人、舞台の演出をやってみたい人などはいませんか？　皆さんそれぞれが「やってみたいと思っていること」を実現できるのが、演劇部です。その意味で、演劇部では誰もが主役です。ぜひ一度、演劇部の活動を見に来てください。

伝えたいことの二つ目には、10 ページのシマウマのイラストが関係しています。「演劇部がなぜシマウマ？」と思っている人がいるかもしれませんね。冊子にも書きましたが、４月 20 日の 16 時から第１体育館ステージで、新入生歓迎公演を行います。「シマウマのユウウツ」という創作劇を上演します。「シマウマのユウウツ」というタイトルは忘れてしまったとしても、このシマウマのイラストを見て、シマウマにちなんだ新歓公演があることを思い出してください。ついでに言うと、演劇部の顧問は理科の島田先生です。シマウマの「シマ」という音で、顧問は「シマ」という音から始まる島田先生だということも、思い出してください。

以上で演劇部の紹介を終わります。

問1　飯山さんは【演劇部勧誘スピーチ】をする際、【部活動紹介冊子（演劇部）】の記載事項のどの部分に焦点をあてて話しているか。その組合せとして最も適当なものを、次の①～⑤のうちから一つ選べ。解答番号は 7 。

① 下線部Aと下線部C
② 下線部Aと下線部D
③ 下線部Bと下線部D
④ 下線部Bと下線部E
⑤ 下線部Cと下線部E

問2　飯山さんの【演劇部勧誘スピーチ】について正しく説明したものはどれか。その組合せとして最も適当なものを、後の①～⑤のうちから一つ選べ。解答番号は 8 。

ア　スピーチの中で同じ呼びかけの表現を繰り返すことで、聞き手との一体感をつくりだそうとしている。
イ　聞き手が疑問に思うような事柄を挙げてから具体的な説明をすることで、聞き手の興味を引きつけるようにしている。
ウ　【部活動紹介冊子（演劇部）】に書いていない内容をスピーチの中心に据えることで、聞き手に演劇部の詳細な情報が伝わるようにしている。
エ　「一つ目」「二つ目」のような文脈を整理する語句を使うことで、聞き手が正確に聞き取ることができるようにしている。
オ　難しい外来語にはその都度丁寧な説明を加えることで、聞き手が内容を理解しやすくなるようにしている。
カ　キーワードを繰り返すことで、伝えたいことを聞き手に印象づけようとしている。

① アとオ
② アとウとエ
③ イとエとカ
④ イとオ
⑤ ウとカ

3　南高校では、国語の時間に「現代の若者」について各自がテーマを設定し、それについて調べた結果を報告書にまとめる学習をしている。今回の授業の目標は、自分の研究の全体像を分かりやすく伝える中間報告書を作成することである。そのために、各自が作成した中間報告書案をグループ内で読んで、内容や表現についてのアドバイスをし合った。上田さんが書いた**【中間報告書案】**と、**【グループの人が付箋紙に書いた上田さんへのアドバイス】**を読んで、問１、問２に答えよ。

【中間報告書案】

中間報告書案

上田　光

【テーマ】

インターネットを利用する10代の若者はどのような問題を抱えているのか。

【テーマ設定の理由】

現代の高校生はスマートフォンを手放すことができない生活を送っており、このことが、10代の若者の日常生活全般に悪影響を与えているのではないかと考えたため。今回の研究を通して、インターネットを利用する10代の若者が抱える問題について明らかにしたい。

【進捗状況】

10代の若者のインターネットの利用状況を調べるために、総務省情報通信政策研究所「令和２年度情報通信メディアの利用時間と情報行動に関する調査報告書」(以降「報告書」と表記)の特徴的なデータに注目して分析した。得た結論は次の２点である。

1．10代の多くの人がスマートフォンを手放せない生活をしており、利用するメディアがインターネットに大きく偏っている。 2．インターネットの利用項目の中では、ソーシャルメディア、動画、オンラインゲーム・ソーシャルゲームなど、利用時間が長くなる傾向のあるものが、10代には人気がある。このことが10代のインターネットの利用時間を増やす要因となっている。

「１」については、「報告書」によると、テレビ、インターネット、新聞、ラジオというメディアのうち、10代の若者が利用するメディアとして群を抜いて多いのがインターネットである。実に９割以上の若者が平日・休日にインターネットを利用している。また、若者のインターネットの平均利用時間は、若者の他のメディアの平均利用時間より長く、平日では約４時間、休日では実に５時間以上に上る。このことから、10代のかなりの人がスマートフォンを手放せない生活をしていることが分かる。

「２」については、「報告書」で10代の若者がインターネットを何に利用しているのかを調べてみると、平日・休日ともに上位の３つにあったのが、「ソーシャルメディアを見る・書く」「動画投稿・共有サービスを見る」「オンラインゲーム・ソーシャルゲームをする」であった。さらに「報告書」のデータによると、若者がそれらを行う時間の平均は、「ソーシャルメディアを見る・書く」「動画投稿・共有サービスを見る」ことについては、平日・休日ともに約１～２時間、「オンラインゲーム・ソーシャルゲームをする」ことについては、平日・休日ともに１時間程度になっている。これらのことから、比較的利用時間の長いソーシャルメディア、動画、オンラインゲーム・ソーシャルゲームなどが10代には人気があり、そのことが10代のインターネットの利用時間を増やす要因となっていることが分かる。

【今後の予定】

今回**【進捗状況】**に書いた内容を、図表を交えて分かりやすくまとめるつもりである。

【参考資料】

総務省情報通信政策研究所「令和２年度情報通信メディアの利用時間と情報行動に関する調査報告書」

https://www.soumu.go.jp/main_content/000765258.pdf
総務省情報通信政策研究所「令和２年度情報通信メディアの利用時間と情報行動に関する調査」により作成

【グループの人が付箋紙に書いた上田さんへのアドバイス】

中間報告書案の【テーマ】と【テーマ設定の理由】を見ると、上田さんは、「スマートフォンを手放すことができずにインターネットを利用し続ける現代の高校生たちは、そのことに悪影響をうけている」と捉えています。しかし、スマートフォンにはよい点もたくさんあると思うので、【今後の予定】には、この点を調べていくことを書くといいと思います。

（奥川）

上田さんは【進捗状況】のところですぐに結論を述べてしまっていますが、これではせっかくの面白味が半減してしまうと思います。だから、中間報告書をまとめなおすときには、読み手が読み進めながらいろいろと想像を広げることができるように、最後まで全体像が分からないような書き方をした方がいいと思います。

（立石）

中間報告書案では、総務省情報通信政策研究所「令和２年度情報通信メディアの利用時間と情報行動に関する調査報告書」が使われています。上田さんは【進捗状況】のところで、この資料の表記について「以降『報告書』と表記」としていますが、用いた資料は正確に表記すべきだと思うので、このような省略はしない方がいいと思います。

（横峰）

上田さんは「10代の若者はどのような問題を抱えているのか」を【テーマ】にしていますが、10代の中でも一部にはインターネットを利用しない人もいると思います。だから、インターネットを利用しない10代の人たちがどのような問題を抱えているのかについても詳しく調査すると、内容が充実すると思います。中間報告書には、そのような内容も加えてはどうでしょうか。

（下山）

上田さんの【テーマ】は「インターネットを利用する10代の若者はどのような問題を抱えているのか」ですが、この中間報告書案の【進捗状況】を見ると、「10代の若者のインターネットの利用状況の分析」にとどまっています。10代の若者が抱える問題が何であるかという結論にいたるために、どのようなことを調べていくのかを【今後の予定】の内容に付け加えるといいと思います。

（中畑）

問1 【中間報告書案】の下線部 10代のかなりの人がスマートフォンを手放せない生活をしていることが分かる とあるが、この部分で上田さんが前提としていることとして最も適当なものを、次の①～⑤のうちから一つ選べ。解答番号は 9 。

① 10代の人たちがインターネットを利用するときに用いる機器の多くは、スマートフォンである。
② 10代の人たちがスマートフォンを手放せない生活をしているかどうかは、調べなければ分からない。
③ 10代の人たちがスマートフォンを利用することを禁止、または制限することに賛成である。
④ スマートフォンの利用は10代の人たちの友人関係を希薄にする原因となっている。
⑤ スマートフォンの利用は10代の人たちの学力低下の原因となっている。

問2 【中間報告書案】を研究の全体像を伝える中間報告書としてまとめる際に、内容や表現をよりよくするために上田さんが取り入れるべきアドバイスを述べているのは誰か。最も適当なものを、次の①～⑤のうちから一つ選べ。解答番号は 10 。

① 立石さん
② 下山さん
③ 中畑さん
④ 奥川さん
⑤ 横峰さん

4

次の文章を読んで、**問1～問6**に答えよ。

日常生活世界を解読した社会学者A・シュッツ(注1)によれば、私たちは普段A「類型」に準拠して他者を理解し、「類型」は私たちがそれまで蓄積してきた「知識在庫」に依存しています。たとえば先の男子学生(注2)が卒業して社会に出ると「サラリーマン」となります。「サラリーマン」という「類型」は、アイロンが効いたしわのないワイシャツに趣味のいいネクタイを締め、落ち着いた色のスーツを着て、にこやかにお客様に対応するといった実際の場面に即応した常識的知から構成され、そのほとんどが外見、見た目に関連したものと言えます。より外見に徹底した「類型」といえば、「就活する大学生」を思い出します。個々の学生がどのような人間性を持ち、どのような思想をもっているのかなど、「内実」に一切関わりなく、〝就活スーツ〟に身を固め、清潔な髪形に整えた瞬間、彼らは「就活する大学生」に変身してしまいます。

人間は外見や見かけではなく、その中身が大事だ、という考えを否定する人はまずいないでしょう。そうでありながら同時に私たちは普段、いちいち目の前にいる他者の〝なかみ〟や〝こころ〟を気にして、生きているわけではありません。他者の内実ではなく他者の「外見」をもとにして、その場その時に応じて、目の前の相手が何者であり、どのように対応すれば適切であるかを瞬時のうちに判断し、実践しているのです。だからこそ、外見を考えることは、日常における他者との出会いや他者理解を考えるうえで、とても重要な営みだと言えるでしょう。「たかが外見、されど外見」なのです。

「されど外見」を考えるとき、私たちは普段、他者とどのように向きあっているのかをじっくりと見つめる必要があります。そしてこれは、ゴフマン(注3)という一風変わった社会学者が生涯テーマとした「共在＝他者とともに在ること」を考え、そのありようを解読する営みと密接に関連しています。ゴフマンは、人間が他者と共にいる営みや複数の人間からできる集まりには、それ自体固有の秩序がつくられ維持されているという事実を明らかにしています。B「相互行為秩序（the interaction order）」というものです。

たとえば、私たちは電車に乗っている時に、どのような秩序を維持しながら過ごしているのでしょうか。私がまず思いつくのは「他者はじっとみつめない」というルールです。どんなに目の前の座席に座っている人が魅力的であろうと私はその人をじっと見つめたりはしません。でもやはり気になる時は、その人だけを注視するのではなく、他の光景も眺めているふりをしながら、それとなく見るでしょう。ゴフマンの言葉を借りれば、それは「焦点をあわせない（unfocused）」見方であり、こうした秩序が維持されているのは「焦点をあわせない人々の集まり」であり、電車のような公共的な空間で典型的にみられる現象です。つまり私に限らず乗り合わせた多くの人は、電車の中では、特定の誰かに焦点をあわせないで、焦点をぼかしながら周囲の乗客の姿や様子を見るともなく見ているのです。

さらに言えば私たちは、他の乗客との〝距離〟を絶妙に保ちながら、自分の場所を維持しつつスマホに熱中したり音楽を聴いたり本を読んだりしています。ゴフマンに言わせれば、新聞や週刊誌や本は、他者との〝距離〟をとり、〝距離〟を保っていること、言い換えれば自分は他者に対して関心はないし、他者という存在へ関与するつもりもないことを周囲の他者に表示するための「道具」なのです。もちろん今はスマホこそ最適な「道具」です。

ただそうした視線の取り方や「道具」が通常に機能して電車内の秩序が維持されるとしても、C それが危うくなる状況はいくらでも起こり得ます。

満員電車に乗って、私はいつも気になり、どうしようか困ってしまうことがあります。それは隣に立っている人や座っている人が熱中するスマホの画面が「見えてしまう」ことです。見たくなければ目を閉じればいいだけですが、満員で身動きもままならないとき、目を閉じ続けると不安定な状態になるし、さりとて他に視線を移そうとすれば、そこでも別のスマホの画面が見えてしまいます。見たくもないものが、まさに「見えてしまう」のです。

でもなぜ私は困ってしまうのでしょうか。先に述べたようにスマホは使用している人にとって、満員電車という人間が充満した異様な空間で、自分の世界に閉じこもることができる有効な道具です。それは同時に他者に対して関心もないし関与もしないことを示す道具でもあります。イヤホンで音楽を聴き、スマホの画面に目を落としてゲームやＬＩＮＥのやりとりに集中している姿。それは周囲の世界や外界に対して耳も目も遮断し、自分だけの世界に集中している姿を周囲に表示していることになります。「表示する」と書いたのは、もちろんスマホに熱中するとしても、その人は完全に他の乗客や外界の音や様子を遮断しているのではなく、聞こうと思えば聞けるし、見ようと思えば見えるからであり、そうした外界との繋《つな》がり方を意味しています。

さきほど電車内で人々が適切に〝距離〟を保つことが電車の秩序にとって重要だと述べましたが、満員電車のように〝距離〟すら保つことが困難な場合、私たちはどのようにして自分を守り、自分と他者との繋がりを維持しようとするのでしょうか。ゴフマンの発想を借りて、私はこう考えます。

私たちは、自分を守る〝膜〟とでもいえるものを持っています。それは状況によって堅牢《けんろう》な〝殻〟となるかもしれませんが、薄く、破れやすく、誰の目にも見えない透明な〝膜〟です。そして満員電車のように人間が過剰に密集してしまうとき、当然〝距離〟の維持は難しく、さらに〝膜〟さえもお互いに触れ合い、擦りあわせることで、破れてしまう危険に私たちはさらされます。そのような状態のなか、私たちは、スマホなど使える「道具」を駆使して、互いの〝膜〟を破る危険を回避できるよう細心の注意を払っているのです。

私が困ってしまうのは、隣の他者の〝膜〟をなんとか破らないように注意を払い、その場でいろいろとふるまっても、〝膜〟の向こうにある他者の世界が「見えてしまう」からです。ＬＩＮＥのやりとりや個人で検索している情報やゲームの様子など、別に私は見たくありません。結果として隣の人が懸命に維持しようとしている〝自分だけの世界〟を「侵犯」してしまう危うさを感じるからなのです。

自分の〝膜〟を守りつつ、他者の〝膜〟つまり、他者の私的世界を侵犯しないこと。これこそ、私たちが日常しっかりと守っている最大の儀礼《エチケット》と言えるでしょう。そしてこの儀礼を行使することに外見が密接に関連しています。

自分の〝膜〟を守りつつ、他者の〝膜〟つまり、他者の私的世界を侵犯しないという儀礼は、さらに私たちがその場そのときに応じて適切に自分の〝外見〟を整えることで達成されます。

たとえば私は、電車で空いている席を見つけると、座る前に必ず「すみません」と両側に座っている人に声をかけるか片手を少し前に出して「これから私がそこに座りますよ」という意思表示をします。両側の人のコートや上着の裾を尻で踏まないように気をつけながら座り、リュックは両腕で覆うようにして抱え、膝の上でしっかりと安定させます。ここまですれば、自分の〝膜〟はしっかりと守れるし、両側の人の〝膜〟にも触れないし、私的世界にも「侵犯」する危険性はなく、ほぼ完璧な〝乗客としての外見〟を私はつくりあげることができます。そしてこうした外見をつくりあげた後で、今日の講義で使えそうな面白いネタはないかと、どこに焦点をあわせることもなく、乗客の様子を細かく観察しています。

状況に応じて必要だとされる外見を整えること。この営みは、ほとんど誰もが逃れえないものと言えるでしょう。でもなぜそのような営みを私たちはしてしまうのでしょうか。これもゴフマンから得た私の知識ですが、私たちは常に自分の姿をめぐりその場その時の状況に適合するように印象操作しています。それはただ姿かたちという外形的なことだけではありません。自分自身がどのような存在であるかを相手にわからせようとする自分の中身にまで関わっていく印象操作という営みです。

たとえば私は大学で常にジーンズとシャツやセーターといった姿で授業やゼミ(注4)をし、会議に出ます。なぜそのような姿でいるのかを深く考えたことはありませんが、やはりこれまで出会ってきた社会学の先輩である多くの先生の姿が影響していると思います。大学とは学問研究の自由が確保される空間であり、世間的な慣習や秩序からも一定自由な空間です。大学の先生だから先生らしい格好をしなさいと指導教員から〝指導〟されたこともありません。おそらくは自分の社会学を〝自分らしく〟教え伝えるうえでもっとも気持ちがいい印象操作をしようとする結果、そのような姿となっているのでしょう。D外見を考えるうえで、重要な手がかりは〝自分らしさ〟です。

いずれにしても、私たちは表現したい自分の姿があり、それをうまく伝えることができるよう、化粧やファッション、身体の加工などいろいろと工夫し、自らの外見を整えながら生きています。またすでにおわかりのように、私は「外見」という言葉を単に衣装や化粧などで自分の顔や身体を表層的に整える営みだけを含めているのではありません。そうした営みだけでなく、さまざまな状況で、その場を構成するメンバーとして〝適切に〟ふるまうための「E処方箋的な知」やふるまい方も含めています。なぜなら私たちの多くは、自分の人間性や内実などと関係なく、その場の秩序にあわせ、〝適切に〟ふるまうことができるからです。

(好井裕明『他者を感じる社会学　差別から考える』による。)

（注1）A・シュッツ —— 二〇世紀の社会学者、哲学者。オーストリアで生まれ、のちにアメリカに移住した。生涯の大半を実業人として生きながら、研究を続けた。

（注2）先の男子学生 —— 出典ではこの前の部分に就職試験の際に面接官から入社したら髭《ひげ》を剃《そ》るよう念を押された大学生の話がある。

（注3）ゴフマン —— 二〇世紀の社会学者。カナダで生まれ、のちにアメリカに移住した。主著に『行為と演技』などがある。

（注4）ゼミ —— ゼミナールの略。大学の教育法の一つ。教授などの指導のもとに、少人数の学生が特定のテーマについて研究し、報告・討論するもの。

問1 傍線部A「類型」とあるが、本文における「類型」の説明として最も適当なものを、次の①～⑤のうちから一つ選べ。解答番号は 11 。

① 経験で蓄積された常識的知によって各個人の性格をグループ分けしたもの。
② 日常生活世界の行動のパターンに応じて社会学者がグループ分けしたもの。
③ 主に身なりに関する社会一般の了解事項に基づいてグループ分けしたもの。
④ 各自の社会的立場に応じた役割を果たすために必要な能力に基づいてグループ分けしたもの。
⑤ 人間性や思想は外見的特徴にそのまま反映されるという通念で人々をグループ分けしたもの。

問2　傍線部B　相互行為秩序　とあるが、電車内において乗客が「相互行為秩序」を維持しようとしている例として**適当でないもの**を、次の①～⑤のうちから一つ選べ。解答番号は 12 。

① 電車に乗り込んだとき、車内が比較的空いていたので、他の乗客とある程度の距離をとって座る。
② 電車内で隣に立っていた乗客と目が合ってしまったため、特に興味はないが車内広告に目を移す。
③ 高校生が電車通学の際に雑誌に目を落としたり、車窓の風景を見ながら考えごとをしたりする。
④ 満員電車ではあったが、音が漏れないように気を付けながらイヤホンで好きな音楽を聴く。
⑤ 電車内で騒いでいる小学生たちが、引率の先生に指導されることで席に座る。

問3　傍線部C　それが危うくなる状況　とあるが、その説明として最も適当なものを、次の①～⑤のうちから一つ選べ。解答番号は 13 。

① 他者との〝距離〟をつくりだすはずの道具も、状況の変化によって個人的な領域に踏み込むきっかけとなってしまい、公共空間の秩序が保たれなくなることがあるということ。
② 他者との〝距離〟をつくりだすはずの道具も、使用者の意図次第で他者の私的世界を侵す道具となり、人々の努力で成立している秩序が成り立たなくなることがあるということ。
③ 他者との〝距離〟をつくりだすはずの道具も、SNSなどの発達によって他者との繋がりを生む側面もあるため、人々が適度な距離感のある関係を維持できなくなるということ。
④ 私的世界を守る〝膜〟を破らないようにするための道具も、使い手の個性が反映されるため他者の感情を強く刺激して、他者との摩擦を生む道具になりうるということ。
⑤ 私的世界を守る〝膜〟を破らないようにするための道具も、使用者を自分だけの世界に閉じこもらせてしまい、周囲の他者への配慮を不足させるものにもなりうるということ。

問4　傍線部D　外見を考えるうえで、重要な手がかりは〝自分らしさ〟です。　とあるが、その理由として最も適当なものを、次の①～⑤のうちから一つ選べ。解答番号は 14 。

① 人間は自分自身の顔や身体を表層的に整えるのではなく、表現したい内面がそのままその人の外見となるから。
② 人間がその人に対して持つ印象はそれぞれであり、それらの印象を総合したものがその人の外見となるから。
③ 人間はそれぞれ相手に見せたい理想の外見というものがあり、そのための努力がその人の外見に反映するから。
④ 人間がそれぞれ固有の内面を表現するために、相手に与える印象を形成した結果がその人の外見となるから。
⑤ 人間は他者から悪印象を抱かれたとしても、自分らしい外見を整えていればいずれ好印象に変わるから。

問5　傍線部E　「処方箋的な知」　とあるが、その説明として最も適当なものを、次の①～⑤のうちから一つ選べ。解答番号は 15 。

① 自分一人だけのものではなく、その共同体の多くの人々が代々伝え育んできた伝統的な知への理解のこと。
② 円滑なコミュニケーションを図るために、相手の心理の機微に通じたふるまいを可能とする教養のこと。
③ 何かが為されようとする場合、さまざまな状況において、その場を構成するメンバーに求められる能力のこと。
④ 自分一人の考えや感情などは抑制して、冷徹にものごとをやり遂げる強い意志に裏付けられた知性のこと。
⑤ それぞれの状況でどのようなふるまいが正しいかということに関する、社会的通念に基づく知識のこと。

問6　この文章の内容について述べたものとして最も適当なものを、次の①～⑤のうちから一つ選べ。解答番号は 16 。

①　筆者自身の実体験に即しながら心理学的な知見に照らし合わせて、人間の自意識が「外見」というものにどのような意味を持たせ、それが一人ひとりの意識する自分のあるべき姿とどのような相関関係にあるかを論じている。

②　筆者自身の実体験を含む具体例や社会学の見解を引用しつつ、社会という枠組みの中で「外見」というものがどのような意味を持ち、それが一人ひとりの意識する自分のイメージとどう関わっているかについて論じている。

③　筆者自身の実体験には依存せず、常に一定のデータに基づきながら統計的に人間が「外見」というものをどう捉えているかを提示し、社会との関わりにおいて「外見」というものの持つ意味を明らかにしようと論じている。

④　筆者自身の実体験には限定せず、さまざまな人々の実例をあげ、読者が直接には経験しえない特殊な視点から「外見」というものを人間がどのように捉えてきたのかを実証的に検証し、社会と個人の意識との関わりを論じている。

⑤　筆者自身の実体験を社会学の見解に基づいて考察し、その結果から社会という枠組みの中における個人の在り方について仮説を立て、その仮説を実証的に検証して「外見」というものが果たす社会的役割について論じている。

5 次のⅠ・Ⅱの文章を読んで、問1〜問5に答えよ。

Ⅰ

頼光朝臣《よりみつあそん》の郎等《ろうどう》季武《すゑたけ》(注1)が従者、究竟《くつきやう》(注2)の者ありけり。季武は第一(注3)の手利きにて、さげ針(注4)をもはづさず射けるものなりけり。件《くだん》の従者、季武にいひけるは、「さげ針をば射給《たま》ふとも、この男(注5)が三段(注6)ばかり退《の》きて立ちたらんをば、え射給はじ。」といひけるを、季武、A「やすからぬ事いふやつかな。」と思ひて、あらがひてけり。「もし射はづしぬるものならば、汝《なんぢ》がほしく思はんものを所望《しよまう》にしたがひてあたふべし。」とさだめて、「おのれはいかに。」といへば、「これは命をまゐらするうへは。」といへば、B「さいはれたり。」とて、「さらば。」とて、「たて。」といへば、この男、いひつるがごとく三段退きて立ちたり。季武、「はづすまじきものを。従者一人失ひてんずる事は損なれども、意趣《いしゆ》(注7)なれば。」と思ひて、よく引きてはなちたりければ、左の脇のしも五寸ばかり退きてはづれにければ、季武負けて、約束のままに、やうやう(注8)の物どもとらす。いふにしたがひてとりつ。その後、「今一度射給ふべし。」といふ。やすからぬままにまたあらがふ。季武、「はじめこそ不思議にてはづしたれ、この度はさりとも。」と思ひて、しばし引きたもちて、ま中にあてて放ちけるに、右の脇のしたをまた五寸(注9)ばかり退きてはづれぬ。その時この男、「さればこそ申し候《さうら》へ、え射給ふまじきとは。手利きにてはおはすれども、心ばせのおくれ給ひたるなり。人の身ふとき(注10)といふ定《ぢやう》、一尺(注11)には過ぎぬなり。それをま中をさして射給へり。弦音《つるおと》(注12)聞きて、そとそばへをどるに、五寸は退くなり。しかればかく侍るなり。かやうのものをば、その用意をしてこそ射給はめ。」といひければ、季武、理に折れて、いふ事なかりけり。

(『古今著聞集』による。)

（注1）季武 ―― 卜部《うらべ》季武。平安時代の武将。
（注2）究竟 ―― 武芸にすぐれた者。
（注3）第一の手利き ―― ここでは、弓の名手の意。
（注4）さげ針 ―― 糸でつり下げた縫い針。
（注5）この男 ―― 自分のこと。
（注6）三段 ―― 約三三メートル。
（注7）意趣なれば ―― 武士の意地で、もはや後には引けないので。
（注8）やうやうの物 ―― さまざまの望みの品物。
（注9）五寸 ―― 約一五センチメートル。
（注10）ふときといふ定 ―― 太いとはいっても。
（注11）一尺 ―― 約三〇センチメートル。
（注12）弦音 ―― 矢が弦を離れた音。

Ⅱ

石《せき》崇《すう》(注13)為《ためニ》レ客《ノ》作《ルニ》二豆《とう》粥《じゆくヲ》一、C咄《とつ》嗟《さニシテ》便《すなはチ》辨《べんジ》、(注14)恒《つねニ》冬天《ニモ》得《タリ》二韮《きう》蓱《へい》齏《せいヲ》一(注15)。又牛《ノ》形状気力《ハ》不《ざルニ》レ勝《ラ》二王《おう》(注16)愷《がいノ》牛《ニ》一、而与《と》レ愷出遊《シ》、極《メテ》晩《おそク》発《シ》、争《フ》レ入《ルヲ》二洛《らく》城《じやうニ》一(注17)。崇《ノ》牛《ハ》数十歩後《おくレテ》、迅《はやキコト》若《ごとク》二飛《ひ》禽《きんノ》一(注18)、愷《ノ》牛絶《ぜつ》走《そうスレドモ》不《ず》レ能《あたハ》レ及《ブ》。毎《つねニ》以《もつテ》二此《こノ》三事《ヲ》一為《なス》二D扼《やく》腕《わんヲ》一。乃《すなはチ》密《ひそカニ》貨《シ》二崇《ガ》帳《ちやう》下《か》(注19)都《と》督《とく》及《ビ》御《スル》レ車《ヲ》人《ニ》一、問《フ》二所《ゆ》以《ゑんヲ》一。都督曰《いハク》、「豆《ハ》至《ツテ》難《がたシ》レ煮。唯《ただ》予《あらかじメ》作《なシ》二熟(注20)末《ト》一、客至《レバ》、作《リテ》二白粥《ヲ》一以《テ》投《ズ》レ之《これニ》。韮蓱齏《ハ》是《これ》搗《つキ》二韮《きう》根《こんヲ》一、雑《まじフルニ》以《テスル》二麦《ばく》(注21)苗《べうヲ》一爾《のみト》。」復《まタ》問《フ》三馭《ぎよ》(注22)人《じんニ》牛《ノ》所二以《ヲ》駛《はスル》一(注23)。馭人云《いフ》、「牛《ハ》本《もと》不レ遅《カラ》。由《よル》二将《もちフル》レ車《ヲ》人《ノ》不《シテ》レ及《バ》制《スルニ》一レ之《ヲ》爾。急《ナル》時《ハ》聴《ゆるセバ》二(注24)偏《へん》轅《ゑんヲ》一、則《すなはチ》駛《スト》矣。」愷悉《ことごとク》従《ヒ》レ之《ニ》、遂《つひニ》争《フ》レ長《ヲ》。

（『世説新語』による。）

（注13）石崇――西晋の富豪。西晋は中国の王朝名。
（注14）辦――できあがり。
（注15）韮蓱虀――「にら」と「うきくさ」を使って作ったなます料理。冬には、うきくさが手に入りにくかった。
（注16）王愷――中国、西晋の王室の外戚。
（注17）洛城――中国、西晋の首都。
（注18）飛禽――飛ぶ鳥。
（注19）帳下都督――大将軍の属官の一つであるが、ここでは私設の執事のようなもの。
（注20）熟末――煮てすりつぶしたもの。
（注21）麥苗――麦の若芽。
（注22）馭人――御者。牛車をあやつる人。
（注23）駃――速く走る。
（注24）聴偏轅――牛車の前に長く出した二本の棒の一方をはずす。

問1　傍線部A「やすからぬ事いふやつかな。」とあるが、季武はなぜこう言ったのか。最も適当なものを、次の①～⑤のうちから一つ選べ。解答番号は 17 。

① 従者が、季武が矢を外したら、自分の命とひきかえに望むものの要求をつり上げてきたことに対して、怒りを覚えたから。
② 従者が季武に向かって、自分の方が弓の技術に優れ、的を射当てる点では季武より上だと言ったことを、不快に思ったから。
③ 従者が季武に向かって、自分自身に射当てることができないだろうと言ったことについて発奮して、おもしろく感じたから。
④ 従者が季武に向かって、さげ針を射ることができるのを証明できないだろうと挑発したことに対して、不満を感じたから。
⑤ 従者が季武に向かって、離れて立っている自分に射当てることはできないだろうと言ったことを、快く思わなかったから。

問2　傍線部B「さいはれたり。」とあるが、どういうことか。その説明として最も適当なものを、次の①～⑤のうちから一つ選べ。解答番号は 18 。

① 従者が望むものを自分は差し出すのに、その見返りがないことについておかしいと季武が不満を持ったということ。
② 自らの命を差し出すのだから、それ以上差し出すものはないという従者の言葉に、季武が納得したということ。
③ 自らの命を差し出すのだから、季武が矢を外したときに望むものをもらえることは当然だと従者が思ったということ。
④ 命を差し出す約束をしても、季武の射る矢は当たるはずがないので、何の問題もないと従者が思ったということ。
⑤ 従者に命のやり取りをしようと提案されたことに対して、季武が迷ったすえに承諾することを決めたということ。

問3　傍線部C　咄嗟便辦　が可能になったのはなぜか。最も適当なものを、次の①～⑤のうちから一つ選べ。解答番号は 19 。

① 客が来ると聞いたときから、粥を煮はじめてそれと同時にすりつぶしておいた豆を入れて煮込んだから。
② 煮えにくい豆を細かくしてから煮ることで火を通りやすくしておき、作り置きしていた粥に入れたから。
③ 煮えにくい豆を前もって煮て、すりつぶしたものを作っておき、客が来てから粥を煮て入れていたから。
④ 煮えにくい豆を前もって水につけておき、客の来る前に粥と同時に煮て、豆が煮え切る前に出したから。
⑤ 小さく火が通りやすい豆を選び準備しておき、客が来たときにすりつぶしていた粥と同時に煮込んだから。

問4　傍線部D　為搤腕　は「非常にくやしがる」という意味だが、なぜ王愷はくやしがったのか。その要因の組合せとして最も適当なものを、次の①～⑤のうちから一つ選べ。解答番号は 20 。

ア　牛の体つきや気力でかなわない
イ　韮蓱虀を常に準備することができない
ウ　牛の速度でかなわない
エ　豆粥をすぐに作り上げることができない
オ　豆粥をどのような時期にも作ることができない
カ　韮蓱虀をすばやく作ることができない

① アとイとウ
② エとオとカ
③ アとオとカ
④ イとウとエ
⑤ ウとオとカ

問5　国語の授業でⅠ・Ⅱの文章を読み終えた後に話合いを行った。次の【話合いの一部】を読んで、空欄 X ・ Y に入るものとして最も適当なものを、後の各群の①～⑤のうちからそれぞれ一つ選べ。解答番号は 21 ・ 22 。

【話合いの一部】

山田さん　「Ⅰの文章では、前半のところで挑発をしてきた従者と言い合いになっている場面が描かれているね。」
清水さん　「Ⅱの文章でも、前半では王愷が石崇と競い合って、上手くいかずに悔しがっている姿が描かれているね。」
山田さん　「後半では、Ⅰの文章・Ⅱの文章、どちらも X が描かれているという点が共通しているね。」
秋山さん　「たしかに、Ⅰの文章では、従者が矢の当たらないことについて話をしているし、Ⅱの文章では、都督と馭人が豆粥・韮蓱齏・牛のことについてそれぞれ話をしているね。」
清水さん　「しかし、話を聞いた後の、登場人物の様子がⅠの文章とⅡの文章では、少し異なっているね。」
山田さん　「そうだね、 Y になっているね。」

X 21

① やっていたことの真相を説明する場面
② やってしまったことを懺悔《ざんげ》する場面
③ 用意や心持ちの不十分さを指摘する場面
④ やっていた内容を自慢する場面
⑤ 少しの工夫の大切さを説いている場面

22 Y

① 文章Ⅰは従者の言うことを不快に感じて、従者が何も言えないようにしている状態、文章Ⅱは聞いた内容を採用している状態
② 文章Ⅰは従者の言うことに反発して、我を通そうとえらそうにしている状態、文章Ⅱは聞いた内容を世の中に広めている状態
③ 文章Ⅰは従者の言うことを信じて、より一層矢の腕を磨こうとしている状態、文章Ⅱは争った人物と関係を修復している状態
④ 文章Ⅰは従者の言うことに道理があると了解して、何も言えない状態、文章Ⅱは聞いた内容を行い優劣を競い合っている状態
⑤ 文章Ⅰは従者の言うことに賛同して、その教えを広げていこうとしている状態、文章Ⅱは聞いたことを全て拒絶している状態

令和４年度　第２回

解答・解説

【重要度の表記】

Ａ：重要度が高く確実に正答したい設問。しっかり復習する必要のある問題です。

Ｂ：重要度はＡレベルよりすこし下で、やや難易度が高い設問または内容を読み取る設問。高得点を狙う人は復習しましょう！

Ｃ：重要度が低い、または難解な設問。軽く復習する程度でよいでしょう！

令和４年度 第２回 高卒認定試験

【解答】

解答番号			正答	配点
1	問１	1	④	2
		2	⑤	2
	問２	3	②	2
	問３	4	⑤	3
	問４	5	④	3
	問５	6	②	3
2	問１	7	①	6
	問２	8	③	6
3	問１	9	①	6
	問２	10	③	7

解答番号			正答	配点
4	問１	11	③	5
	問２	12	⑤	5
	問３	13	①	5
	問４	14	④	5
	問５	15	⑤	5
	問６	16	②	5
5	問１	17	⑤	5
	問２	18	②	5
	問３	19	③	5
	問４	20	④	5
	問５	21	①	5
		22	④	5

【解説】

1

問１

（ア） 傍線部の漢字は「めいりょう」と読みます。明瞭とは、「はっきりとしているさま、明らかにわかるさま」という意味です。したがって、正解は④となります。

解答番号【1】・④ ⇒ **重要度A**

（イ） 傍線部の漢字は「こうさく」と読みます。交錯とは、「いくつかのものが混じること」という意味です。したがって、正解は⑤となります。

解答番号【2】・⑤ ⇒ **重要度A**

問２ メイギとは「名義」と書き、「表立って記載される名前」という意味です。選択肢の漢字はそれぞれ、①適「宜」、②「義」務、③「技」術、④容「疑」、⑤「議」会となります。したがって、正解は②となります。

解答番号【3】・② ⇒ **重要度A**

問３ 空欄の前後の関係性に着目すると、空欄の前の「決勝戦に進出できて」と空欄の後の「夢のようだ」という部分は、空欄の前の部分の事柄を受けて、空欄の後の部分で今の気持ち・状況を夢にたとえていることがわかります。①「たとえ」は、「たとえ忙しくなったとしても、毎日電話するよ」というように、仮定の事柄が成立したとしても、その後に続くことには影響しない場合に使用します。②「どうか」は、「どうかよろしくお願いいたします」というように、何かを希望する気持ちを強調する場合に使用します。

③「もしも」は、「もしも宝くじが当たったら、車を買うのになぁ」というように、実際に起こっていないことを想像する場合に使用します。④「ぜひ」は、「ぜひいらしてください」というように、何かを要望する気持ちを強調する場合に使用します。⑤「まるで」は、「彼女は歌がとても上手で、まるで歌手のようだ」というように、前半の事柄を後半でほかの物にたとえる場合に使用します。

したがって、正解は⑤となります。

解答番号【4】・⑤　⇒ **重要度A**

問４　熟語の構成についての問題を解くときは、次の手順で見ていきます。まず、「２つの漢字の意味が似ている」「２つの漢字の意味が逆（遠近・難易など）」「２つの漢字の意味が逆（遠近・難易など）」、「上の字が下の字を打ち消している（非・否・不などが上の字にある）」、こうした構成になっている熟語を探します。この３つに分類できない熟語については、熟語に用いられている漢字を使って短文を作ってみましょう。①「就職」は「職に就く」、②「入学」は「学（校）に入る」、③「潜水」は「水に潜る」、⑤「即位」は「位に即く」というように、これらは下の字から上の字に返って読む構成になっている熟語です。なお、日照（「日が照る」）のように、上の字から下の字に読む構成になっている熟語もあります。

したがって、正解は④となります。

解答番号【5】・④　⇒ **重要度A**

問５　適当ではないものを選ぶ問題であることに注意しましょう。②について、「四月上旬」の時候の挨拶として「小春日和」が用いられていますが、小春日和とは秋の終わりから冬の初め頃の暖かな天気を指します。したがって、正解は②となります。

解答番号【6】・②　⇒ **重要度B**

2

問１　飯山さんは時間の関係から「スピーチ」の内容を５つの下線部のうちの２つに絞っています。下線部Ａの内容については、「スピーチ」の14行目から15行目にかけて「４月20日の16時から第１体育館ステージで、新入生歓迎公演を行います」とあります。また、下線部Ｃの内容については、「スピーチ」の10行目から11行目にかけて「演劇部では誰もが主役です」とあります。

したがって、正解は①となります。

解答番号【7】・①　⇒ **重要度A**

問２　「ア」について、「スピーチ」では同じ呼びかけの表現は使用されていないことから誤りです。「イ」について、「聞き手が疑問に思うような事柄をあげてから」とあります。これについては、「スピーチ」の13行目から14行目にかけて『演劇部がなぜシマウマ？』と思っている人がいるかもしれませんね」という部分が相当するので正しいです。「ウ」について、「スピーチ」の中心になっているのは、下線部Ｃと下線部Ａの具体的な内容であることから誤りです。「エ」について、「スピーチ」の５行目に「私が伝えたいことの一つ目は」、また12行目に「伝えたいことの二つ目には」という部分があるので正しいです。「オ」について、「スピーチ」では難しい外来語は使用されていないことから誤りです。「カ」について、新入生歓迎公演についての部分で「シマウマ」「シマウマのイラスト」「シマウマのユウウツ」「顧問は『シマ』いう音から始まる島田先生」というように、「シマ」というキーワードが繰り返されているので正しいです。

したがって、正解は③となります。

解答番号【8】・③ ⇒ **重要度B**

3

問1　上田さんは、【進捗状況】の『1』については」ではじまる段落において、10代の若者が利用するメディアのうち「群を抜いて多いのがインターネット」で、「9割以上の若者が平日・休日にインターネットを利用」していて、その平均利用時間は「平日では約4時間、休日では実に5時間以上」に上ると述べています。ところが、インターネットを利用できる端末は、スマートフォン以外にも、パソコンやタブレット、ゲーム機器などがあるにもかかわらず、上田さんはほかの端末には一切言及していません。こうしたことから、上田さんは、10代の若者がインターネットを利用するときにはスマートフォンを用いるということを前提としていることがわかります。

したがって、正解は①となります。

解答番号【9】・① ⇒ **重要度A**

問2　上田さんの「中間報告書案」にある【テーマ】は、「インターネットを利用する10代の若者はどのような問題を抱えているのか」というものですが、【進捗状況】の内容は、10代の若者のインターネット利用状況の分析に終始しています。また、【今後の予定】についても、この【進捗状況】の内容をよりわかりやすくするために工夫を施すということが述べられています。このようなことから、「中間報告書案」の時点では、上田さん自身が設定したテーマに具体的に言及できていないことがわかります。このことをふまえてそれぞれのアドバイスの内容を見ると、中畑さんのアドバイスは、先述の問題点が指摘されているだけでなく、「10代の若者が〜付け加えるといい」というように、上田さんの設定したテーマに沿って助言がなされています。

したがって、正解は③となります。

解答番号【10】・③ ⇒ **重要度B**

4

問1　傍線部Aの1行後から3行後にかけての『サラリーマン』という『類型』〜と言えます」という部分に着目すると、「類型」とは常識的知から構成された、外見や見た目に関連したものであることが読み取れます。これをふまえて選択肢を見ると、③について、「身なりに関する社会一般の了解事項」という部分のうち、「身なり」は外見や見た目を言い換えた表現で、また「社会一般の了解事項」は常識的知を言い換えた表現ですから、これが本文における「類型」の説明として適切であるとわかります。

したがって、正解は③となります。

解答番号【11】・③ ⇒ **重要度A**

問2　傍線部Bの次の段落の冒頭の「たとえば」、またその次の段落の冒頭の「さらに言えば」ということばに着目すると、これらの段落で「相互行為秩序」について具体的な説明がなされていることがわかります。さらに、傍線部Ｂの7行後から8行後にかけて「他の乗客との〜しています」、8行後から9行後にかけての「新聞や週刊誌〜『道具』なのです」という部分に着目すると、電車内における「相互行為秩序」を維持するというのは、他者（乗客）と〝距離〟を保つことで、他者（乗客）に関心がなく関与するつもりもないことを示すことだとわかります。これをふまえて選択肢を見ると、⑤について、この小学生たちが席に座るという行動は、ほかの乗客を意識して移した行動ではなく、引率の先生による指導がひきがねとなって生じた行動と考えられますので、電車内における「相互行為秩序」の例としては誤りとなります。

　したがって、正解は⑤となります。

解答番号【12】・⑤　⇒**重要度Ａ**

問３　傍線部Ｃの「それ」とは電車内の秩序のことを指します。また、「それが危うくなる状況」とは、傍線部Ｃの1行後から2行後にかけての「それは隣に〜ことです」という部分から、満員電車の中で他者のスマホの画面が見たくなくても「見えてしまう」状況のことだとわかります。これをふまえて選択肢を見ていきます。①について、「他者との〝距離〟をつくりだすはずの道具」という部分がスマホに、「状況の変化」という部分が満員電車に、「個人的な領域に踏み込む」という部分がスマホの画面が見えてしまうことに相当するので正しいです。②について、「それが危うくなる状況」というのは、「使用者の意図次第」ではなく、周りの状況次第によって他者の私的世界をその意図がなくとも侵してしまうことを指すことから誤りです。③について、「ＳＮＳなどの〜できなくなる」という部分が、本文に言及がないことから誤りです。④について、「使い手の個性〜になりうる」という部分が、本文に言及がないことから誤りです。⑤について、「周囲の他者〜にもなりうる」という部分が、本文に言及がないことから誤りです。

　したがって、正解は①となります。

解答番号【13】・①　⇒**重要度Ａ**

問４　傍線部Ｄの6行前から5行前にかけての「自分自身が〜という営みです」という部分と、この内容を具体的に説明している、傍線部Ｄを含む段落（「たとえば」からはじまる段落）の内容に着目します。筆者がジーンズとシャツやセーターといったラフな姿で授業を行っていたのは、大学という自由な空間で自分らしく教える存在であることを他者に印象付けるためであり、自分の内面あるいは自分らしさを相手にどう印象付けたいかという印象操作の結果が外見につながるということが読み取れます。この内容をふまえて選択肢を見ていきます。①について、「人間は自分〜のではなく」という部分が、傍線部Ｄの1行後から2行後にかけて「私たちは〜生きています」とあり、外見は表層的に整えることも含んでいることから誤りです。②について、「それらの印象を〜となるから」という部分が、他人の印象を総合したものがその人の外見になるわけではないことから誤りです。③について、本文に言及がないことから誤りです。④について、先述の内容と合致するので正しいです。⑤について、本文に言及がないことから誤りです。

　したがって、正解は④となります。

解答番号【14】・④　⇒**重要度Ｂ**

問5　傍線部Eの直前に「さまざまな状況で、その場を構成するメンバーとして〝適切に〟ふるまうための」とあり、「処方箋的な知」とは、その場その場の状況に応じて適切にふるまうための知識であるといえます。また、傍線部Eの直後の文に「私たちの多く〜ことができる」とあり、「処方箋的な知」は私たちの多くが共有しているものだといえます。これらをふまえて選択肢を見ていきます。①について、「その共同体の〜伝統的な知」という部分が、本文には言及がないことから誤りです。②について、「相手の心理〜とする教養」という部分が、先述の内容と合致しないことから誤りです。③について、「その場を構成するメンバーに求められる能力」とありますが、先述のように「知識」であって「能力」ではないことから、また適切にふるまうといった意味合いも欠けていることから誤りです。④について、「冷徹にものごと〜裏付けられた知性」という部分が、本文に言及がないことから誤りです。⑤について、先述の内容と合致するので正しいです。

　したがって、正解は⑤となります。

解答番号【15】・⑤　⇒ **重要度B**

問6　①について、「人間の自意識〜論じている」とありますが、相関関係とは一方が変化すればもう一方も変化するような関係のことです。本文にはこうした相関関係についての言及がないことから誤りです。②について、本文では筆者の電車内や大学での実体験や実状を具体例として引きつつ、社会学者の見解を援用して論が展開されています。また、自分の「外見」と、自分の内面や自分らしさとの関わりについても本文で述べられているので正しいです。③について、「常に一定の〜かを提示し」とありますが、本文にはデータの引用もなく、統計的に何かが言及される箇所もないことから誤りです。④について、「さまざまな〜実証的に検証し」とありますが、本文に出てくる実例は「さまざま」というほど多くなく、また電車内や大学などは「特殊な視点」というほど特殊とはいえないことから誤りです。⑤について、「その結果から〜に検証して」とありますが、個人の在り方についての仮説とその検証は本文には述べられていないことから誤りです。

　したがって、正解は②となります。

解答番号【16】・②　⇒ **重要度A**

5

Ⅰ（現代語訳）

　源頼光朝臣の家臣である卜部季武の従者に、武芸に優れた者がいた。季武は弓の名手であって、糸でつり下げた縫い針でさえも外すことなく射当てた者であった。先述の従者が、季武に言ったのは、「糸でつり下げた縫い針を射当てなさるとしても、三段（約32メートル）ばかり離れて立ったこの私を、射当てなさることはできないでしょう」と言ったところ、季武は「穏やかでないことを言う奴だな」と思って、反論したのだった。「（私が）もし外してしまったならば、お前がほしいと思うようなものは望むままに与えてやろう」と決めて、「お前は（これに対して）どうするのだ」と言うと、（従者は）「私は自らの命を差し出す以上のことは（できません）」と言うので、（季武は）「（たしかに）そのとおりだ」と考え、「それならば」と思って、「立て」と言うと、従者は先ほど言ったように三段離れて立った。季武は「外すことなどあるまいよ。従者の一人を失ってしまうことは損ではあるが、いきがかり上、もはや後には引けぬから」と思って、よく弓を引き絞って放ったところ、（矢は）左の脇の下から五寸（約15センチメートル）ほど逸れて外れてしまったので、季武は（この賭けに）負けて、約束のとおり、さまざまの望みの品々を与える。（従者は）自分の言うがままに受け取った。その後、（従者は）「もう一度、射てみなさい」と言う。（季武は）心中穏やかではないのでまた反論する。季武は「最初こそ不思議なことに外してはしまったが、今度はまさか（外すなんてことはあるまい）」と思って、しばらくの間、弓を引き絞り続けて、真ん中を狙って放ったところ、（矢は）右の脇の下からまた五寸ほど逸れて外れてしまった。その時、従者は「だから申し上げたではありませんか、射当てなさることはできないでしょうと。（あなたは）弓の名手ではございますが、分別に乏しくていらっしゃるのです。人の身体が太いとはいっても、一尺（約30センチメートル）に過ぎません。（あなたは）その人の身体の真ん中を狙って射なさった。矢が弦を離れた音を聞いてから、そっと横へ飛ぶと、五寸は離れるのです。そういうわけで、このように（こういう結果に）なるのでございます。このようなものは、その配慮をしたうえで射なさるのがよいのです」と言ったので、季武は道理に負けて、何も言うことがなかった。

Ⅱ

（書き下し文）

　石崇客の為に豆粥を作るに、咄嗟にして便ち辦じ、恒に冬天にも韮蓱虀を得たり。又牛の形状気力は王愷の牛に勝らざるに、愷と出遊し、極めて晩く発し、洛城に入るを争ふ。崇の牛は数十歩後れて、迅きこと飛禽の若く、愷の牛絶走すれども及ぶ能はず。毎に此の三事を以て搤腕を為す。乃ち密かに崇が帳下都督及び車を御する人に貨し、所以を問ふ。都督曰はく、「豆は至つて煮難し。唯だ予め熟末と作し、客至れば、白粥を作りて以て之に投ず。韮蓱虀は是れ韮根を擣き、雑ふるに麦苗を以てするのみ」と。復た駅人に牛の駛する所以を問ふ。駅人云ふ、「牛は本遅からず。車を将ふる人の及ばずして之を制するに由るのみ。急なる時は偏轅を聴せば、則ち駛す」と。愷悉く之に従ひ、遂に長を争ふ。

（現代語訳）

　石崇が客のために豆粥を作ると、ごく短い時間ですぐにできあがり、冬の季節にも常に韮蓱虀（「にら」と「うきくさ」のなます）を作ることができた。また、（石崇の）牛の体つきや気力は王愷の牛に勝っているわけではないが、王愷と遊びに出て、帰りの出発が非常に遅くなってしまった際に、洛陽までの帰路を競った。（この時）石崇の牛は数十歩遅れたにもかかわらず、飛ぶ鳥のごとく速く、王愷の牛が力を尽くして走るものの、追いつくことができなかった。そこで、（王愷は）常にこの三つのことを非常にくやしがっていた。（王愷は）ひそかに石崇の執事と御者に賄賂をやって、そのわけをたずねた。執事は言う、「豆はきわめて煮えにくいものです。（ゆえに）あらかじめ煮てすりつぶしたものを作っておき、客が来たら、白粥を作ってそこに入れるだけのことです。韮蓱虀は、にらの根をつき砕いて、麦の若芽を混ぜるだけです」と。また、御者に牛が速く走るわけをたずねた。御者は言う、「牛はもともと足が遅いわけではありません。車を御する人が（牛に）追いつけないので、（牛の）速度をおさえているのです。急ぐときには、轅（牛車の前に長く出た二本の棒）の一方を外せば、（牛は）

速く走ります」と。王愷は（この三つのことを）すべて聞いたとおりにして、とうとう競うことができるようになった。

問1　傍線部A「やすからぬ事いふやつかな」の直前に「さげ針をば～え射給はじ」（糸でつり下げた縫い針を射当てなさるとしても、三段ばかり離れて立ったこの私を、射当てなさることはできないでしょう）とあります。この従者のことばを受けて、季武は「やすからぬ事いふやつかな」と述べているのだとわかります。これをふまえて選択肢を見ていきます。

①について、「望むものの要求をつり上げてきた」という部分が、傍線部Aの前にそのような言及がないことから誤りです。②について、「自分の方が～上だと言った」という部分が、傍線部Aの前にある従者のことばからはそのような内容が読み取れないことから誤りです。③について、「発奮して、おもしろく感じた」とありますが、「やすからぬ」（やすからず）ということばは「穏やかではない」というマイナスの意味を表すことから誤りです。④について、「さげ針を射ることができるのを照明できないだろう」とありますが、従者の「さげ針をば射給ふとも」ということばから、季武が射当てることができるのは一応認めていることが読み取れることから誤りです。⑤について、先述の内容と合致し、また「やすからぬ」ということばの意味とも合致するので正しいです。

したがって、正解は⑤となります。

解答番号【17】・⑤　⇓ **重要度A**

問2　傍線部B「さいはれたり」にある「さ」とは、「そう」「そのように」という意味を表し、前に述べられたことを指す語です。季武の「さいはれたり」ということばを直訳すれば、「そう言われてしまった」となりますが、ここでの「さ」（そう）は、直前の「これは命をまゐらするうへは」（私は自らの命を差し出す以上のことは［できません］）という従者のことばを指しています。これをふまえて選択肢を見ていきます。

①について、「その見返りがないことについておかしい」という部分が、「さいはれたり」ということばからは読み取れないことから誤りです。なお、「季武が不満を持った」とありますが、傍線部Bの直後では、季武はあれこれ言うことなく従者に「たて」とだけ言っていることから、従者の返答を了解したことがわかります。②について、先述の内容と合致するだけでなく、傍線部Bの直後の展開とも矛盾がありませんので正しいです。③と④について、ともに「従者が思った」とありますが、傍線部Bは季武のことばであることから誤りです。⑤について、「従者に命のやり取りをしようと提案された」という部分が、傍線部Bの直前の従者のことばからは読み取れないことから誤りです。

したがって、正解は②となります。

解答番号【18】・②　⇓ **重要度A**

問3　傍線部C「咄嗟便辦」は、石崇のところでは豆粥がごく短時間ですぐにできあがったことを意味します。これが可能となった理由は、傍線部Dの直後に石崇の執事と御者にわいろを渡してそのわけをたずねたとありますから、これより後に明かされるはずです。豆粥がすぐにできた理由については、「豆至難煮。唯予作熟末、客至、作白粥以投之」

（豆はきわめて煮えにくいものです。［ゆえに］あらかじめ煮てすりつぶしたものを作っておき、客が来たら、白粥を作ってそこに入れるだけのことです）という部分において明かされています。

したがって、正解は③となります。

解答番号【19】・③　⇓ **重要度B**

問４　傍線部D「為搤腕」の直前に「毎以此三事」（常にこの三つのことを）とありますから、この「三事」については、これよりも前に述べられているはずです。そのつもりで冒頭から傍線部Dまで目を通してみると、豆粥と韮蓱齏と牛のことだとわかります。

このうち、具体的な内容を比較的読み取りやすいのは豆粥と牛についてです。豆粥については、「咄嗟便辦」（ごく短い時間ですぐにできあがり）という部分から「オ」の内容が誤りだとわかります。また、牛については、「牛形状気力不勝王愷牛」（［石崇の］牛の体つきや気力は王愷の牛に勝っているわけではないが）という部分から「ア」の内容が誤りだとわかります。「ア」と「オ」が誤りだとすると、残る選択肢は④のみとなります。

したがって、正解は④となります。

解答番号【20】・④　⇓ **重要度B**

問５　空欄Xを含む山田さんの発言から、Ⅰの文章とⅡの文章の後半には共通している場面があることが読み取れます。次の秋山さんの発言を見てみると、冒頭で「たしかに」と述べており、秋山さんの発言は直前の山田さんの発言を受けてのものだとわかりますから、秋山さんの発言の内容も大きなヒントとなります。

秋山さんの発言を基にして、それぞれの文章の後半の内容をより具体的に述べれば、Ⅰの文章の後半は、季武の放つ矢が「なぜ」従者に当たらないのかについての話で、またⅡの文章の後半は、豆粥を「なぜ」短時間で作ることができるのか、韮蓱齏を「なぜ」冬でも作ることができるのか、石崇の牛は「なぜ」速く走ることができるのか、についての話です。この両者に共通するのは、ある事柄についての「わけ」の説明、あるいは種明かしが行われていることです。

したがって、正解は①となります。

解答番号【21】・①　⇓ **重要度B**

空欄Yには、清水さんの2回目の発言から、話を聞いた後の登場人物の様子を述べたことばが入ることがわかります。Ⅰの文章では、「季武、理に折れて、いふ事なかりけり」（季武は道理に負けて、何も言うことがなかった）という部分に、従者の話を聞いた後の季武の様子が述べられています。また、Ⅱの文章では、「愷悉従之、遂争長」（王愷は［この三つのことを］すべて聞いたとおりにして、とうとう競うことができるようになった）という部分に、石崇の執事と御者の話を聞いた後の王愷の様子が述べられています。よって、これらの部分の内容をふまえて、正しい選択肢を選ぶことになります。

したがって、正解は④となります。

解答番号【22】・④　⇓ **重要度A**

令和４年度 第１回
高卒認定試験

国　語

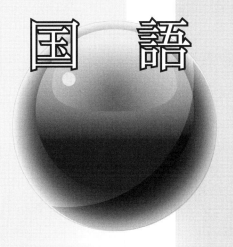

解答時間　50 分

注　意　事　項（抜粋）

＊　試験開始の合図前に，監督者の指示に従って，解答用紙の該当欄に以下の内容をそれぞれ正しく記入し，マークすること。

①**氏名欄**

氏名を記入すること。

②**受験番号**，③**生年月日**，④**受験地欄**

受験番号，**生年月日を記入**し，さらにマーク欄に**受験番号**（数字），**生年月日**（年号・数字），**受験地をマーク**すること。

＊　**受験番号，生年月日，受験地が正しくマークされていない場合は，採点できないことがある。**

＊　解答は，解答用紙の解答欄にマークすること。例えば，10 と表示のある解答番号に対して②と解答する場合は，次の（例）のように**解答番号 10 の解答欄**の②に**マーク**すること。

（例）

解答番号	解　答　欄
10	①　●　③　④　⑤　⑥　⑦　⑧　⑨　⓪

国語（解答番号 1 ～ 22 ）

1 次の問1～問5に答えよ。

問1 傍線部の漢字の正しい読みを、次の①～⑤のうちから一つ選べ。解答番号は 1 。

彼は私の宿命のライバルだ。

① しゅくせい
② しゅくめい
③ しゅくれい
④ すくれい
⑤ すくせ

問2　(ア)、(イ)の傍線部に当たる漢字と同じ漢字を用いるものを、次の各群の①～⑤のうちからそれぞれ一つ選べ。解答番号は 2 ・ 3 。

(ア)　今年はヒヤクの年になるだろう。 2

① ヤクドウ感あふれる振付け。
② 外交面でタイヤクを果たす。
③ ケイヤク書に目を通す。
④ ヤクガク部に進学する。
⑤ ホンヤクされた作品を読む。

(イ)　キノウホウによる科学研究。 3

① 親子でノウギョウを営む。
② ズノウの働きを活性化させる。
③ 店にノウヒンする。
④ 疑いがノウコウである。
⑤ ノウドウテキな態度で臨む。

問3　空欄 [　] に入る語として最も適当なものを、後の①～⑤のうちから一つ選べ。解答番号は [4]。

私の担当業務は多岐に [　] 。

① 重なる
② 合致する
③ 収束される
④ 終わる
⑤ わたる

問4　「哀歓」と同じ構成の熟語を、次の①～⑤のうちから一つ選べ。解答番号は [5]。

① 無用
② 冷淡
③ 巧拙
④ 避難
⑤ 造作

問5　傍線部A～Eについて、敬語の使い方が**適当でないもの**を、後の①～⑤のうちから一つ選べ。解答番号は 6 。

本日は、御来店くださり(A)、まことにありがとうございます。当店はまもなく閉店の時間です。どなたさまも、お買い忘れのないよう、よろしくお願い申し上げます(B)。お帰りになる(C)際は、開いているドアを御利用してください(D)。なお、明日は、朝8時より営業をいたします(E)。

① A
② B
③ C
④ D
⑤ E

2　つつじ市の南高校では、七月に海外の提携都市から高校生二十名が来校することになった。次に挙げる**【話合いの一部】**は、提携都市の高校生との交流会を企画することになった南高校の生徒会役員が行ったものである。これを読んで、**問1～問3**に答えよ。

【話合いの一部】

柏木さん「七月に提携都市から高校生が来校するから、生徒会でその高校生との交流会を企画することになったよ。」

塩田さん「そうなんだ。もっと詳しく教えて。」

柏木さん「つつじ市が海外の都市と提携して、高校生の交流活動を行っているのは知ってるでしょ？　生徒会顧問の峰岸先生のお話では、その交流活動の一環で、高校生二十名が来日してつつじ市に四日間滞在するんだって。」

前園さん「あ、それ、知ってる。つつじ市主催の『つつじプログラム』でしょ？　たしか去年は東高校に、プログラムに参加した海外の高校生が来てたよね？」

柏木さん「そうそう、それ。A『つつじプログラム』で来日した高校生は、つつじ市を観光する中で、地元の人たちと交流をしたり日本の文化を学んだりするんだけど、七月十五日には終日南高校での授業に参加するんだって。ちなみに、B前園さんが言っていたように、去年、その高校生たちの受け入れをしたのが、東高校なんだ。というわけで、七月十五日の放課後に行う提携都市の高校生との交流会を生徒会で企画することになったんだ。それで今日はその交流会の内容をみんなで決めるために集まってもらったんだよ。」

塩田さん「なるほど。じゃあ、茶道部に頼んでお茶会をしたらいいんじゃない？　または、合唱部に頼んで日本の歌を歌ってもらうのもよさそうだね。」

横山さん「C一緒にスポーツをするのはどう？　みんなで盛りあがれると思うよ。」

井川さん「ちょっと待って。まずは、今年の『つつじプログラム』の内容を踏まえた上で、交流会の内容を考えた方がいいんじゃない？　D交流会の内容と『つつじプログラム』の他の内容が重複したら、おもしろくないと思うんだよね。」

前園さん「それもそうだね。柏木さん、峰岸先生から何か詳しいことを聞いてない？」

柏木さん「それなら、峰岸先生から聞いてきた話をまとめたメモがあるから、ちょっと待ってね。……ええと、メモによると、E今年の『つつじプログラム』では、滞在一日目は市内観光。具体的には観光農園に行ったり、お寺に行ったりするんだって。二日目は、つつじ市立緑中学校の遠足に合流して高原でのハイキング。三日目は、南高校での授業体験。四日目は、午前中につつじ市公民館の茶室で日本文化体験。ここで茶道《F》の体験をするんだって。そして午後は自由行動らしいよ。」

塩田さん　「楽しそうだね。そういうことなら、南高校での交流会は茶道部に依頼しなくてもいいかもしれないね。」

横山さん　「そうか。ハイキングもあるなら、スポーツじゃなくてもよさそうだね。」

井川さん　「あのさ、ちょっと提案があるんだけど、いい？　交流会の内容については、いろんな意見があると思うんだけど、その前に、企画内容を考えるための前提をみんなで確認しない？　その方が、話がまとまりやすくなると思うんだよね。」

柏木さん　「たしかに、その方が話はまとまりやすいね。井川さん、何かアイデアはあるの？」

井川さん　「一緒に活動できることを前提にして、企画を考えるのはどう？　一緒に活動できたら、お互いに楽しいと思うんだ。」

前園さん　「それ、いいね。」

塩田さん　「うん。そうだね。」

柏木さん　「じゃあ、今まで出てきた意見も含めて整理すると、交流会の企画にあたっての前提は、『つつじプログラム』の他の内容と重複しないことと、一緒に活動できること。この二点でいいかな？」

塩田さん　「うん。いいよ。」

横山さん　「そう考えると、合唱部に日本の歌を歌ってもらうのもふさわしくはないね。……たとえば、クッキング部に頼んで、日本らしい料理をみんなで一緒に作るのはどう？　これなら、『つつじプログラム』の他の内容と重複しないし、一緒に活動もできるんじゃないかな？」

前園さん　「いいね。」

塩田さん　「賛成。」

柏木さん　「じゃあ、来週にクッキング部の部長を交えて詳細について話し合おう。」

問1　傍線部F そういうことなら、……いいかもしれないね。とあるが、この発言は、傍線部A～Eのどの発言を踏まえたものか。その組合せとして最も適当なものを、次の①～⑤のうちから一つ選べ。解答番号は 7 。

① AとB
② AとD
③ BとC
④ CとE
⑤ DとE

問2　この話合いについて正しく説明したものはどれか。その組合せとして最も適当なものを、後の①～⑤のうちから一つ選べ。解答番号は 8 。

ア　柏木さんは、話合いに必要な情報を提示したり、提案された意見を整理したりしていた。
イ　塩田さんは、話合いが横道にそれていくたびに、元に戻そうとしていた。
ウ　横山さんは、内容を掘り下げる質問を繰り返し、話合いを深めようとしていた。
エ　前園さんは、たくさん新しいアイデアを出し、話合いを円滑に進めようとしていた。
オ　井川さんは、意見やアイデアを出す際にその理由も述べていた。

① アとエ
② アとオ
③ イとウ
④ イとオ
⑤ ウとエ

令和4年度第1回試験

問3　この話合いの目的は何であったと考えられるか。最も適当なものを、次の①～⑤のうちから一つ選べ。解答番号は 9 。

① 交流会の内容についての合意を形成すること。
② 交流会についての各自の感想を交換すること。
③ 交流会についての意見を各自が発表すること。
④ 交流会についての疑問を各自が提示すること。
⑤ 交流会を企画する前提について確認すること。

3 西高校では、「総合的な探究の時間」に「環境」をテーマにした探究活動を行っている。この探究活動で「海洋プラスチックごみ」について調べた田中さんは、その結果を次の**【レポート】**と**【ポスター】**（レポートで伝えたいことを一枚の用紙にまとめたもの）にまとめた。これらを読んで、問に答えよ。

【レポート】

「海洋プラスチックごみ」について

1年2組　田中薫

プラスチックを生産する際には、エネルギー利用によってCO_2が排出されます。また、焼却の際にもCO_2が排出されます。このことが気候変動の一因になったり、生態系に影響を与えたりします。1950年以降に生産されたプラスチックは、83億トンを超えています。プラスチックの廃棄量も増えていて、現在のペースで廃棄され続けていくと、2050年までに250億トンのプラスチックが廃棄されると予測されています（図1-3-1）。また、プラスチックの生産割合を見ると、包装が最も多く、全体の36%を占めています（図1-3-2）。

特に私が問題だと感じているのは、海に流出した「海洋プラスチックごみ」です。死んだ海鳥の胃の中から、誤って食べたプラスチックが多く見つかったり、魚の胃から細かいプラスチックが発見されたりしています。写真1-3-1にあげるのは、「海洋プラスチックごみ」が絡まっているウミガメです。私はこのウミガメの写真を見たことがきっかけで、この問題に関心をもつようになりました。「海洋プラスチックごみ」は解決すべき問題だと思います。

プラスチックの包装はたしかに便利ですが、それを廃棄すると、地球環境に負荷を与えます。しかも、その負荷を与えた結果は、その地域ですぐに顕在化するとは限らず、遠く離れた地で現れたり、環境負荷の蓄積等により一定の時間が経過してから表面化したりする可能性があります。だから私たちは環境への影響を忘れずに生活しなくてはならないと思います。

図1-3-1　プラスチック廃棄物発生量の推計

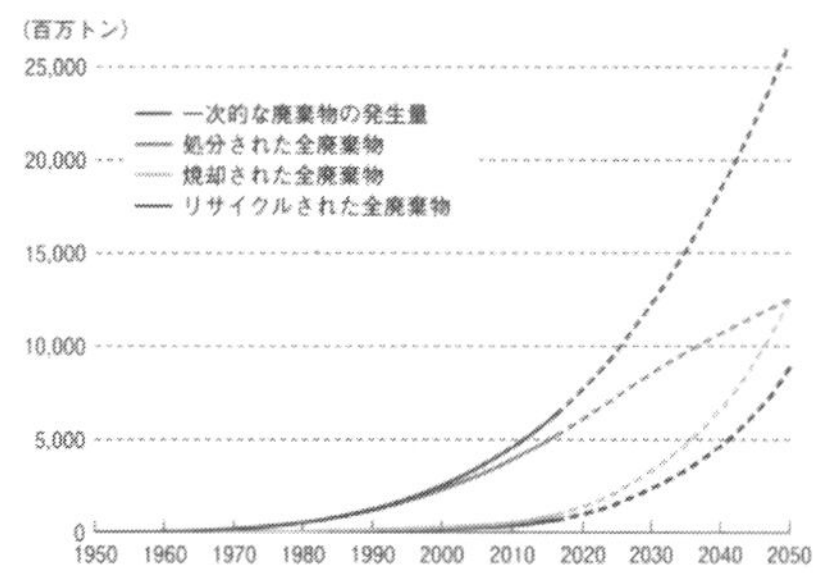

資料：Geyer, R., Jambeck, J. R., & Law, K. L. (2017). Production, use, and fate of all plastics ever made. Science advances, 3(7), e1700782.

図1-3-2　2015年の産業分野別の世界のプラスチックの生産割合

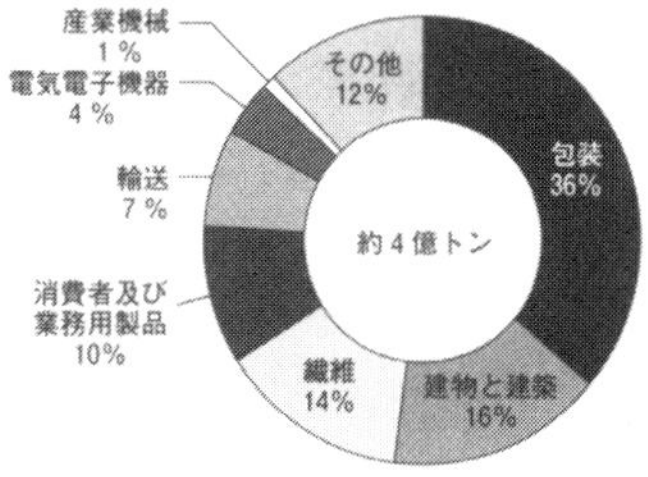

資料：UNEP 'SINGLE-USE PLASTICS' (2018)

写真1-3-1　海洋プラスチックごみが絡まっているウミガメ

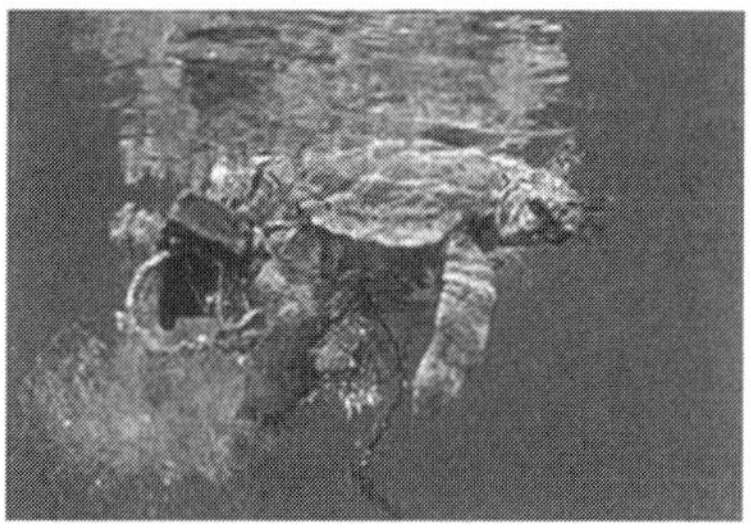

資料：BIOSPHOTO/時事通信フォト

（写真と資料は環境省「令和２年版　環境・循環型社会・生物多様性白書（PDF版）」から引用）

【ポスター】

「海洋プラスチックごみ」について

1年2組　　田中薫

写真1-3-1　海洋プラスチックごみが絡まっているウミガメ

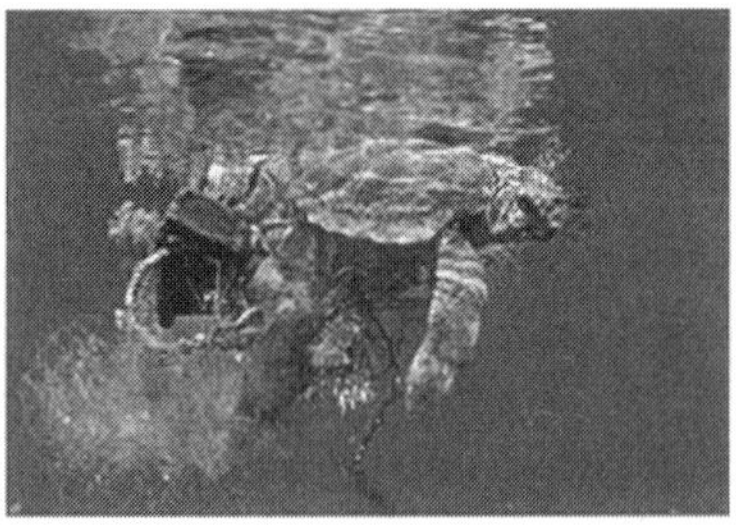

資料：BIOSPHOTO/時事通信フォト

問題だと感じること

海に流出した「海洋プラスチックごみ」が、写真のように、海の生物に影響を与えている。他にも、次のような報告がある。

・死んだ海鳥の胃の中から誤って食べたプラスチックが見つかった。
・魚の胃から細かいプラスチックが見つかった。

プラスチック廃棄物発生量

2050年までに250億トンのプラスチックが廃棄されると予測されている。

図1-3-1　プラスチック廃棄物発生量の推計

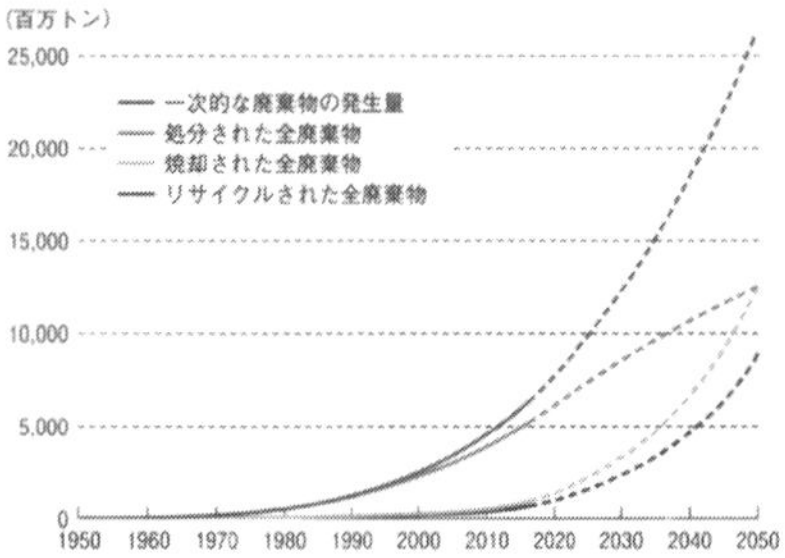

資料：Geyer, R., Jambeck, J. R., & Law, K. L. (2017). Production, use, and fate of all plastics ever made. Science advances, 3(7), e1700782.

世界のプラスチックの生産割合

包装が最も多く、全体の36%を占めている。

図1-3-2　2015年の産業分野別の世界のプラスチックの生産割合

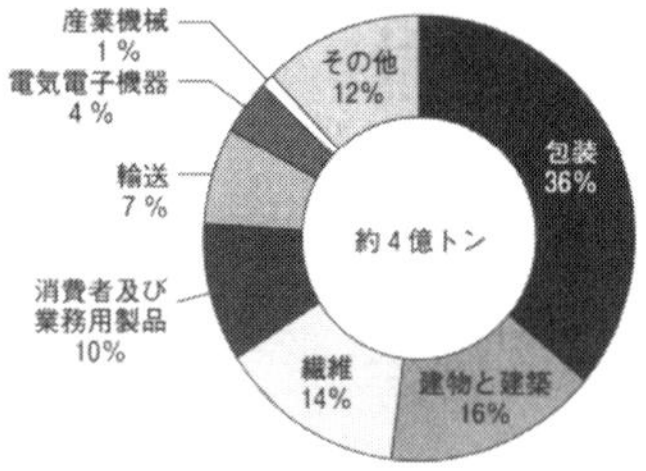

資料：UNEP 'SINGLE-USE PLASTICS' (2018)

意見

私たちは毎日の生活の中で環境に負荷を与えている。しかも、負荷を与えた結果は、その地域ですぐに顕在化するとは限らず、遠く離れた地で現れたり、環境負荷の蓄積等により一定の時間が経過してから表面化したりする可能性がある。だから、私たちは環境への影響を忘れずに生活しなくてはならない。

(写真と資料は環境省「令和2年版　環境・循環型社会・生物多様性白書(PDF版)」から引用)

問　田中さんは【レポート】の内容を【ポスター】にまとめる際に、Ⅰ「構成」、Ⅱ「ポスター紙面の作り方」、Ⅲ「資料（写真やグラフ）の扱い方」において、どのような工夫をしたと考えられるか。最も適当なものの組合せを、後の①～⑤のうちから一つ選べ。解答番号は 10 。

Ⅰ「構成」

A　【レポート】では、「主張」―「問題意識」―「説明」という流れで構成していたが、【ポスター】では、「問題意識」―「説明」―「主張」という構成に変更することで、伝えたいことを読み手が把握しやすくなるようにした。

B　【レポート】では、「説明」―「問題意識」―「主張」という流れで構成していたが、【ポスター】では、「問題意識」―「説明」―「主張」という構成に変更することで、伝えたいことを読み手が把握しやすくなるようにした。

C　【レポート】の「問題意識」―「説明」―「主張」という構成を【ポスター】でもそのまま生かすことで、伝えたいことを読み手が把握しやすくなるようにした。

Ⅱ「ポスター紙面の作り方」

A　資料（写真やグラフ）の引用を増やすことで、読み手の興味を引きつけるようにした。

B　強調したい客観的事実に全て下線を付すことで、重要な箇所が一目で読み手に分かるようにした。

C　項目を明示したり箇条書きを用いたりすることで、読み手が内容を理解しやすくなるようにした。

Ⅲ「資料（写真やグラフ）の扱い方」

A　「写真」は、【レポート】では「海洋プラスチックごみ」に関心をもつきっかけになったものとして配置したが、【ポスター】では問題点を明示するものとして配置した。

B　「グラフ」は、【レポート】では「海洋プラスチックごみ」の背景について説明する資料として二つとも同等に扱っていたが、【ポスター】では一方を強調するために上部に配置した。

C　「写真」は、【レポート】では問題点を明示するものとして配置したが、【ポスター】では「海洋プラスチックごみ」に関心をもつきっかけになったものとして配置した。

① Ⅰ―A・Ⅱ―A・Ⅲ―A
② Ⅰ―A・Ⅱ―C・Ⅲ―B
③ Ⅰ―B・Ⅱ―B・Ⅲ―C
④ Ⅰ―B・Ⅱ―C・Ⅲ―A
⑤ Ⅰ―C・Ⅱ―B・Ⅲ―C

4 次の文章を読んで、問1〜問6に答えよ。

メール画面にアクセスすると、早くもＯＢ訪問をしたいと電話連絡をよこしてきた大学生からのメールが届いていた。

メールの件名が「おはようございます」となっている。何だそのタイトル、と思いつつ、その不慣れな文章に頬が緩む。

就活は、大変だった。

俺が就活生だったころは、氷河期と呼ばれていた時代よりは回復傾向にあると言われていたものの、やはり何十社もの試験に落ちた。ゲーム業界をはじめとするエンタテインメント関係の会社に的を絞っていたことも、なかなか内定が出なかった原因の一つかもしれない。結局内定をもらえたのは、ゲームセンター向け景品やプリントシール機の開発をメイン事業に据えつつ、最近では家庭用ゲームやスマホ用ゲームの開発にも力を入れているこの会社だけだった。

入社してすぐ、川辺は経理部へ、俺はデジタルコンテンツ事業部へ配属された。そのころ、川辺はしきりに飲もう飲もうと俺を誘ってきた。想像していたものとはかけ離れた業務内容に対する愚痴を、気心の知れた同期に向けて発散したかったのだと思う。ただ、社として特に力を入れているフィールドということもあり、デジタルコンテンツ事業部は忙しかった。スマホ用ゲームを取り巻く環境は一日単位で変わっていく。俺は、川辺の誘いを断る回数が増えていった。

入社して二年が過ぎ、いよいよ自ら企画したゲームの開発に携われそうだというとき、辞令が出た。俺は総務部へ、川辺はデジタルコンテンツ事業部への異動だった。それから二年間、二人とも、異動はない。

チャイムが鳴る。九時。始業の合図だ。

「あ、あと」

清水課長がこちらを見る。

「整理作業月間の作業も、進めておいてね」

今年度も、総務部への新人の配属はなかった。隣にいる清水課長も、ずっと奥の席に座っている村西部長も、二度目の異動で総務部に流れ着き、そのまま十年以上、総務部から出ていないらしい。このままいくと、俺は本当に、ここから見える人たちと同じように席を移動していく会社員人生を送るのかもしれない。

就活生からのメールは、ゲーム業界で働くことへの夢と希望に満ち満ちている。ご丁寧に、ＯＢ訪問当日でしたい質問案まで貼り付けられている。

俺はそれを見ながら、自分が就活生だった時にOB訪問をした相手は、【一日のスケジュールを教えてください】というあまりにもよくある質問に、A本当に正直に答えていたのだろうかと思った。あの人たちは、俺の夢を、いや、就活生だったころの自分の夢を守るために、ウソをついてくれていたのではないだろうか。

「小出課長、今少しよろしいですか」

電話の受話器を置いた小出課長に、俺は声をかける。

「この掲出書類のことなんですけど」

俺が言い終わらないうちに、小出課長は口を尖《とが》らせた。

「あれ、これ昨日渡したやつじゃん。まだ回覧してくれてないの?」

なるべく早く、と書かれている付箋の黄色が、ライトに照らされてぴかりと輝く。

「いえ、回覧はしたんですけど差し戻しがありまして、こちらなんですが」俺は、「領収書」の箇所を指しながら続ける。「社内規程では、『領収証』表記なんですよ。ですが、いただいたものだと『領収書』になっているんです。こちら、意味があってわざと変えたのか、ただのタイプミスなのか確認できればと」

「え?」

小出課長より早く、その両側のデスクにいる人が噴き出した。「すげえ細かい」笑い声の中に、そんなつぶやきが混ざっている。

「大変だね、君も」

B小出課長の目に、少し、同情の色が滲《にじ》んだ気がした。

「別に意味はないから、そちらの都合のいいように変えてもらっていいよ」

「では書面のデータはこちらで修正しておきますので、こちらに二重線と訂正印を……」

「はいはい」

小出課長は笑いながら、あっという間にボールペンで二重線を引いた。「あ」俺は思わず声を漏らす。訂正の二重線を引くときは必ず定規を使うよう、清水課長から再三言われているのだ。小出課長は俺の声など全く気にも留めていないようで、二重線の上から訂正印を押した。

これでやっと、回覧できる。俺は小出課長に頭を下げ、早足でデスクへと戻る。

清水課長はよく、社内で笑われている。さっき、小出課長の両側の人たちがそうしていたように。

ふと、壁かけ時計を見る。まだ十時にもなっていない。異動してから、時間の流れの速度は明らかに変わった。このままじっと時計を見つめていれば、10、という数字のマルの部分が、黒く塗りつぶされていくような気がした。

デジタルコンテンツ事業部にいたころは、業務をこなすうえでとにかくスピードが大事だった。書類上、全角と半角が揃《そろ》っていない箇所があったとしても、規定と表記が違う箇所があったとしても、それを直すことにより業務に遅れが生じるならば、資料に目を通す人間の理解力を信頼した。

朝、川辺が抱えていたＦＡＸ。こちらにぺろんと顔を出していた、ある一枚。書き損じの部分が、ぐしゃぐしゃと丸く塗りつぶされていた。いくら寝不足でも、会社に寝泊まりすることになったとしても、C あのころの煩雑さが今は愛《いと》しい。

昼食後、すぐに手帳を拡《ひろ》げるのは、To Doリストが溢《あふ》れ返っていたデジタルコンテンツ事業部時代からの癖だ。今は、手帳がなくとも諳《そら》んじることができるほどしか書き込みがない。

【整理作業月間　箱の洗い出し作業✓】

二十八日の欄に、そう走り書きされている。今日は二十一日だが、二十八日までに土日を挟むので、そろそろ手をつけておいたほうがいいだろう。

社内で保管しきれなくなった紙資料については、種類ごとにダンボール箱にまとめ、倉庫業者に保管作業を委託している。そして、箱を倉庫に入れる際は、箱一つにつき一枚、内容リストというものを総務部に提出してもらうことになっている。各部門から提出される内容リストには、それぞれの箱の中身や作成者の氏名、保管期限などの情報が記載されている。

紙資料の保管年限は、種類や重要度によって異なる。一年間保管したあと廃棄してしまっていいものもあれば、永久保管と設定されているものもある。ただ、最近はどんな重要な紙資料であっても、最初から永久保管と設定することは少ない。とりあえず十年保管に設定しておき、十年ごとに廃棄か延長かを確認することで、無駄な倉庫代を削減しようという動きがあるからだ。箱の数を基に倉庫代が算定されるため、会社としては、倉庫に保管している箱は一つでも少ない方がいい。

俺は、落ちていく瞼《まぶた》をどうにかこじ開けながら、総務部が所有している内容リストの中から、保管期限が【２０１５年６月】となっているものを抽出していく。他の部に比べたら紙資料そのものの量は少ないが、内容の古さはトップクラスかもしれない。いくら職制変更があったとしても、総務部だけは必ず会社にありつづける。定期的に保管期限を延長しつつ残されている紙資料が、今でもたくさんあるのだ。

抽出した内容リストを見ると、作成者名の欄には、村西という判が押されており、作成日の欄には今から二十年も前の日付が書かれている。二十年前の村西部長が作成した箱、ということだ。つまり、はじめに設定した十年という保管期限を一度、延長しているのだろう。案の定【２０１５年６月】

の下にある【2005年6月】という文字には二重線が引かれている。そして二重線の上に押されている訂正印の名前を見て、D俺は一瞬、眠気が覚めた気がした。

【清水】

俺はちらりと、隣の席を見る。トイレにでも行っているのか、そこにはからっぽの椅子があるだけだ。

十年前、清水課長は、おそらく俺が座っているこの席、総務部の下っ端が座るこの席で、同じような作業をしていたのだ。最も肉体的に無理が利くであろう若い男の体が、社内の誰も興味を示さない『整理作業月間』の業務を粛々とこなしていたのだ。

三十枚近くある内容リストを手に、俺は立ち上がる。

「部長、いま少しよろしいですか」

デスクのすぐそばに立つ俺を見て、村西部長がペンを置く。

「倉庫に預けている資料の整理作業を行っているのですが、こちらが来月保管期限を迎える箱の内容リストになります。週明けまでに確認いただいて、期限延長か廃棄か判断いただければありがたいのですが」

村西部長が、内容リストを扇のように拡げる。どの紙の保管期限記入欄にも、定規で引かれた二重線と、清水課長の訂正印が押されている。

一枚、一枚、すべてに、丁寧に。

「懐かしいな、これ」

村西部長が、ふ、と破顔した。

「かなり前のやつだろ、これ」

「……箱自体は二十年前に作成されたようですね。十年前に一度、保管期限を延長しているようなので」

俺がそう付け加えると、村西部長は「そうそう」とさらに表情を緩ませる。

「十年前、期限延長するって言ったら、もとの保管期限をぐしゃぐしゃって塗りつぶしたんだよ」あいつが、と、村西部長が清水課長のデスクを見やる。

「それで俺が、どんな些末《さまつ》な修正でもきちんとしなきゃダメだって怒ったんだ」

Eえ、と漏れそうになった声を、俺は飲み込む。

「そしたらあいつ、わざわざ一回修正液で全部消して、その上からもとの保管期限を書き直して、二重線引いて訂正印押して……ほら、ここだけ色がちょっと違うだろ」

言われてみれば確かに、【2015年6月】と書かれているあたりは、他の部分と比べて白色がより鮮やかに見える。

「修正液なんてビジネス文書としてもっと不適切だってまた怒ってな。あのときは清水も総務に来たばかりだったから」

書き損じを塗りつぶす。修正液を使用する。今の清水課長の几帳面《きちょうめん》さからは、考えられない。

「今、社会人として基本的なことを教えてくれる人ってなかなかいないだろう。どの部署も即戦力即戦力って……基本があってこその即戦力だろうに」

まあそういう業界だから仕方ないかもしれんが、と、部長は一度、咳《せき》をする。

「その点、岡本はしっかりしてるな。考えてみたら、総務部に来てからそういう基本的なことで注意したこと、一度もない」

それは、村西部長に書類が回覧される前に、清水課長がすべてチェックしてくれていたからだ。全角と半角のズレや、規程との表記の違いに至るまで。

「いい上司に恵まれたんだな、きっと」

部長のデスクの内線が鳴る。「あ、これ全部、また十年延長しといて」電話の受話器を掴《つか》んだ部長に礼をして、俺は自分のデスクに戻ろうと振り返る。

清水課長が、戻ってきている。

痔《じ》防止なのか、ドーナツ型のクッションの上に大きな尻を置いている。社内の誰かに笑われてしまうほどの几帳面さで、相変わらず社内規程を開いてうんうん唸《うな》っている。

俺は、二十年前に作られた内容リストをデスクに拡げた。そして、十年前の清水課長もきっとそうしたように、ノックしたボールペンの先を、定規に沿ってすうと滑らせた。


（朝井リョウ「清水課長の二重線」による。）

問1　傍線部A　本当に正直に答えていたのだろうかと思った　とあるが、ここでの「俺」の思いを説明したものとして最も適当なものを、次の①～⑤のうちから一つ選べ。解答番号は 11 。

① ＯＢ訪問の相手は、長年同じ部署から出ることができない自分の境遇に対して不服に思ってはいても、それを隠して希望の部署で働ける会社であることを伝えていたのではないかと思ったということ。

② ＯＢ訪問の相手は、「俺」がすでに何十社も試験に落ちていることを、自身が就活生だったときの状況と重ねて、最後まで就活を頑張ってほしいと励ましていたのではないかと思ったということ。

③ ＯＢ訪問の相手が、ゲーム業界への就職を目指す「俺」に入社してほしいと思うあまり、働き方の実態の説明を避けて、就活生が理想とする働き方に合わせて語っていたのではないかと思ったということ。

④ ＯＢ訪問の相手は、毎日業務に追われているため、ありきたりな質問ばかりする「俺」に対して不満を抱き、業務実態とは異なるいい加減な回答しかしてくれなかったのではないかと思ったということ。

⑤ ＯＢ訪問の相手が、「俺」と同様に仕事に不満を持っていた可能性に思い至り、就活生の理想像や自身のかつての夢を守るために、あえて充実した仕事内容を語っていたのではないかと思ったということ。

問2　傍線部B　小出課長の目に、少し、同情の色が滲んだ気がした。とあるが、どういうことか。その説明として最も適当なものを、次の①〜⑤のうちから一つ選べ。解答番号は 12 。

① 社内規程の遵守に厳しい総務部のやり方が、他部署の人に軽く扱われたり、笑いの対象となったりする状況であることを、小出課長が少しばかり気の毒に思っているように感じられたということ。

② 小出課長の両側のデスクの人が噴き出したことで、小出課長自身が書類の不備についていたたまれない気持ちになったが、同情することでごまかそうとしているように感じられたということ。

③ 書類を早く回覧してくれるように付箋で指示をしたにも関わらず、まだ回覧をしていなかったことについて不満に思うだけでなく、「俺」の手際の悪さを痛々しく思っているように感じられたということ。

④ 総務部も業務過多なのに、簡単に訂正できることを確認しなければならない状況は気の毒であり、定規を使用して二重線を引かなければならないことをかわいそうに思っているように感じられたということ。

⑤ 小出課長は、「俺」がこのような確認に来るのは清水課長の書類不備の後始末をしなければならないからだということに気づき、そのことを不憫《ふびん》に思っているように感じられたということ。

問3　傍線部C　あのころの煩雑さが今は愛しい　とあるが、その理由として最も適当なものを、次の①～⑤のうちから一つ選べ。解答番号は 13 。

① 時計を見たときに、総務部とデジタルコンテンツ事業部での時間の流れの速度に差があることに気づき、とりとめもなく考えをめぐらすことになったから。

② 会社に寝泊まりするほど仕事に情熱を傾けている川辺を見て、デジタルコンテンツ事業部の複雑で専門性が高い業務をもう一度担おうと決意したから。

③ 総務部での業務に比べると、デジタルコンテンツ事業部での業務はスピードを求められて忙しかったが、その分充実感があったことを思い出したから。

④ かつてデジタルコンテンツ事業部でいかに複雑で膨大な仕事をしていたかに気づき、二度とそういうところに戻りたくないという思いを改めて抱いたから。

⑤ 寝不足になりながらも業務に追われていたデジタルコンテンツ事業部での仕事を乗り越えた自分自身を、褒めたたえたい気持ちになったから。

問4　傍線部D　俺は一瞬、眠気が覚めた気がした　とあるが、その理由として最も適当なものを、次の①～⑤のうちから一つ選べ。解答番号は 14 。

① 総務部の役割とはいえ、清水課長がまだ若かったころに整理した書類が機械的に保管期限を延長されて、今でも倉庫の片隅にそのまま廃棄されもせず残っていたことに憤慨したから。

② 一枚ずつ端正に二重線を引いて訂正印を押した昔の清水課長の内容リストを見て、若いときから全く同じ姿勢で仕事を繰り返してきたのだという事実に自分の将来がふと思い浮かんだから。

③ ほとんどの人が興味を示さない資料の整理という地味な仕事でも、細部にまで決して手を抜かない清水課長の、今とは違う積極的な姿勢がうかがわれるように思われたから。

④ 単純な作業に不満を持っていたが、かつて清水課長が、そのときの彼の若さには不似合いとも言える地味な仕事を黙々とこなしていた事実を突きつけられたように感じたから。

⑤ なかなか他の部署に異動できない総務部で、肉体的に負担の大きい整理作業を、若い男ということで任せられていたかつての清水課長に思わず同情心を抱いたから。

問5　傍線部E　え、と漏れそうになった声　とあるが、このときの主人公の心情の説明として最も適当なものを、次の①～⑤のうちから一つ選べ。解答番号は 15 。

① 一つ一つの業務を確実に行うよう「俺」の仕事ぶりをチェックしてくれる理想的な上司だと思っていた清水課長が、過去の粗雑な仕事を隠していたことに失望し、言葉を失っている。

② 現在の基本に忠実で真面目な清水課長の仕事ぶりに比べ、かつては自らの誤りを隠してごまかすような訂正をした一件があったことを知って、予想外の事実に面食らっている。

③ 総務部に異動してから基本的なことを教えてもらい、几帳面な性格だと感じていた清水課長が、最初は怒られるような訂正の仕方をしていたことに驚き、意外だと思っている。

④ 過去の粗雑な仕事ぶりに比べ、現在は人に笑われるほどの生真面目さで仕事に取り組む清水課長の変貌ぶりに、働くことはその人の人格まで変えてしまうものかと恐怖を感じている。

⑤ 真面目で基本に忠実な仕事ぶりに共通点のある村西部長と清水課長の間に、かつては仕事のやり方をめぐって争うようなことがあったのかと信じられない気持ちを抱いている。

問6　この文章の内容と表現の説明として最も適当なものを、次の①～⑤のうちから一つ選べ。解答番号は 16 。

①　清水課長の人間像について語り手が直接説明するのではなく、他の登場人物たちに語らせることで、個性的な課長と「俺」の仕事に対する意識の違いが徐々に浮かび上がってくるように描かれている。

②　全体を通して清水課長への「俺」の認識の変化が、社会人としての考え方の深まりに結びつくような構成をとっており、社会人として前向きに業務を行っていこうとする「俺」の成長が描かれている。

③　前半での緊迫感のある総務部内の描写が後半では擬態語の多用などにより落ち着いたものとなり、その対比が社会人として成長し、ゆとりを持って仕事に向き合う「俺」の様子と重なり合うように描かれている。

④　若者らしい言葉遣いが減り、社会人らしい表現が徐々に増えていくことで、「俺」が組織の歯車になることを目的とした清水課長の指導から脱し、臨機応変な対応ができる社会人として自立していく過程が描かれている。

⑤　「俺」と清水課長自身の入社当初の回想を交互に挿入するなど、いくつかの時間軸を作品中に持たせる構成をとり、二人の入社当時から現在に至る仕事への意識の変化が並行して描かれている。

5

次のⅠ・Ⅱの文章を読んで、問1〜問6に答えよ。

Ⅰ

俊恵《しゆんゑ》(注1)に和歌の師弟の契り結び侍《はべ》りし初めの言葉にいはく、「歌は極めたる故実の侍るなり。われをまことに師と頼まれば、このこと違《たが》へらるな。そこはかならず末の世の歌仙(注2)にていますかるべき上に、かやうに契りをなさるれば申し侍るなり。あなかしこあなかしこ、われ人に許さるるほどになりたりとも、証得して、われは気色《きそく》したる歌詠み給《たま》ふな。ゆめゆめあるまじきことなり。後徳大寺《ごとくだいじ》の大臣(注3)は左右《さう》なき手だりにていませしかど、その故実なくて、今は詠みくち後手《のちて》になり給へり。そのかみ前《さき》の大納言など聞こえし時、道を執し、人を恥ぢて、磨き立てたりし時のままならば、今は肩並ぶ人少なからまし。われ至りにたりとて、この頃詠まるる歌は、少しも思ひ入れず、やや心づきなき(注4)言葉うち混ぜたれば、何によりてかは秀歌も出で来む。秀逸なければまた人用ゐず。歌は当座(注5)にこそ、人がらによりて良くも悪しくも聞こゆれど、後朝《ごてう》(注6)に今一度静かに見たるたびは、さはいへども、風情もこもり、姿もすなほなる歌こそ見とほし(注7)は侍れ。かく聞こゆるはをこ(注8)のためしなれど、俊恵はこの頃もただ初心の頃のごとく歌を案じ侍り。また、わが心をば次にして、あやしけれど(注9)、人の讚《ほ》めも謗《そし》りもするを用ゐ侍るなり。これは古き人の教へ侍りしことなり。このことを保てるしにや、さすがに老いはてたれど、俊恵を詠みくちならずと申す人はなきぞかし。また異事《ことごと》にあらず、この故実を誤たぬゆゑなり。」

(『無名抄』による。)

（注1）俊恵 —— 平安時代の歌人。『無名抄』を書いた鴨長明の和歌の師。
（注2）歌仙 —— 歌の名人。
（注3）後徳大寺の大臣 —— 俊恵と同時代の歌人である藤原実定。
（注4）心づきなき言葉 —— 感心しない言葉。
（注5）当座 —— その場。
（注6）後朝 —— その翌朝。
（注7）見とほしは侍れ —— いつまでも見続けられるものです。
（注8）をこのためしなれど —— ばかげた例だが。おこがましいが。
（注9）あやしけれど —— 不審であっても。

Ⅱ

或《あるヒト》曰《いハク》、「著書之《の》人《ハ》、博(注10)覧多聞、学問習熟《スレバ》、則《すなはチ》能《よク》推《シ》レ類《ヲ》興《おこス》(注11)レ文《ヲ》。文《ハ》由《よりシテ》レ外而興《リ》、未《ダ》《ざル》二必《ズシモ》実(注12)才《ト》与《と》レ文相副《そハ》一也《なり》。且《ツ》漑《そそゲバ》二意《ヲ》於華《くわ》(注13)葉《えふ》之言《ニ》一、無《ク》二根核之深一、不《ず》レ見二大(注14)道《ノ》体要《ヲ》一、故《ニ》D立《ツル》レ功《ヲ》者希《まれナリ》。安危之際、文人不レ与《あづかラ》、無《ク》二能《ク》建《ツル》レ功《ヲ》之験《けん》(注15)一、徒《ただ》能《クスルノミ》二筆(注16)説之効《ヲ》一也《ト》。」

曰《ハク》、「此《これ》不レ然《しかラ》。周《ノ》(注17)世《ノ》著書之人《ハ》、皆権(注18)謀之臣、漢《ノ》世《ノ》直(注19)言之士《ハ》、皆通(注20)覧之吏《ナリ》。E豈《あニ》謂《いハン》三文《ハ》非《あらズト》二華葉之生《ズルヲバ》一、根核推《スニ》レ之《これヲ》也《や》。心思為《なシ》レ謀《ヲ》、集《しふ》扎《さつ》(注21)為《セバ》レ文《ヲ》、情《ハ》見《あらはレ》二於辞《ニ》一、意《ハ》験《ためしアリ》二於言《ニ》一。

(中略)書疏《そ》・文義《ノ》、奮《ハシムルハ》二於肝(注22)心《ヲ》一、非《ザル》下徒《ダニ》博覧者《ノ》所《ニ》二能《ク》造《ル》一、習熟者《ノ》所《ニ》中能《ク》為《ス》上也《ト》。」

(『論衡』による。)

（注10）博覧多聞――広く書物を読んで、物事に通じていて、博学であること。
（注11）興――作る。
（注12）実才――実際に持っている才能。
（注13）華葉之言――言葉の修飾。
（注14）大道――人のふみおこなうべき立派な道理。
（注15）験――証拠。
（注16）筆説之効――文筆の効果。
（注17）周――中国古代の王朝名。後にある「漢」も中国の王朝名。
（注18）権謀――策略。はかりごと。
（注19）直言――気がねせず、思うことをそのままに言う。
（注20）通覧――全体にわたって目をとおすこと。
（注21）札――竹の札。
（注22）肝心――こころ。

問1　傍線部A　このこと　の具体的な説明として最も適当なものを、次の①～⑤のうちから一つ選べ。解答番号は 17 。

① 歌人として他人に認められるようになったとしても、若いときに師事したことを忘れずに師匠を敬わなければならないということ。
② 歌人として他人に認められるようになったとしても、私こそ素晴らしい歌人だと思い上がった様子の歌を詠んではならないということ。
③ 歌人として他人に認められるようになったとしても、他人の和歌に対してあれこれと批評することを控えなければならないということ。
④ 歌人として若い人たちを指導する立場になったとしても、弟子たちに負けないように絶えず和歌を詠まなければならないということ。
⑤ 歌人として若い人たちを指導する立場になったとしたら、名人の境地に達したということを自覚して詠まなければならないということ。

問2　傍線部B　申し侍るなり　の理由として最も適当なものを、次の①～⑤のうちから一つ選べ。解答番号は 18 。

① 将来歌人として有名になる見込みはないが励ましてあげたかったから。
② 死期を迎えたので、最後に和歌の師として遺言を残したいと考えたから。
③ 将来歌の名人になるために、和歌の師弟関係を結ぶ約束を交わしたから。
④ 和歌の師として自分と同じ失敗を弟子にはさせたくないと思ったから。
⑤ 将来歌人として有名になる前に師弟関係を結ぶ約束をしたかったから。

問3　傍線部C　俊恵を詠みくちならずと申す人はなきぞかし　の理由として最も適当なものを、次の①～⑤のうちから一つ選べ。解答番号は 19 。

① 初めて歌を詠んだ頃のように歌を思案し、自分の意見や考えよりも他人の批評の方を尊重するようにしているから。
② 歌の技術を向上させるよりも常に周囲の歌人たちに気を配り、人からの評判を最も気にするようにしているから。
③ いつまでも初心者の気持ちを忘れずに後進を指導し、自分が歌を詠むことよりも弟子への指導を重視しているから。
④ 年老いても初めて歌を詠んだときの気持ちを大切にし、常に最新の詠歌技術を取り入れようと心がけているから。
⑤ 自分の思いを歌にすることを心がけ、他人の助言を取り入れるよりも自分の歌に対する考えを大切にしているから。

問4 傍線部D 故立功者希 の理由として最も適当なものを、次の①～⑤のうちから一つ選べ。解答番号は 20 。

① 文人が作った文章は独りよがりな表現が多いうえに、自分の知識を全て詰め込んでしまい物事の要点が伝わりにくいものになるから。
② 文人が作った文章は感情的な表現が多く用いられているうえに、美辞麗句が多く用いられるため読者に伝わりにくいものになるから。
③ 文人が作った文章はわかりやすい表現を常に心がけるうえに、自分が納得するまで推敲することで読者が理解できるものになるから。
④ 文人が作った文章は洗練された表現を用いることが多いうえに、感情をそのまま言葉にしていて読者の理解を得ることができるから。
⑤ 文人が作った文章は豊富な知識や経験から類推して作られるうえに、表現や修辞に固執しすぎて物事の要点を把握できていないから。

問5 傍線部E 豈謂文非華葉之生、根核推之也 とあるが、そこから分かる文章や言葉に対する筆者の考え方として最も適当なものを、次の①～⑤のうちから一つ選べ。解答番号は 21 。

① 花や葉が根から栄養を吸収しなければならないように、適切な表現を用いるためには、多くの経験が必要だということ。
② 花や葉が美しければ美しいほどいいように、文章もこだわった表現を用いると、人を感動させるものになるということ。
③ 花や葉が根から生じているように、心の中で思いを巡らせて文章に仕立てると、気持ちが言葉にあらわれるということ。
④ 根が花や葉にとって大切なように、常に言葉遣いを研究していると、すぐに優れた文章を作ることができるということ。
⑤ 根が花や葉にとって欠かせないものであるように、人が感動する文章を生み出すには、知恵と経験が必要だということ。

問6　国語の授業でⅠ・Ⅱの文章を読み終えた後に話合いを行った。次の【話合いの一部】を読んで、空欄 X ・ Y に入るものとして最も適当なものを、後の①～⑤のうちから一つ選べ。解答番号は 22 。

【話合いの一部】

水野さん　「それぞれの文章にはどのようなことが書かれていたのかな。」
前田さん　「Ⅰの文章では、後徳大寺の大臣が最初は歌人として優れていたけど、その後は力量が劣ってしまったとあるね。」
井沢さん　「Ⅱの文章では、文人はいざというときに頼りにならないというある人の意見をもう一人の人が否定しているね。」
水野さん　「では、二つの文章の違いをまとめてみよう。」
前田さん　「Ⅰの文章は X について述べられていて、Ⅱの文章は Y について述べられているよね。」
水野さん　「なるほどね。創作するためにはどちらも必要となるよね。」
井沢さん　「やっぱり創作は奥が深いね。」

① X　最初から何も教えないのではなく、歌人としての経験の差に配慮して弟子を指導しなければならないという師としての心構え
Y　初めから名文を書けるわけではないので、花や葉などを観察して写実的に文を書く練習をすべきであるという作家としての態度

② X　最初は古い歌で優れた境地のものを真似して詠んでいくが、慣れてきたら独自の境地のみを詠み込むという詠歌する際の心構え
Y　心を込めただけでは人々を感動させる文章は作成できないので、文の修辞や知識を習得すべきであるという文人としての態度

③ X　歌人として世間から評価されるようになっても、そのことをひけらかすことなく人の歌に助言しなければならないとする心構え
Y　最初から人を感動させる文章を作成するのは難しいので、過去の名文から引用すべきであるという文章を作成する際の態度

④ X　歌人として世間から評価されるようになったとしても、初心の頃のような謙虚さを忘れてはいけないという歌人としての心構え
Y　人を感動させるような文章とは表面的な知識や技術だけではなくて、心を込めなければならないという文章を作成するうえでの態度

⑤ X　歌人として世間から評価されるようになったとしても、師の教えを忠実に守って詠歌しなければならないという弟子としての心構え
Y　人が感動するような名文を作るには心を込めるとともに、修辞などの知識や人生経験も必要になるという文章を作るうえでの態度

令和４年度　第１回

解答・解説

【重要度の表記】

Ａ：重要度が高く確実に正答したい設問。しっかり復習する必要のある問題です。

Ｂ：重要度はＡレベルよりすこし下で、やや難易度が高い設問または内容を読み取る設問。高得点を狙う人は復習しましょう！

Ｃ：重要度が低い、または難解な設問。軽く復習する程度でよいでしょう！

令和４年度 第１回 高卒認定試験

【解 答】

解答番号			正答	配点	解答番号			正答	配点
1	問１	1	②	2	4	問１	11	⑤	5
	問２	2	①	2		問２	12	①	5
		3	③	2		問３	13	③	5
	問３	4	⑤	3		問４	14	④	5
	問４	5	③	3		問５	15	③	5
	問５	6	④	3		問６	16	②	5
2	問１	7	⑤	5	5	問１	17	②	5
	問２	8	②	6		問２	18	③	5
	問３	9	①	6		問３	19	①	5
3	問	10	④	8		問４	20	⑤	5
						問５	21	③	5
						問６	22	④	5

【解 説】

1

問１　傍線部の漢字は「しゅくめい」と読みます。宿命とは、「前世から定まっている運命」という意味です。したがって、正解は②となります。

解答番号【1】・②　⇒ **重要度A**

問２

(ア)　ヒヤクとは「飛躍」と書き、「大きく成長あるいは進歩して活躍すること」という意味です。選択肢の漢字はそれぞれ、①「躍」動、②大「役」、③契「約」、④「薬」学、⑤翻「訳」となります。したがって、正解は①となります。

解答番号【2】・①　⇒ **重要度A**

(イ)　キノウホウとは「帰納法」と書き、「複数の個別の具体例の共通項に基づいて、一般的な結論・法則を導き出そうとする手法」という意味です。選択肢の漢字はそれぞれ、①「農」業、②頭「脳」、③「納」品、④「濃」厚、⑤「能」動的となります。したがって、正解は③となります。

解答番号【3】・③　⇒ **重要度B**

問３　「多岐に」に続く適切なことばは「わたる」または「及ぶ」であり、「物事が多方面にわかれている」という意味です。したがって、正解は⑤となります。

解答番号【4】・⑤　⇒ **重要度A**

問４　「哀歓」という熟語は「かなしみとよろこび」という意味で、「哀」と「歓」がそれぞれ反対の意味であり、「反対の意味を表す字を重ねる」という構成になっています。これと同じ構成の熟語を選択肢から選びます。

①「無用」は、「用が無い」という意味で、「無」が「用」を打ち消していて、「上の字が下の字を打ち消している」という構成になっていることから誤りです。②「冷淡」は、「冷」も「淡」も「情が薄い」という意味があり、「同じような意味の漢字を重ねる」という構成になっていることから誤りです。③「巧拙」は「上手なことと下手なこと」という意味で、「巧」と「拙」がそれぞれ反対の意味であり、「反対の意味を表す字を重ねる」という構成になっているので正しいです。④「避難」は、「避」が避けるという動作を、また「難」がその動作の目的語を表していて、「下の字が上の字の目的語になっている」という構成になっていることから誤りです。⑤「造作」は「造」も「作」も「つくる」という意味があり、「同じような意味の漢字を重ねる」という構成になっていることから誤りです。

したがって、正解は③となります。

解答番号【5】・③　⇒ **重要度A**

問5　傍線部Dについて、「利用する」の主語は客であり、尊敬語を使うべき文脈です。「～してください」の尊敬語は「ご～ください」あるいは「～なさってください」となりますので、「御利用してください」ということば遣いは不適切です。正しくは、「ご利用ください」となります。

したがって、正解は④となります。

解答番号【6】・④　⇒ **重要度A**

2

問1　傍線部Fに至るまでの話し合いの展開をすこし前から追ってみると、交流会の内容については「つつじプログラム」の内容と重複しないほうがよいのではないかという井川さんの提案を受けて、重複しない内容を考えるために「つつじプログラム」の詳細が柏木さんによって伝えられています。柏木さんの情報提供によって、塩田さんは、すでに「つつじプログラム」の内容に茶道体験が含まれている事実を知り、それであれば茶道部に依頼しなくてもよいという発言をしたと考えられます。井川さんの提案は傍線部Dに、「つつじプログラム」の詳細は傍線部Eに見られます。

したがって、正解は⑤となります。

解答番号【7】・⑤　⇒ **重要度A**

問2　「ア」の選択肢を考えます。柏木さんは、3回目と4回目の発言では、「つつじプログラム」の詳細という話し合いに必要な情報を提供し、6回目の発言では、それまでに出された生徒の意見を整理してまとめています。よって、「ア」の選択肢は正しいです。「イ」の選択肢を考えます。塩田さんの発言は主にほかの生徒の発言をふまえての提案です。よって、「イ」の選択肢は誤りです。「ウ」の選択肢を考えます。横山さんの発言は、内容を掘り下げる質問ではなく、主にアイディアの提案です。よって、「ウ」の選択肢は誤りです。「エ」の選択肢を考えます。前園さんの発言は、主に情報の確認や、ほかの生徒の発言に対する同意です。よって、「エ」の選択肢は誤りです。「オ」の選択肢を考えます。井川さんの1回目の発言は、「つつじプログラム」の内容をふまえて交流会の内容を考えたほうがよい（意見・アイディア）、なぜなら「つつじプログラム」と交流会の内容が重複したらおもしろくないから（理由）という構成になっています。また、2回目の発言も、企画内容を考えるうえでの前提を確認したほうがいい（意見・アイディア）、なぜなら話がまとまりやすくなるから（理由）という構成です。同様に、3回目の発言も、いっしょに活動できることを前提に企画を考えたらどうか（意見・アイディア）、なぜならいっしょに活動できればお互いに楽しいから（理由）という構成です。このように、井川さんは、自分の意見あるいはアイディアを述べる際には、必ずその理由を付け加えています。よって、「オ」の選択肢は正しいです。

したがって、正解は②となります。

解答番号【8】・②　⇒ **重要度B**

問3　この話し合いの目的は、柏木さんの3回目の発言にある「交流会の内容をみんなで決めるために集まってもらった」という部分から読み取れます。生徒から意見を集めたうえで、内容を決定するまでが話し合いの目的です。したがって、正解は①となります。

解答番号【9】・①　⇒ **重要度A**

3

問

Ⅰ「構成」

まず、レポートの構成の流れから考えていきます。第1段落では、プラスチックの生産によって二酸化炭素が排出されることをふまえて、プラスチックの廃棄量増加とプラスチックの生産割合について、図1-3-1と図1-3-2に基づいて説明がなされています。第2段落では、冒頭に「特に私が問題だと感じているのは」とあり、田中さん自身が抱いている問題意識（海洋プラスチックごみ）について、写真1-3-1を用いて述べていることがわかります。第3段落では、田中さんの主張の根拠からはじまり、最後の一文に「私たちは環境への影響を忘れずに生活しなくてはならない」という田中さんの主張が述べられています。よって、レポートは「説明」→「問題意識」→「主張」という流れで構成されています。

次に、ポスターの構成の流れを考えていきます。ポスターを上段・中段・下段という3つのまとまりに分けて、それぞれの項目に着目すると、1つ目のまとまりには田中さんが「問題だと感じること」が書かれています。2つ目のまとまりには図1-3-1と図1-3-2の内容の説明が書かれています。3つ目のまとまりには田中さんの「意見」、つまり田中さんの主張が書かれています。よって、ポスターは「問題意識」→「説明」→「主張」という流れで構成されています。

これらのことから、Ⅰ「構成」のA・B・Cの選択肢のうちは適当な選択肢はBとなります。

Ⅱ「ポスター紙面の作り方」

Aの選択肢について、「資料（写真やグラフ）の引用を増やすことで」とありますが、レポートもポスターも引用した資料は同数であることから誤りです。Bの選択肢について、「強調したい客観的事実に全て下線を付すことで」とありますが、ポスターには「意見」に下線があります。意見は客観的事実ではないことから誤りです。Cの選択肢について、「項目を明示したり箇条書きを用いたりすることで」とあり、ポスターでは「問題だと感じること」「プラスチック廃棄物発生量」「世界のプラスチックの生産割合」「意見」と項目を明確にしているだけでなく、「問題だと感じること」では箇条書きも用いているので正しいです。

よって、Ⅱ「ポスター紙面の作り方」のA・B・Cの選択肢のうちは適当な選択肢はCとなります。

Ⅲ「資料（写真やグラフ）の扱い方」

レポートとポスターにおける「写真」の役割について考えます。レポートでは、２段落目にごみが絡まったウミガメの写真を見たことで海洋プラスチックごみの問題に関心をもつようになったとあるのに対して、ポスターでは「問題だと感じること」という項目に写真が載せられています。ここから、「写真」は、レポートでは問題に関心をもつようになったきっかけを示すものとして、ポスターでは問題点を示すものとして配置されていることがわかります。

よって、Ⅲ「資料（写真やグラフ）の扱い方」のA・B・Cの選択肢のうちは適当な選択肢はAとなります。

したがって、正解は④となります。

解答番号【10】・④ ⇒ **重要度A**

4

問１ 傍線部Aの直後にある「就活生だったころの自分の夢を守るために」という部分に着目すると、当時ＯＢ訪問をした際の相手は、就活生の夢を守るためにこちらの質問に対して正直に答えていなかったのではないかと「俺」が考えていることが読み取れます。これをふまえて選択肢を見ると、⑤にある「就活生の～と思った」という部分が先述の内容と合致します。

したがって、正解は⑤となります。

解答番号【11】・⑤ ⇒ **重要度A**

問２ 傍線部Bの２行前の『すげえ細かい』～混ざっている」という部分と、傍線部Bの直前の小出課長の「大変だね、君も」という発言から、「領収書」という表記を「領収証」という表記に変える必要があるといった、社内規程に基づく「俺」の指摘が、周囲から軽視されてしまっていることに対して、小出課長が同情していることが読み取れます。これをふまえて選択肢を見ると、①の内容が先述の内容と合致します。

したがって、正解は①となります。

解答番号【12】・① ⇒ **重要度B**

問３ 傍線部Cにある「あのころ」とは、総務部に移動する前のデジタルコンテンツ事業部にいた時期を指します。また、傍線部Cの直前にある「いくら寝不足～としても」という部分と傍線部Cの「あのころの煩雑さが今は愛しい」という部分から、厳密さよりも迅速さを求められるデジタルコンテンツ事業部の仕事のほうが忙しくとも充実していたと考えていることが読み取れます。これらをふまえて選択肢を見ると、③の内容が先述の内容と合致します。

したがって、正解は③となります。

解答番号【13】・③ ⇒ **重要度A**

問４　傍線部Ｄの３行後から４行後にかけての「十年前、清水課長は〜こなしていたのだ」という部分から、訂正印の「清水」という名前に直面したことによって、当時の清水課長も現在の「俺」と同じように若くて肉体的にも充実している時期に、総務部の単調な仕事を日々こなしていたという事実に気付かされたのだと読み取れます。これをふまえて選択肢を見ると、④の内容が先述の内容と合致します。

したがって、正解は④となります。

解答番号【14】・④　⇓ **重要度B**

問５　傍線部Ｅの前後の村西部長の発言と傍線部Ｅの５行後の「書き損じを〜考えられない」という部分に着目すると、当時の清水課長の仕事ぶりが今の几帳面な清水課長からは想像もつかず、この違いに驚いていることが読み取れます。これをふまえて選択肢を見ると、③の内容が先述の内容と合致します。

したがって、正解は③となります。

解答番号【15】・③　⇓ **重要度A**

問６　①について、「個性的な課長〜浮かび上がってくる」とありますが、本文では「俺」の清水課長に対する意識や見方が変わっていく様子が描かれているので誤りです。②について、とくに傍線部Ｅ以降の村西部長とのやりとりにおいて、本文最終行から12行目にある「書き損じを〜考えられない」という部分や、その４行後にある「それは、村西〜至るまで」という部分から、「俺」の清水課長に対する見方が変化したことが読み取れます。また、本文の最後の一文の「ノックしたボールペンの先を、定規に沿ってすうと滑らせた」という部分にある「ノック」や「すうと」といった擬音語は、気持ちの軽やかさを想起させます。この点から、「俺」の業務に対する前向きな姿勢を読み取ることができます。よって、②は正しいです。③について、「前半での緊迫感のある総務部内の描写」とありますが、本文からは総務部の仕事に緊迫感があるようには描かれていないことから誤りです。④について、「若者らしい〜増えていくことで」とありますが、本文において「俺」のことば遣いに変化は見られないことから誤りです。⑤について、『俺』と清水課長自身の入社当初の回想」は本文には交互に挿入されていないことから誤りです。

したがって、正解は②となります。

解答番号【16】・②　⇓ **重要度B**

5

Ⅰ

（現代語訳）

（私が）俊恵と和歌の師弟関係を結ぶ約束をした当初、彼が言ったことばに次のようなものがある。「歌には極めて大切な古くからの心得があります。私を本当に師と信頼なさるならば、これから言うことを守ってください。あなたはのちの世においてはきっと歌の名人になられるに違いないことに加えて、このように私と師弟の約束をなさったので申し上げるのです。（その心得とは）決して決して、自分が世間に広く認められるような歌人になったとしても、わかったものだとうぬぼれて、われこそはと思いあがったような歌をお詠みになってはなりません。ゆめゆめしてはならぬことです。藤原実定は並ぶもののなき名人でいらっしゃいましたが、その心得がないために、今では歌の詠みぶりが劣ってしまわれました。昔、（藤原実定のことを）前大納言などと申し上げたとき、歌の道に執着し、他人の目を気にして、歌のみがきをかけていたときのままであったならば、今では肩を並べる人も少なかったでしょうに。（しかし、実際には）「歌を極めたのだ」と思って、最近お詠みになる歌は、すこしも心を込めておらず、やや感心しないことばを混ぜていますので、これでどうして優れた歌ができましょうか（いや、できはしません）。秀歌がなければ、もう人は（歌の世界では）重用しません。歌は詠まれたその場でこそ、詠み手の人柄によって良くも悪くも聞こえるものだが、その翌朝に今一度静かに見た際には、そうはいっても、その内に風情がこもっていて、歌の姿も素直である歌こそ、いつまでも見続けられるものなのです。このように申し上げるのはおこがましいのですが、この私、俊恵は今もただ初心の頃のように歌を案じています。また、自身の心（自分の主観）は二の次にして、不審であっても、他人の下す良し悪しの評価を尊重しています。これは昔の人が教えてくださったことです。このことを守っているおかげでしょうか、さすがに老い果てはしましたが、俊恵のことを詠みぶりが劣ってきたと申す人はいないのですよ。これはほかでもない、この心得に逆らわないでいるからです」と。

Ⅱ

（書き下し文）

或ひと曰はく、「著書の人は、博覧多聞、学問習熟すれば、則ち能く類を推し文を興す。文は外由りして興り、未だ必ずしも実才と文と相副はざるなり。且つ意を華葉の言に溉げば、根核の深無く、大道の体要を見ず、故に功を立つる者希なり。安危の際、文人与らず、能く功を建つるの験無く、徒だ筆説の効を能くするのみなり」と。

曰はく、「此れ然らず。周の世の著書の人は、皆権謀の臣、漢の世の直言の士は、皆通覧の吏なり。豈に文は華葉の生ずるをば、根核之を推すに非ずと謂はんや。心思謀を為し、集扎文を為せば、情は辞に見れ、意は言に験あり。（中略）書疏・文義の、肝心を奮はしむるは、徒だに博覧者の能く造る所、習熟者の能く為す所に非ざるなり」と。

（現代語訳）

ある人が言う、「書物を著す人は博覧多聞（広く書物を読んでいて博学であること）であり、学問に慣れているので、類推して文章を作ることができる。文章は心の外から作られるもので、必ずしも実際にその人がもっている才能と文章とが釣り合うとは限らない。また、ことばの修飾ばかりに気を配ると、植物の根や核のような文章の一番大事な部分に深みがなく、人としての正しい道理の要点がわからないので、功績を挙げた者はめったにいない。危急のときにも、文人は頼りにされず、功績を挙げることができたという証拠もなく、ただ文筆の効果を高めるだけだ」と。

（これに対して）言う、「そうではない。周代において書物を著す人はみな策略をめぐらす人であったし、漢代において思うことを気兼ねなくそのままに述べる人はみな、全体を見通せる人であった。文章にことばの修飾が生じるのを、花や葉が根や核から生じるようなものではないとどうして言えようか（いや、言えない）。心の中で考えを練って、竹の札を集めて文章にすれば、気持ちは表現に現れるし、心はことばに証される。（中略）書の文意によって人の心を奮い立たせるようなことは、ただ博覧多聞の者に書くことができるものではなく、また手慣れたものにもできることではない」と。

問1　傍線部Aの「このこと」とは、この1行後から2行後にかけての「あなかしこ～詠み給ふな」（決して決して、自分が世間に広く認められるような歌人になったとしても、わかったものだとうぬぼれて、われこそはと思いあがったような歌をお詠みになってはなりません）という部分の内容を指しています。これをふまえて選択肢を見ていきます。

①について、「若いときに～敬わなければならない」という部分が、「このこと」が指す具体的な内容と合致しないことから誤りです。②について、「このこと」が指す具体的な内容と合致するので正しいです。③について、「他人の和歌～控えなければならない」という部分が、「このこと」が指す具体的な内容と合致しないことから誤りです。④と⑤について、歌人として指導する立場になったときの心得に関しては本文に言及がないことから誤りです。

したがって、正解は②となります。

解答番号【17】・②　⇒ **重要度A**

問2　傍線部Bの理由は、その直前の「そこはかならず～契りをなさるれば」（あなたはのちの世においてはきっと歌の名人になられるに違いないことに加えて、このように私と師弟の約束をなさったので）という部分から読み取れます。これをふまえて選択肢を見ていきます。

①について、「将来歌人として有名になる見込みはない」とありますが、本文に「そこはかならず末の世の歌仙にています(いますかるべき上に」とあるように、俊恵は見込みを感じて大切な心得を伝えていることから誤りです。②について、「死期を迎えたので」という部分が、本文に言及がないことから誤りです。③について、先述の理由の内容と合致するので正しいです。④について、「自分と同じ失敗を弟子にはさせたくない」という部分が、本文に言及がないことから誤りです。⑤について、「師弟関係を結ぶ約束をしたかった」とありますが、俊恵のほうが師弟関係を結びたかったという内容は本文からは読み取れないことから誤りです。

したがって、正解は③となります。

解答番号【18】・③　⇒ **重要度A**

問3　傍線部Cの理由は、そのすこし前にある「このことを保てるしるしに」（このことを守っているおかげでしょうか）という部分から考えます。「このこと」とは、その直前の「古き人の教へ」つまり「俊恵はこの頃～歌を案じ侍り」（この私、俊恵は今もただ初心の頃のように歌を案じています）と「わが心をば～用ゐ侍るなり」（自身の心は二の次にして、不審であっても、他人の下す良し悪しの評価を尊重しています）という部分の内容を指しますので、これをふまえて選択肢を見ていきます。

①について、「初めて歌を詠んだ頃のように歌を思案し」とあり、さらに「他人の批評の方を尊重する」とあるので正しいです。②について、「歌の技術を～気を配り」という部分が、本文に言及がないことから誤りです。③について、「自分が歌を～重視している」という部分が、本文に言及がないことから誤りです。④について、「常に最新の～心がけている」という部分が、本文に言及がないことから誤りです。⑤について、「他人の助言～大切にしている」

という部分が、「わが心をば～用ゐ侍るなり」という部分とは反対の内容に相当することから誤りです。

したがって、正解は①となります。

解答番号【19】・①　⇓ 重要度B

問４　傍線部Ｄの理由は、直前の「且濺意於華葉之言～不見大道体要」から読み取れます。つまり、「ことばの修飾ばかりに気を配ると、人としての正しい道理の要点がわからないから」ということです。これをふまえて選択肢を見ていきます。

①について、「物事の要点が伝わりにくいものになる」のは、持てる知識をすべて詰め込んだことが原因ではなく、ことばの修飾ばかりに気を配ることにあることから誤りです。②について、「感情的な表現が多く用いられている」という部分が、本文に言及がないことから誤りです。③について、「自分が納得するまで推敲する」という部分が、本文に言及がないことから誤りです。④について、「感情をそのまま言葉にしていて」という部分が、本文に言及がないことから誤りです。⑤について、「表現や修辞に～把握できていない」という部分が、先述の理由の内容と合致するので正しいです。なお、「文人が作った～作られる」という部分の内容は、本文１行目の「著書之人、博覧多聞、学問習熟、則能推類興文」に述べられています。

したがって、正解は⑤となります。

解答番号【20】・⑤　⇓ 重要度B

問５　傍線部Ｅに含まれる「豈に～んや」という表現は、本当に言いたいことと反対の内容を疑問のかたちで述べることで断定を強調する反語の表現であり、「どうして～か、いや～ない」と訳します。よって、傍線部Ｅは、文章は花や葉が根や核から生じるようなものだということを強調していることになります。また、傍線部Ｅの直後の文では「心の中で考えを練って、竹の札を集めて文章にすれば、気持ちは表現に現れるし、心はことばに証される」と述べています。これらの内容をふまえて選択肢を見ていきます。

①について、「適切な表現～経験が必要だ」という部分が、本文に言及がないことから誤りです。②について、「文章もこだわった～ものになる」という部分が、本文に言及がないことから誤りです。③について、先述の内容に合致するので正しいです。④について、「常に言葉遣いを研究していると」とありますが、ことば遣いの研究については本文に言及がないことから誤りです。⑤について、「人が感動する～経験が必要だ」という部分が、本文最終行には、文章によって人の心を奮い立たせるようなことは、博覧多聞の者にもできることではないとあることから誤りです。

したがって、正解は③となります。

解答番号【21】・③　⇓ 重要度B

問６　Ⅰの文章は、俊恵が弟子に対して、世間に広く認められるような歌人になったとしても、初めて歌を詠んだ頃のように歌を思案し、他人の批評のほうを尊重することが大切だという歌人としての心得を伝えた文章です。Ⅱの文章は、人の心を奮い立たせるような文章というのは、心の外側にある知識や経験だけでは書くことができず、心こそが大切なのだという心構えを伝えた文章です。

したがって、正解は④となります。

解答番号【22】・④　⇓ 重要度A

令和３年度 第２回
高卒認定試験

国 語

解答時間　50分

注　意　事　項（抜粋）

＊　試験開始の合図前に，監督者の指示に従って，解答用紙の該当欄に以下の内容をそれぞれ正しく記入し，マークすること。

①**氏名欄**

氏名を記入すること。

②**受験番号**，③**生年月日**，④**受験地欄**

受験番号, 生年月日を記入し，さらにマーク欄に**受験番号**（数字），**生年月日**（年号・数字），**受験地をマーク**すること。

＊　**受験番号，生年月日，受験地が正しくマークされていない場合は，採点できないことがある。**

＊　解答は，解答用紙の解答欄にマークすること。例えば，[10] と表示のある解答番号に対して②と解答する場合は，次の（例）のように**解答番号** 10 の**解答欄**の②に**マーク**すること。

（例）

解答番号	解　　答　　欄
10	① ● ③ ④ ⑤ ⑥ ⑦ ⑧ ⑨ ⓪

国語（解答番号 1 ～ 22 ）

1 次の問1～問6に答えよ。

問1 (ア)、(イ)の傍線部の漢字の正しい読みを、次の各群の①～⑤のうちからそれぞれ一つ選べ。解答番号は 1 ・ 2 。

(ア) 文化を享受する。 1

① きょうじゅ
② しょうじゅ
③ じゅんじゅ
④ きんじゅ
⑤ こうじゅ

(イ) あの家族とは懇意にしている。 2

① えいい
② けいい
③ こうい
④ こんい
⑤ せいい

問2　傍線部に当たる漢字と同じ漢字を用いるものを、次の①～⑤のうちから一つ選べ。解答番号は 3 。

一等をカクトクした。

① カクチョウ高い表現技法を用いる。
② 優秀なサイカクの持ち主である。
③ 野生動物のホカクを禁じる。
④ 舞台裏でカクサクする。
⑤ 相手とゴカクに戦う。

問3　傍線部は「技量を示したくてじっとしていられない」という意味の慣用句である。空欄　に入る語として最も適当なものを、後の①～⑤のうちから一つ選べ。解答番号は 4 。

強豪校との対戦を前に、今から　が鳴る。

① 首
② 腕
③ 指
④ 膝
⑤ 足

問4 傍線部の意味として最も適当なものを、後の①～⑤のうちから一つ選べ。解答番号は 5 。

優勝杯をめぐって両チームがしのぎを削る。

① 相手をけん制すること。
② 一心に打ち込むこと。
③ 悪だくみをすること。
④ 工夫をこらすこと。
⑤ 激しく争うこと。

問5 「純文学」と同じ構成で成り立っている熟語を、次の①～⑤のうちから一つ選べ。解答番号は 6 。

① 千里眼
② 批判的
③ 雪月花
④ 血液型
⑤ 高気圧

問6　「目」という漢字を辞書で調べると複数の意味がある。その中で、「箇条・見出し」という意味の「目」を含んでいる語を次のア～オからすべて選ぶとき、その組合せとして最も適当なものを、後の①～⑤のうちから一つ選べ。解答番号は 7 。

ア　注目　　イ　目録　　ウ　品目　　エ　目先　　オ　項目

① ア・イ・ウ
② ア・エ・オ
③ イ・ウ・オ
④ ア・エ
⑤ オ

2 今年、西高校では学校説明会用の動画の一部を生徒会が作ることになった。次の**【話合いの一部】**は、紹介動画で何を話題として取り上げるかについて生徒会役員五人が話し合った様子の一部である。また、**【図①】**〜**【図③】**は、話合いの最中にホワイトボードに描かれたものである。これらを読んで、**問1**、**問2**に答えよ。

【話合いの一部】

笹倉さん　私は西高校の制服を取り上げたいな。まだまだ知られていないと思うから。

鯉沼さん　（A）それって、去年から新しく夏服に加わった校章入りのポロシャツのことね？

笹倉さん　うん。でもそれだけじゃなくて、女子の制服のことが、よく知られていないと思うんだよね。圧倒的多数がブレザーにスカートをあわせているけど、実は西高校には、ブレザーとパンツの制服もあるじゃない？　だから、それを紹介するといいんじゃないかなと思うんだ。

吉田さん　僕は、二年生や三年生での選択科目について紹介したいな。選択科目の内容や選択の仕方とかを中学校の後輩からよく聞かれるからさ。

藤原さん　だったら、（B）総合的な探究の時間で行っている探究学習もいいんじゃないかな？

川口さん　僕は郷土芸能部がおもしろいと思うよ。

鯉沼さん　じゃあ、ちょっと待って。これまでの意見を整理してみるからね。**（ホワイトボードに【図①】を描く）**……こんな感じだよね？　藤原さんと川口さん、まだ理由を聞いてなかったよね？

藤原さん　僕が探究学習を紹介するといいと思った理由は、フィールドワークがとてもおもしろいと思うからだよ。他校の友達に聞くと、校外でのこういう学習はあまりやってないらしいから、この探究学習は多分、西高校の特色って言えると思うんだ。

鯉沼さん　（C）おもしろい学習、つまり、アンケートをお願いしたりインタビューをしたりするフィールドワークをしているから紹介したい、ということね？

藤原さん　というよりは、そういうおもしろい学習をしているのに、あまり知られてないと思うから、紹介したらどうかなと思ったんだ。

鯉沼さん　なるほどね。ありがとう。川口さんは？

川口さん　郷土芸能部がもっと有名になってほしいから、だな。この間の全国大会にも出場していたし。

鯉沼さん　了解。では、それを付け加えると、こうなるね。**（【図①】に書き足す。ホワイトボードは【図②】のようになる）**ほかに紹介したいものはある？

笹倉さん　D動画の時間は十分間だから、これくらいでちょうどいいんじゃない？

鯉沼さん　そうだね。じゃあ、この四つの話題を順に取り上げていく形でいいかな？　……でも、このまま四つの話題を順に紹介していくだけでは、全体としてのまとまりに欠けるような気がしない？

川口さん　たしかに、話題がバラバラな感じがするね。Eどうしたら、まとまった感じにできるのかな？

藤原さん　何かこの四つの話題をつなぐ共通点でもあればいいんだけど……。

吉田さん　**（【図②】を見ながら）**Fこれを見ると、四人が挙げたことには、「地域の人にあまり知られていない西高校のこと」という共通点があるんじゃないかな？

笹倉さん　なるほど。言われてみれば、そうかも。

吉田さん　ちょっと、ここを直してみていい？　**（【図②】に書き足す。ホワイトボードは【図③】のようになる）**つまり、こういうことになるんじゃない？

笹倉さん　**（【図③】を見ながら）**……そうか。制服も選択科目も探究学習も郷土芸能部も、「地域の人にあまり知られていない西高校のこと」というわけなのね。だったら、提案なんだけど、「地域の人にあまり知られていない西高校のこと」を、もうちょっと私たちで挙げてみて、そこから選《え》りすぐりのものを「西高クイズ」にして動画にまとめるのはどう？

川口さん　いいね。おもしろいと思う。

鯉沼さん　じゃあ、この線で行こう。ではさっそく「地域の人にあまり知られていない西高校のこと」を、もう少し挙げてみようか。

【図①】

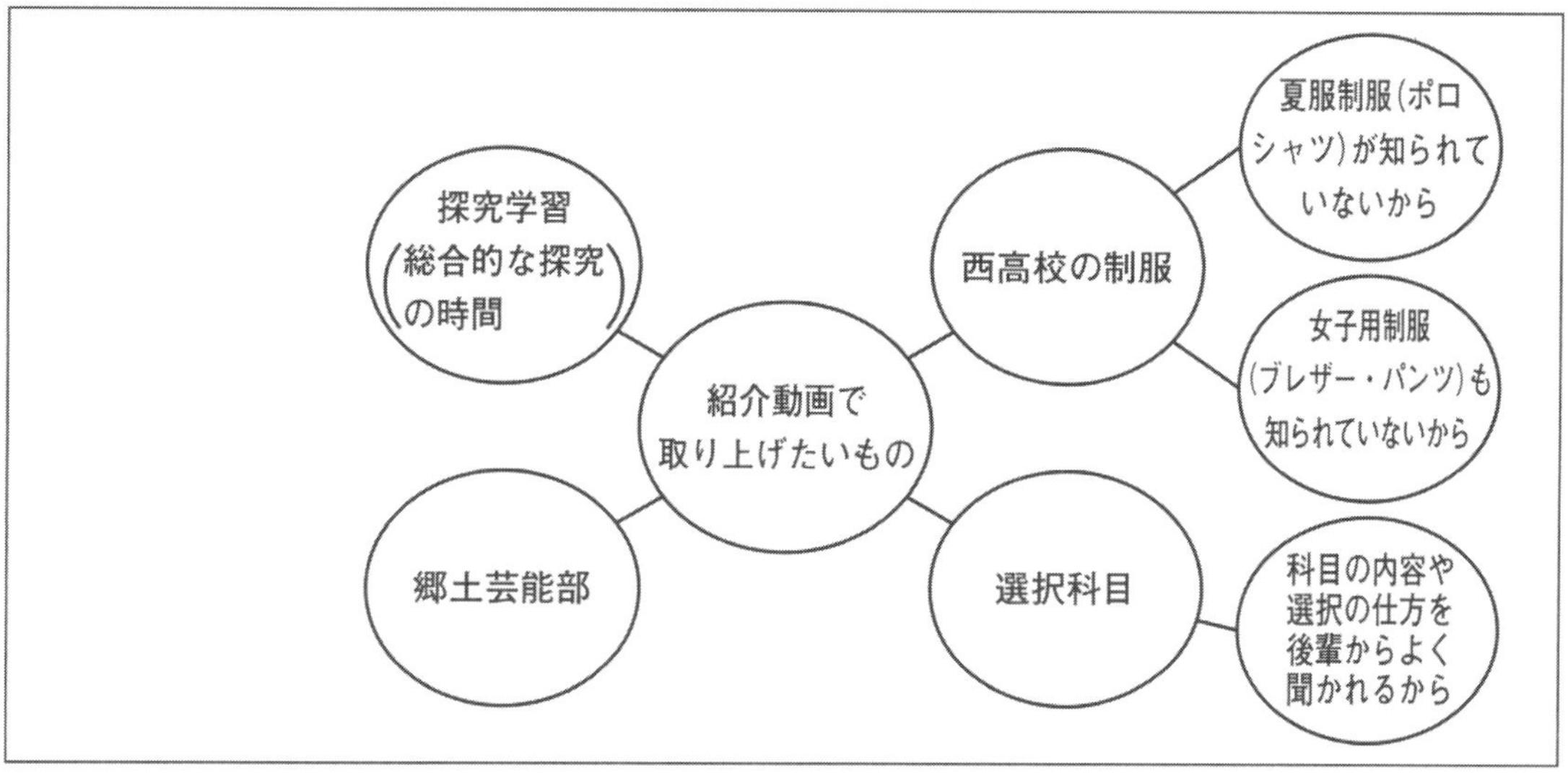
紹介動画で
取り上げたいもの
探究学習
（総合的な探究の時間）
郷土芸能部
西高校の制服
選択科目
夏服制服（ポロシャツ）が知られていないから
女子用制服（ブレザー・パンツ）も知られていないから
科目の内容や選択の仕方を後輩からよく聞かれるから

【図②】

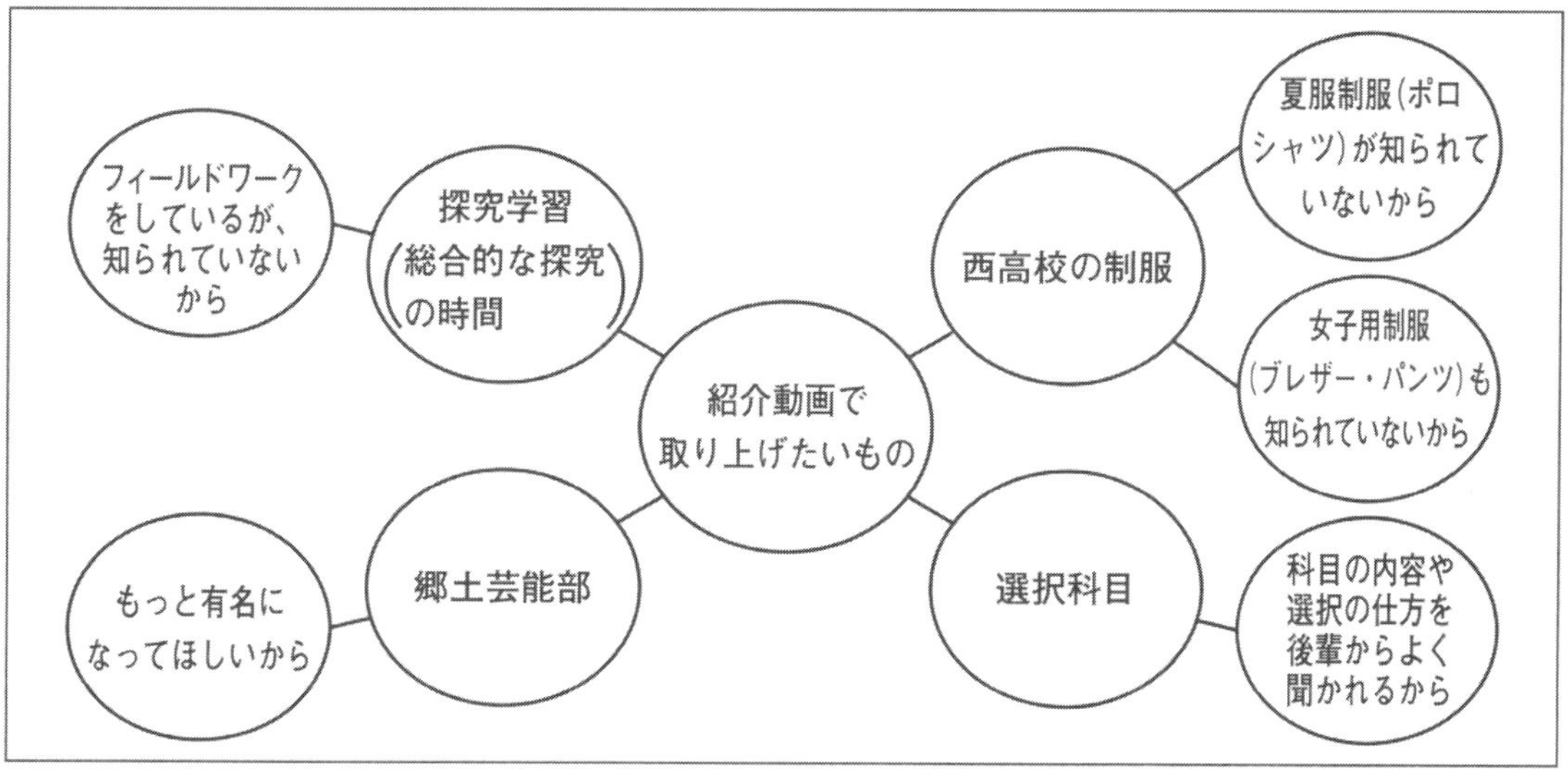
紹介動画で
取り上げたいもの
探究学習
（総合的な探究の時間）
郷土芸能部
西高校の制服
選択科目
フィールドワークをしているが、知られていないから
もっと有名になってほしいから
夏服制服（ポロシャツ）が知られていないから
女子用制服（ブレザー・パンツ）も知られていないから
科目の内容や選択の仕方を後輩からよく聞かれるから

【図③】

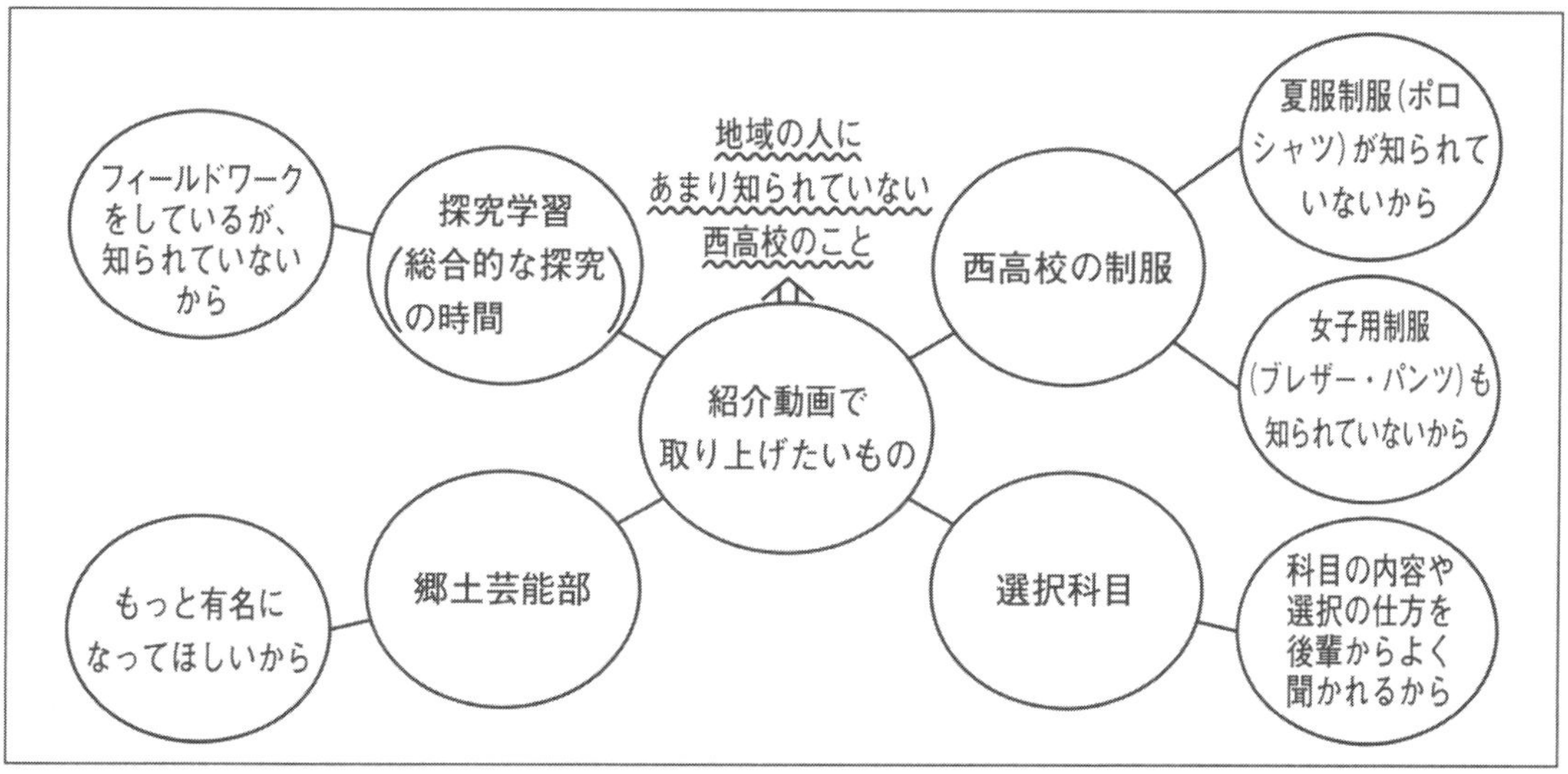
地域の人に
あまり知られていない
西高校のこと
紹介動画で
取り上げたいもの
探究学習
（総合的な探究の時間）
郷土芸能部
西高校の制服
選択科目
フィールドワークをしているが、知られていないから
もっと有名になってほしいから
夏服制服（ポロシャツ）が知られていないから
女子用制服（ブレザー・パンツ）も知られていないから
科目の内容や選択の仕方を後輩からよく聞かれるから

問1　傍線部A～Fの発言のうち、「相手の考えを具体的に確認している発言」はどれか。次の①～⑤のうちから一つ選べ。解答番号は 8 。

①　AとB
②　AとC
③　BとC
④　DとE
⑤　DとF

問2　この話合いについて説明したものとして最も適当なものを、次の①～⑤のうちから一つ選べ。解答番号は 9 。

①　各自の意見からその根底にある共通点を見つけ出したことで新たなアイデアにたどり着き、合意が形成された。
②　各自の意見とその長所と短所を明確にしたことで新たなアイデアにたどり着き、大筋については合意が形成された。
③　各自の意見から共通点と相違点を明確にしたことで新たなアイデアにたどり着き、合意が形成された。
④　各自があげたアイデアの中から二つを合わせて新たなアイデアとしたことで、合意が形成された。
⑤　各自があげたアイデアの中から最も支持されたアイデアを全員で練り上げたことで、合意が形成された。

3

北高校の山田さんは文化祭実行委員を務めている。山田さんは、委員会で伝達された内容に基づき【メモ】を書いた。さらに、全校生徒参加型企画の制作手順についてクラスの生徒に伝えるため、その【メモ】をもとに【連絡事項A】を作成した。しかし、同じ実行委員の鈴木さんから、このままでは分かりにくいという指摘を受けて、【連絡事項B】を作成した。【メモ】と【連絡事項A】と【連絡事項B】を読んで、問に答えよ。

【メモ】

第3回文化祭実行委員会 6/30　会議室

◎本日の内容：・各企画の進捗状況と今後の予定の確認
　　　　　　　・全校生徒参加型企画（モザイク画）の作業依頼
　　　　　　　・文化祭統一テーマ「未来への希望」

（巨大なベニヤ板にさまざまな色の折り鶴を大量に貼り付けて作る絵）

1　進捗状況と今後の予定

　○各クラス
　○部活動
　　進行中　企画書 7/10 締切

　※企画書が提出された後、調整が入る可能性あり

　○全体（実行委員会が企画）

　・開会式　閉会式……内容検討中
　・全校生徒参加型企画
　（前回の実行委員会で今年度は巨大モザイク画に決定）
　・原画はテーマに沿ったものを美術部が制作済み
　・実行委員会の全体企画係が拡大、モザイク化、色の配置決定済み
　・クラスごとに割り当てられた部分を制作する。
　・期限は9月15日（できれば3日程度前が目標）。

2　巨大モザイク画　各クラスの作業

　○1クラスにつきベニヤ板1枚分
　○ベニヤ板に縦 66 mm × 横 33 mm のマス目を引く。
　　縦置き……縦 30 マス × 横 30 マス（計 900 マス）
　　横置き……縦 15 マス × 横 60 マス（計 900 マス）
　　　　　　縦置きか横置きかは指定される。
　　※クラスは 40 名なので、1人 23 羽折れば OK。
　○実行委員会から配付された折り紙を使って折り鶴を作る。
　○クラス全員で折り鶴を作り、設計図に指定された色の配置どおりに接着剤で貼り付け。
　○鶴の頭は折って右向きに貼る。引いたマス目より折り鶴の方が大きいので、はみ出した部分を重ねながら貼る。
　○完成したら生徒会倉庫へ。

＊　クラスへ作業内容を伝えること！！

【連絡事項A】

第3回文化祭実行委員会で、以下の内容が決定しました。

○文化祭統一テーマ　「未来への希望」

・原画は美術部が制作済み。実行委員が拡大してモザイク化しました。
・各クラスに担当箇所が割り振られているため、期日までに完成させておくこと。
・締め切りは9月15日。（できれば提出期日ぎりぎりよりも3日前が望ましいです。）
・配付された折り紙を折って、ベニヤ板に貼り付けします。
　※鶴はなくさないようにすること。少し多めに折っておくとよいかもしれません。
・鶴の頭は右向きで、はみ出さないように重ねながら貼るようにしてください。
・接着剤は実行委員が持っています。

クラスの皆さんの協力が必要です。ぜひ頑張って、素晴らしいモザイク画を完成させましょう！何か分からないことがあれば、いつでも実行委員に声をかけてください。

文化祭実行委員　山田

【連絡事項B】

全校生徒参加型企画について

Q：今年の全校生徒参加型企画は何をするの？
A：巨大モザイク画を作る。

Q：どんな絵ができあがるの？
A：今年度の文化祭のテーマ「未来への希望」を表現した絵。
　全体像は完成してからのお楽しみ！

Q：一人一人はどんな作業をするの？
A：折り鶴を折ってベニヤ板に貼り付ける。

Q：一人何羽折るの？
A：一人23羽。

Q：折った後はどうするの？
A：ベニヤ板にマス目を引いて、そこに色を書き込んだものが用意されている。
　指定された色の鶴を接着剤で貼り付ける。
　※鶴の頭は折って右向き。接着剤は実行委員が持っている。

Q：いつまでに完成させるの？
A：9月12日の完成が目標！

皆さんの御協力をお願いします。

文化祭実行委員　山田

問　【連絡事項A】と【連絡事項B】を比べると、【連絡事項B】ではどのようなことを工夫して作成したと考えられるか。最も適当なものを、次の①～⑤のうちから一つ選べ。解答番号は 10 。

① 読み手の連絡事項への理解が深まるように、事実と意見を区別して論理的な構成で作成した。
② 読み手の文化祭企画への意欲を喚起するために、書き手の主観的な意見を情報の根拠として作成した。
③ 読み手が作業全体の概要をはっきりと把握できるように、細かい部分から全体へと項目を立てて作成した。
④ 読み手が作業の内容を具体的に理解できるように、伝える内容を精選して整理し形式を変えて作成した。
⑤ 読み手への敬意を示すために、文章全体を通して敬体で記述して丁寧な表現を心がけて作成した。

4 次の文章を読んで、問1～問6に答えよ。

スポーツ用品を販売する会社に勤める素子《もとこ》は、日々の子育てや食事作りに消耗し、同い年の子供を持つ友人の珠理《じゅり》を「遠くへ行きませんか」と誘った。素子は旅先の温泉で珠理と会話するうちに、若くして亡くなった母のことを思い返す。三十代の初めに病気になり、十年闘病した母は、素子にとって一緒にいてあまり居心地よさを感じる相手ではなかった。

ランチは、すっかり秋の風情だった。茗荷《みょうが》や生姜《しょうが》、紫蘇《しそ》におろしにんにくなど、薬味をたっぷり添えた鰹《かつお》のたたき。海老、帆立、舞茸《まいたけ》、ししとうの天ぷら。きのこと鮭《さけ》の茶碗蒸《ちゃわんむ》し。食用菊ときゅうりの酢の物。茄子《なす》のお新香。栗《くり》のポタージュスープ。デザートには、水ようかん。

茶碗蒸しとポタージュスープかな、ととっさに頭が動き、いや今日は子供に食べさせなくていいんだ、と数秒遅れて混乱する。欲しがられた場合に備えて刺身を残しておく必要も、熱くて食べられないと言われる前に茶碗蒸しを崩して息を吹きかけておく必要も、ない。

冷たい梅酒で乾杯し、そっと料理へ箸をつけた。

ざくざくと奥歯で砕ける薬味の涼気が、ししとうのほのかな辛さが、食用菊の酸味と歯触りが、突風のように口の中で吹き荒れた。

うっわおいし、と思わず呟《つぶや》く。卓の向かいに座る珠理は「秋だねえ、素晴らしいねえ」と噛《か》みしめるように言った。

「家族の味の好みとか、栄養とか、生野菜を食べる練習をさせなきゃとか、そういうことばかりジグソーパズルみたいに考えてたら、自分がなにを食べたいかぜんぜん分からなくなってた」

青味の深い茄子のお新香を口に放り込んで言う。茶碗蒸しをひと匙《さじ》、慎重にすすり、珠理は何度も頷《うなず》いた。

「家庭の食卓って、忖度《そんたく》の積み重ねでできてるよね。自分がこれを食べたい、以外の理由で組み立てた料理を毎日作り続けるって、考えてみると結構クレイジーだよ。しかもそうして作った料理を、家族が喜ぶかっていうと微妙なわけだし」

「ああ、確かに子供の頃、そんなには食事を楽しみにしてなかったな……」

よほどの空腹時はともかく、遊んでいるときや漫画を読んでいる最中に「ごはんよー」と呼ばれ、嬉《うれ》しさよりも先にA面倒くささがふわっとよぎった覚えは幾度となくある。料理を作る側からすれば腹の立つ話だが、作られる方は作られる方で、まったく違うことを感じて生きていた。

子供の頃を思い出しながら、薄いクリーム色のポタージュスープを舌に広げる。なめらかで、濃厚で、甘さに奥行きがある。

「実は私、母親の料理をほとんど覚えてないんだ。子供の頃は焼きそばとかグラタンとか好きだったから、そういうのは作ってくれてたと思うんだけど……唯一覚えてるのが、ある日、味噌汁《みそしる》にズッキーニが入ってて、それで、お母さんズッキーニはないよーって文句を言った。はっきり覚えてるのは、それだけ」

「えー、なんでいきなりズッキーニ」

「体調が悪くて買い物に行けなかったとか、そんな理由じゃないかな。そう思ったのは亡くなった後だけど」

今なら夏野菜を入れたおしゃれな味噌汁もいろいろあるが、あの頃はまだ葱《ねぎ》とか豆腐とかわかめとか、王道的な味噌汁ばかりだったから、なおさらインパクトが強かったのだろう。

「だから母親の好きな食べ物とか、知らないんだ。体調が悪いなら出前でもとればいいのに、残り物のズッキーニで無茶な味噌汁を作っちゃうくらい、こう……形を守るっていうか、母親らしいふるまいを崩そうとしない人だったから。普段の食卓も、栄養とか、月の食費とか、私や父親の好みとか、そんな忖度ばかりだったと思うんだよね。あの人がはしゃいでなにかを食べていたって記憶が、全然ないもん」

「んー……そういえば私も母親の好物、知らないな。ちゃんと考えたことなかった」

梅酒を飲み終えた珠理は、瓶ビールをグラスに注いでぐいぐい飲んだ。唇の上に残った泡をおしぼりで拭いて、続ける。

「きっとそういうものなんだよね。元気で、ちょくちょく顔を合わせてるうちは改めて聞くのも照れくさいし、そもそも知ろうと思わない。でもそうして過ごすうちに、一緒にいる時間は終わるんだ」

珠理の飲みっぷりにつられ、私も小さなグラスにビールを注いだ。グラスの半分くらいまで、一息に喉を鳴らして飲む。

「それ、うちらの子育てにも言えることだよね。ホットケーキとか、ラーメンとか、オムライスとか、息子の好物はいくらでも知ってる。夫の好物も。でも、私の好物をきっと二人は知らない」

そもそも二人が知る知らない以前の話として、自分でも食べたいものが分からなくなるのだから、真面目に妻や母親をやり過ぎるのも考えものだ。私の母親も、自分の好物なんて忘れていたのではないだろうか。

いくらか酔いが回ったらしく、珠理は眠たげな目をとろりと細めて微笑んだ。

「素子は、今でもちょっと寂しい?」

「うーん」

B「親として接してもらうより、もっとお母さん自身のことを覚えておきたかった?」

「……でも、そんなことを考えるのは、私が大人になったからだよ。子供の頃はもっと、毎日食卓に出てくる料理を、食べるのに見てない、みたいな、とろーんとした無感覚の中にいた。親への興味なんて、なかったんだから、仕方ない」

　どうしようもないことを言っている、と分かっている。匙の上でぽったりと盛り上がった栗のポタージュスープを口へ運ぶ。執着しているのに、他人として認識できない。無感覚の海は、きっとこんな甘くなめらかな味わいだったに違いない。

「その無感覚にいるのが子供だよー。素子のお母さんは、むしろ素子が子供でいられる時間を守りたかったんじゃないかね。悩み事があると色々考え始めるから、そういう子はクラスでもすぐに分かるよ。あ、なんか大人になってきてるなって。まあそれだって、いろんな人生があるってこーとーだーけーどー……」

　しゃべりながら珠理はのそのそと畳を這《は》って、和室の隅に置いてあったハンドバッグに手を伸ばした。財布から、半分に折られた薄ピンク色の短冊っぽいものを取り出す。

「あった。あげる」

「なにこれ？」

「先月の誕生日に上の子がくれたんだ」

　折り紙を半分に切ったようなその紙には黒くにじんだ鉛筆書きで、なんでもねがいがかなうけん、と書かれていた。大きさも向きも不揃《ふぞろ》いな、子供らしい字だ。

「これを出されたらすぐにお片づけをするとか、お手伝いをするとか、そういうニュアンスで作ってくれたんだと思うけど、すごくない？　なんでも願いが叶《かな》うんだよ？」

「てか、こんなに大事なもの、もらえないよ」

「いいのいいの。まだ家に三枚あるから、とっておいて。その、とろーんとした無感覚の中にいる人にしか作れない、魔法の券だよ。いいことあるかも」

　ありがとう、と礼を述べて、しげしげと手にした券を見つめる。

　なんでもねがいがかなうけん。

　頭の中で復唱すると、瞼《まぶた》の裏に白い海が広がった。C生温かい、無感覚の海。

　食事の間に、私たちは梅酒の他、ビールの中瓶と日本酒二合を空にした。いい気分で、和室の利用時間が終わるまで、三十分ほど横になってくつろぐ。

「あ、そうだ。忘れないうちに」

私はトートバッグをたぐり寄せ、珠理に頼まれていたホイッスルのサンプルをテーブルに乗せた。保育園で使っているものが壊れたとかで、最近の売れ筋商品が見たいと頼まれていたのだ。

金属のもの、プラスチックのもの、中に玉が入っているオーソドックスなもの、細長いもの、カラフルなもの、シンプルなもの。五つほどおすすめを並べると、珠理は和室の窓を開け、目の前の山へ向かって一つずつ、ピー、ピー、と吹き鳴らした。

柔らかい笛の音は山の稜線《りょうせん》をひらりと撫《な》で、遠く遠くへと伸びていった。

特急列車が停車する駅から山裾の温泉施設までは、三十分に一本の間隔でバスが出ている。徒歩でも十五分くらいなので、私たちは来るときは散歩がてら歩いてきた。帰りは、お酒も入っているのでバスを使おうと相談していた。

施設の目の前のロータリーが、まるでポタージュスープを張ったような白い海になっているのを見るまでは。

慌ただしく行き交う施設の職員によると、温泉のお湯が漏れたらしい。ただ、付近一帯がこうなっているため、漏水元が分からない。そもそもここはそれほど湧出量の多い温泉ではないのに、としきりに不思議がっていた。

バスは動かせない、と職員は申し訳なさそうに肩をすくめ、私たちにビーチサンダルとハンドタオルとビニール袋を貸してくれた。靴と靴下は袋に入れて持ち運び、サンダルとタオルは駅に設置した段ボール箱に入れてください、とのことだった。駅は少し高い位置にあるので電車は動いているし、危ない場所には職員が立っているので大丈夫です、どうかお気をつけて。そんな声に見送られ、ビーチサンダルに履き替えた私たちは、それぞれがスカートをたくし上げ、ズボンの裾を折って、膝には届かない深さの海へ踏み出した。

「こんなことがあるんだね」

「足湯の中を歩いてるみたいで気持ちいーい」

まだ酒が残っているのだろう珠理は鼻歌交じりで進んでいく。

施設の周りは人がたくさんいたけれど、市街地に入ると途端に人の気配がなくなった。危ない場所に立っているという職員の姿もない。空き地なのか、畑なのか、駐車場なのか判然としない、のっぺりとした白い浅瀬があちらこちらに広がっている。

「みんないないね」

「漏水元が分からないって言ってたから、探してるのかな」

少し心細くなって見回せど、空き家らしき家も多く、商店はすべてシャッターを下ろしている。私たちの他に、通行人の姿はない。

そんな風に景色が一変していたものだから、どこかで道を間違えたらしい。

目印にしていたガソリンスタンドの看板が見つからず、私たちは駅の方角を見失った。

「困ったねー」

「一度、施設まで戻ろうか」

「ちょっと待って、地図アプリを見てみる」

長いスカートを大胆にたくし上げ、裾を結んでミニスカートにした珠理は、スマホを確認して顔をしかめた。

「圏外になってる」

「通信障害？」

「かなあ。あと、山間部だから、もともと電波が届きにくいのかも」

「うーん」

本格的に行き詰まってしまった。なにか役に立つものはないかと、自分のトートバッグを確認する。

「こういうときこそホイッスルじゃないですか」

「なるほど」

珠理には先ほど彼女が気に入っていた丸みのあるレモンイエローのホイッスルを渡し、自分は開発に携わったシルバーの細長いホイッスルを口にくわえた。

二人で歩きながら、ピー、ピー、と吹き鳴らす。人の話し声も、電車の音も、生活音と呼べるようなものはまるで聞こえない。ぬるま湯に浸った町へ、澄んだ笛の音が響き渡る。

ピー、ピー、ピー、ピー。

なんだか自分が助けを求める雛鳥《ひなどり》にでもなった気分だ。

「あ、なんか聞こえる」

ぴーゆ、と私たちの音色よりも幾分弱い、だけど確かに意思を感じる音色が町のどこかから返ってきた。時々聞こえるそれを頼りに、辻《つじ》を曲がり、路地を抜ける。ぴーゆ、ぴい、ぴい。柔らかみのある口笛は、年季の入ったクリーニング店の二階から聞こえた。店舗にあたる一階のシャッターは閉まっていて、二階のベランダに、紺のTシャツに花柄のステテコパンツを合わせた初老の女性が立っていた。私たちを見つけ、手を揺らす。

「なにか困ってるのー?」

「すみません! 駅に行こうとして、迷っちゃって」

「駅はこっちじゃないよー。お湯が引いた後に行った方がいいよ。横の階段から上がっておいでー」

女性はそう言って、建物の側面に設置された外階段を指さした。遭難者が島に辿《たど》り着いたような気分で、私たちは彼女の家に上がった。

二階は、ものの少ない整頓された部屋だった。八畳の和室に箪笥《たんす》とテレビ、ちゃぶ台が置かれ、部屋の隅には布団が畳んである。きっと女性は、この一部屋だけで生活しているのだろう。

「ズボンとスカート、濡《ぬ》れて気持ち悪いでしょう。洗濯しておくよ」

風呂場を借りて足を洗うと、女性は私と珠理にゆるめのハーフパンツを貸してくれた。ありがとうございます、と礼を言ってそれに着替え、和室の適当な位置に腰を下ろす。ふいに、強い眠気が押し寄せた。酒が入った状態で、ぬくい足湯をうろうろと歩き回っていたのだ。緊張の糸が切れた途端、意識が途切れそうになる。

「いいよ、疲れたなら寝ちゃってもいいよ。お湯が引いたら起こすからね」

女性の声は、いたわることに慣れていた。すみません、ほんとすみません、と口の中で呟いて壁に背を預け、姿勢を崩させてもらう。

食事の途中だったらしく、ちゃぶ台には料理が残っていた。卵かけごはん。ミニトマト、人参《にんじん》、大根、胡瓜《きゅうり》など彩り豊かなピクルス。鮭の中骨が入った水煮缶を、ぱっかんと開けたもの。

眺めているうちに、尾てい骨の辺りがそわりと浮き立った。この人はきっと、自分が好きでないものは、もう一口も食べていないに違いない。そんな潔さと喜びのにじむ、清らかな食卓だった。

箸の先が器に触れるかすかな音を立てながら、女性は食事を進めていく。表情は淡く、ともすれば気だるそうに見えるぐらいだが、目がほのかに光っている。

「時々あるんだよ、こういう日が。心配しなくても、待っていればちゃんと帰れるからね」

「はい」

この人は母ではないと分かっている。だけど母が、家族向けの食卓とは別の場所で、Dこんな風に光る顔でなにかを食べていた瞬間が、あったような。それを不思議な気分で眺めた数秒が、あったような。

女性が胡瓜のピクルスを口へ運ぶ。しゃり、とみずみずしい音が立つ。

「あ」

夜遅くに、台所で、母が林檎《りんご》を食べていた。赤い皮を残したまま、一口サイズに切り分けた林檎を、小鉢に盛って、爪楊枝《つまようじ》で刺して。トイレかなにかで通りがかった私が、あれえ、と言うと、母はまだほとんど中身の残った小鉢を私に渡し、ぜんぶ食べていいよと言った。E どうしてもらってしまったんだろう。一緒に食べればよかった。

箸を置いた女性が、麦茶に口をつけながらこちらを向いた。

「あなたたち、指笛じょうずだねえ。窓を閉めてたのに、すごーく綺麗《きれい》に聞こえたよ」

「……あ、あれ、指笛じゃないんです、えっと」

重い頭を振って、トートバッグに手を伸ばす。今にも背後に墜落しそうなくらい、眠い。気がつくと、珠理はとっくに畳にうつぶせに丸まって寝息を立てている。感覚の鈍った腕を動かし、珠理に一つ渡したので四つに減ったホイッスルのサンプルを畳に並べた。

「よければ、助けてもらったお礼に、好きなのを選んでください」

「いいの？」

女性は数秒指を迷わせ、シルバーの細長いホイッスルを手に取った。

ああそれ、私のおすすめです。笑って口を動かす間に、瞼が落ちた。ビロードのような光をまとった暗闇へ、吸い込まれる。

（彩瀬まる『ポタージュスープの海を越えて』による。）

問1　傍線部A　面倒くささがふわっとよぎった　とあるが、その時の心情についての説明として最も適当なものを、次の①～⑤のうちから一つ選べ。解答番号は 11 。

① 子供は何よりも食事を楽しみにしているが、親の対応によっては食事の席に着こうとする意識が薄れて、不機嫌になってしまうということ。
② 子供は自分の世界を持っており、親が愛情を持って接しても自分の世界を壊されることを恐れて、食事を拒絶することがあったということ。
③ 子供にとって自分の世界に没頭しているときなどは、食事を楽しみにするよりも、自分の欲求を優先させたくなる瞬間があったということ。
④ 子供は基本的な生活習慣が身についていないため、食事の前に手を洗ったり、席に着いたりということすら面倒に思ってしまうということ。
⑤ 子供は欲求に素直で、機嫌がいいときは楽しく食事をするが、機嫌が悪いときはふてくされて食事の席に着くことさえできないということ。

問2　傍線部B　そんなことを考えるのは、私が大人になったからだよ　とあるが、この説明として最も適当なものを、次の①～⑤のうちから一つ選べ。解答番号は 12 。

① 幼い頃は他人の気持ちなどに配慮しないために母親でさえ傷付けてしまうが、母親にならなければその痛みに気づかないということ。
② 母親が作ってくれた手の込んだ料理に愛情が込められていたことは、自分が家族のために料理を作るまでは実感できないということ。
③ 幼い頃は無条件に守られているため、母親を自分とは違う一人の人間として実感できず、成長しないと母親を対象化できないということ。
④ 幼い頃は自分中心に物事を捉えることが多いので孤立してしまいがちだが、そういうことは大人にならないと気づかないということ。
⑤ 幼い頃に興味や関心の方向性が決まってしまうと世界が狭くなるということは、実際に子供を育てなければ理解できないということ。

問3　傍線部C　生温かい、無感覚の海。とあるが、それが象徴するものとして最も適当なものを、次の①～⑤のうちから一つ選べ。解答番号は 13 。

① 母親との間に壁があり自分のことしか認識できないまま、孤独に追いやられている期間。
② 母親の思いや心の痛みを気に留めることもなく、母親の愛情によって守られている期間。
③ 母親を排除することで自分の世界を守ろうとする、幼い頃特有の欲求が働いている期間。
④ 母親からの過度の期待に応えようとするあまり、明確な自我を持つことができない期間。
⑤ 母親と意識を共有することで大人の気持ちに気付き、周囲の温かい支えを理解する期間。

問4　傍線部D　こんな風に光る顔　とあるが、「光る顔」の説明として最も適当なものを、次の①～⑤のうちから一つ選べ。解答番号は 14 。

① 表情は淡く、気だるい様子でありながら、家族の食卓という緊張から解放され安心した顔。
② 家族と共に食卓を囲んでいるが、自分の好きでないものは食べないという決意に満ちた顔。
③ 家族とは異なる自分のためだけに特別に用意された豪華な食事を前にした、満ち足りた顔。
④ 他の誰かへのいたわりの気持ちから自分の食事を中断するような、正義感に満ちている顔。
⑤ 家族に忖度しない自分だけの食卓を目の前にしたときの、自由で潔く喜びが感じられる顔。

問5　傍線部E　どうしてもらってしまったんだろう。とあるが、そのように思った理由について説明した文章として最も適当なものを、次の①～⑤のうちから一つ選べ。解答番号は 15 。

① 母が自分の時間を楽しもうとしていたにも関わらず、子供だった自分が林檎をもらってしまうことで母親の役割に引き戻してしまったことに今更ながら気付いたから。

② 母が林檎をくれると言ったことを真に受けてしまったが、実は自分と一緒に林檎を食べたかったのではないかという発想になれなかったことで自責の念に駆られたから。

③ 母の役割から解放されて自分の時間を過ごしているときに、自分がわがままを言わなければ、子供の存在がより愛おしいものになることに今更ながら気付いたから。

④ 母は家族と共に過ごす時間を何より大切にしていたことを思い出し、一人で食卓を囲んでいた時に、本当は誰かと一緒に食事をしたかったのかもしれないと考えたから。

⑤ 母が家族に内緒で一人の時間にこっそり林檎を食べていたのに、自分が無邪気にねだってしまったことで、母に恥ずかしい思いをさせたことに今更ながら気付いたから。

問6　この文章の表現と内容について説明したものとして最も適当なものを、次の①～⑤のうちから一つ選べ。解答番号は 16 。

① 何気ない日常会話を中心とした展開とともに、「ポタージュスープ」の持つイメージが物語全体の時間の流れをゆったりと感じさせ、一方では食品の素材名を羅列したり、短い回想をさしはさんだりするなどして、母親や主人公の内向的な性格を象徴的に描いている。

② 物語が展開する場面ごとに「ホイッスル」や「口笛」の音、「ピクルス」を食べる時の音などを効果的に挿入することで、温かい雰囲気の中にも物語全体に緊張感を与えつつ、子供の頃から抱いていた母への思いから脱却し、大人になる厳しさを印象的に表している。

③ 「温泉」や「ビロード」の色など「ポタージュスープ」を想起させるなめらかでつやのあるような描写を後半にのみ多用することで、前半から後半にかけて徐々に登場人物たちの感情の起伏が色鮮やかさを増し、未来への希望に満ちあふれている様子を表現している。

④ 物語は主人公の母への追憶が中心であり、劇的な展開はあまり見られないが、「ポタージュスープ」の「ぽったり」「なめらか」という表現が、子供時代の「無感覚の海」などという表現と重ね合わされ、文章全体を統一するイメージとして効果的に機能している。

⑤ 「なんでもねがいがかなうけん」「とろーん」など、平仮名を多用することで、子供のかわいらしさを強く印象づけるとともに、とろみのある「ポタージュスープ」の濃厚なイメージを想起させることで、幼い子供が抱く母への興味や関心の強さを印象付けている。

5 中川さんのクラスでは、国語総合の授業でⅠとⅡの文章を読み比べた。これらを読んで、問1～問5に答えよ。

Ⅰ

唐の太宗(注1)、即位の後、古殿に栖《す》み給《たま》へり。破損せる間、湿気上り、風露冷《すさま》じうして、玉体(注2)侵されつべし。群臣造作《ざうさく》(注3)すべき由を奏しければ、太宗の云《い》はく、「時、農節(注4)なり。民、定めて愁《うれへ》あるべし。A秋を待ちて造るべし。湿気に侵されば、地に受けられず、風雨に侵されば、天に合《かな》はざるなり。天地に背《そむ》かば、身あるべからず。民を煩《わづら》はさずんば、自《おのづか》ら、天地に合ふべし。B天地に合はば、身を侵すべからず。」と云ひて、終《つひ》に宮を作らず、古殿に栖み給へり。

俗、なほ、かくの如《ごと》く、民を思ふこと、自身に超えたり。況《いは》んや、仏子《ぶつし》、如来《によらい》の家風を受けて、一切衆生《いつさいしゆじやう》(注5)を一子の如くに憐《あはれ》むべし。我に属する侍《じ》者《しや》・所従《しよじゆう》(注6)なればとて、呵責《かしやく》し、煩はすべからず。いかに況んや、同学の耆年《ぎねん》(注7)・宿老《しゆくらう》等を恭敬《くぎやう》(注8)すること、如来の如くすべしと、戒文分明《かいもんふんみやう》(注9)なり。然《しか》れば、今の学人《がくにん》(注10)も、人には色に出でて知られずとも、心の内に、上下、親疎を分《わか》たず、人のために善《よ》からんと思ふべきなり。大小事につけて、人を煩はして、心を破る(注11)こと、あるべからざるなり。

（『正法眼蔵随聞記』による。）

（注1）太宗 —— 人名。唐の天子。
（注2）玉体 —— 天子の身体。
（注3）造作 —— 家を建てる。建築する。
（注4）農節 —— 農事に忙しい時期。
（注5）一切衆生 —— 全ての生き物。
（注6）所従 —— 従者。家来。
（注7）耆年・宿老 —— 年功を積んだ人や、長い間修行を積んだ老僧。
（注8）恭敬 —— 謹んで尊敬すること。
（注9）戒文 —— 戒律の条文。
（注10）学人 —— 修行者。
（注11）心を破る —— 心を傷つける。

Ⅱ

楚(注12)人《ニ》有《リ》下担《になフ》二山《さん》(注13)鶏《けいヲ》一者上。路《ろ》(注14)人《じん》問《ヒテ》曰《いハク》、「何《ノ》鳥《ゾ》也《やト》。」担《フ》者C欺《キテ》レ之《ヲ》曰《ハク》、「鳳《ほう》凰《わう》也《なりト》。」路人曰《ハク》、「我聞《クコト》レ有《ルヲ》二鳳凰一久《シ》矣。今真《ニ》a見《ル》レ之《ヲ》。汝b売《ル》レ之《ヲ》乎《かト》。」曰《ハク》、「然《しかリト》。」乃《すなはチ》酬《むくユルモ》(注15)二千金《ヲ》一、弗《ず》レ与《へ》。請《こフニ》レ加《ヘンコトヲ》レ倍《ヲ》、乃《チ》c与《フ》レ之《ヲ》。方《まさニ》将《まさニ》《スルモ》レ献《ゼント》二楚王《ニ》一、経《テ》レ宿《ヲ》(注16)而鳥死《ス》。路人不《シテ》レ遑《いとまアラ》レ惜《シムニ》二其《ノ》金《ヲ》一、惟《たダ》恨《ム》レ不《ルコトヲ》レ得《ニ》以《テ》献《ズルヲ》一耳《のみ》。国(注17)人d伝《ヘ》レ之《ヲ》、咸《みな》以《お》為《もヘラク》真鳳《ニシテ》而貴《たふとケレバ》、D宜《むベナリ》欲《スルハト》レ献《ゼント》レ之《ヲ》。遂《つひニ》聞《きこユ》二於楚王《ニ》一。王感《ジ》二其《ノ》欲《スルニ》レ献《ゼント》レ己《ニ》一也、召《シテ》而厚《ク》e賜《たまフ》レ之《ニ》。過《グルコト》二買《フ》レ鳳《ヲ》之直《あたひニ》(注18)一十倍《セリ》矣。

（『笑林』による。）

（注12）楚――地名。
（注13）山鶏――きじに似た鳥。
（注14）路人――路傍の人。
（注15）酬――報酬として支払う。
（注16）経宿――一晩経過して。
（注17）国人――楚の国の人々。
（注18）直――値段。

問1　傍線部A　秋を待ちて造るべし。とあるが、太宗がこのように言ったのはなぜか。その理由として最も適当なものを、次の①～⑤のうちから一つ選べ。解答番号は 17 。

① 秋までに宮殿を作る場所を、国民と時間をかけて検討できそうだから。
② 秋までには太宗の体力が快復し、宮殿作りの指示を的確に出せそうだから。
③ 秋になれば涼しくなり、宮殿を作る国民の健康への負担が減らせそうだから。
④ 秋になれば農作業で多忙な時期が過ぎ、心配なく宮殿作りができそうだから。
⑤ 秋は風雨が厳しくなく、計画どおりに宮殿作りを進められそうだから。

問2　傍線部B　天地に合はば、身を侵すべからず。とあるが、その内容の説明として最も適当なものを、次の①～⑤のうちから一つ選べ。解答番号は 18 。

① 天や地の意志に沿うとしたら、国民の不満はなくなることはないということ。
② 天や地の意志に沿わなくなったから、湿気や風雨がひどくなったということ。
③ 天や地の意志に沿うならば、太宗の健康が害されるはずがないということ。
④ 天や地の意志に沿わないので、太宗の健康は改善しようがないということ。
⑤ 天や地の意志に沿おうとするならば、太宗が国民と努力すべきだということ。

問3　傍線部C　之　とあるが、これと同じ内容を示すものとして最も適当なものを、次の①～⑤のうちから一つ選べ。解答番号は 19 。

① 今真見之。（二重傍線部a）
② 汝売之乎。（二重傍線部b）
③ 乃与之。（二重傍線部c）
④ 国人伝之、（二重傍線部d）
⑤ 召而厚賜之。（二重傍線部e）

問4　傍線部D　宜欲献之　とあるが、これは「この鳥を献上しようとしたのはもっともだ」という意味である。「国人」がこのように考えたのはなぜか。その理由として最も適当なものを、次の①～⑤のうちから一つ選べ。解答番号は 20 。

① 支払った代金を気にする余裕もなく、王に献上することもできなかった「路人」を見て、本物の鳳凰は貴重なのだと思ったから。
② 支払った代金を気にもせず、王に献上できなかったことだけを悔やんだ「路人」を見て、鳳凰は本物だったと思ったから。
③ 支払った代金を気にしないで、王に献上することを惜しまなかった「路人」を見て、鳳凰の魅力が尊いものだと思ったから。
④ 支払った代金を気にしてばかりで、王に献上することを惜しんだ「路人」を見て、鳳凰は全くの偽物だったと思ったから。
⑤ 支払った代金を気にすることもなく、王に献上した「路人」を見て、本物の鳳凰はそれほど珍しいものなのだと思ったから。

問5　中川さんは、ⅠとⅡの文章を読み比べた後、八木先生と内容について話をした。次の【先生とのやりとりの一部】の空欄 X ・ Y に入るものとして最も適当なものを、後の各群の①〜⑤のうちからそれぞれ一つ選べ。解答番号は 21 ・ 22 。

【先生とのやりとりの一部】

八木先生「ⅠとⅡの二つの文章を読んで、気がついたことはありますか。」
中川さん「はい。どちらもリーダーが国民のことを考えた行動をとっている部分がありました。」
八木先生「では、二人のリーダーは、それぞれどのように行動していましたか。」
中川さん「はい。 X 。」
八木先生「その通りです。では、Ⅰにはほかに、どのようなことが書かれていましたか。」
中川さん「後半部分に、仏道修行者の心構えとして Y ということが書かれていました。」
八木先生「そうですね。」

X 21

① Ⅰでは国民の生活に配慮していましたが、Ⅱでは国民の忠誠心に報いていました
② Ⅰでは自身の健康を優先していましたが、Ⅱでは国民の財産を大切にしていました
③ Ⅰでは国民への感謝を表現していましたが、Ⅱでは他国への感謝を表現していました
④ Ⅰでは国民の意見に従っていましたが、Ⅱでは自分の信念に沿って決断していました
⑤ Ⅰでは一人の国民を重視していましたが、Ⅱでは国民全体に注目していました

22 Y

① 老人や年長者に対しては、どのように接するべきか十分に考える
② 社会的立場に応じて、適切に相手への接し方を変える必要がある
③ 身分が低く幼い者には、特に思いやりをもって接する必要がある
④ 年齢や身分、親しさに関係なく、相手にとって良いことを考える
⑤ 仏道修行中であっても、国のリーダーに対して配慮する必要がある

令和３年度　第２回

解答・解説

【重要度の表記】

Ａ：重要度が高く確実に正答したい設問。しっかり復習する必要のある問題です。

Ｂ：重要度はＡレベルよりすこし下で、やや難易度が高い設問または内容を読み取る設問。高得点を狙う人は復習しましょう！

Ｃ：重要度が低い、または難解な設問。軽く復習する程度でよいでしょう！

令和３年度 第２回 高卒認定試験

【解 答】

解答番号			正答	配点	解答番号			正答	配点
1	問１	1	①	2	4	問１	11	③	5
		2	④	2		問２	12	③	5
	問２	3	③	2		問３	13	②	5
	問３	4	②	4		問４	14	⑤	5
	問４	5	⑤	4		問５	15	①	5
	問５	6	⑤	4		問６	16	④	5
	問６	7	③	4	5	問１	17	④	5
2	問１	8	②	5		問２	18	③	5
	問２	9	①	5		問３	19	⑤	5
3	問	10	④	8		問４	20	②	5
						問５	21	①	5
							22	④	5

【解 説】

1

問１

（ア） 傍線部の漢字は「きょうじゅ」と読みます。享受とは、「与えられたものを受け取ること。またそれを味わい楽しむこと」という意味です。したがって、正解は①となります。その他の選択肢を漢字で表すと、②は「聖衆」など、③は「純儒」など、④は「近習」など、⑤は「口授」などとなります。

解答番号【１】・１ ⇒ **重要度A**

（イ） 傍線部は「こんい」と読みます。懇意とは、「仲の良いことや親切な心」という意味です。したがって、正解は④となります。その他の選択肢を漢字で表すと、①は「鋭意」など、②は「経緯」など、③は「行為」など、⑤は「誠意」などとなります。

解答番号【２】・４ ⇒ **重要度A**

問２ カクトクとは「獲得」と書き、「努力をして手に入れること。自分のものとすること」という意味です。これより、傍線部の漢字は「獲」となります。選択肢の漢字はそれぞれ、①「格」調、②才「覚」、③捕「獲」、④「画」策、⑤互「角」となります。これらのうち、傍線部の「獲」という漢字を含む選択肢は③となります。

したがって、正解は③となります。

解答番号【３】・３ ⇒ **重要度A**

問３ 問題文に示されている「技量を示したくてじっとしていられない」という意味を表す慣用句は「腕が鳴る」です。

したがって、正解は②となります。

解答番号【４】・２　⇒ **重要度Ａ**

問４　傍線部の「しのぎを削る」とは、「激しく争う」という意味です。互いに刀のしのぎを削り合うほどに激しく切り合うことから転じたことばです。したがって、正解は⑤となります。

解答番号【５】・５　⇒ **重要度Ａ**

問５　「純文学」という三字熟語は、「純」という字が「文学」という熟語を修飾する構成となっています。助詞を入れてわかりやすくすると「純な文学」となります。これと同じように「上の一字が下の二字熟語を修飾している」という構成になっている三字熟語を選択肢から選びます。

①「千里眼」は、上の「千里」という二字熟語が下の「眼」という一字を修飾していることから誤りです。助詞を補うと「千里の眼」となります。②「批判的」は、上の「批判」という二字熟語が下の「的」という一字を修飾していることから誤りです。③「雪月花」は、「雪」と「月」と「花」という三字が並列に並べられていることから誤りです。④「血液型」は、上の「血液」という二字熟語が下の「型」という一字を修飾していることから誤りです。助詞を補うと「血液の型」となります。⑤「高気圧」は、上の「高」という一字が下の「気圧」という二字熟語を修飾しているので正しいです。送り仮名を補うと「高い気圧」となります。

したがって、正解は⑤となります。

解答番号【６】・５　⇒ **重要度Ｂ**

問６　アの注目とは、「意識して目を向けること」という意味です。イの目録とは、「内容について箇条書きで記したもの」という意味です。ウの品目とは、「品物の種類や目録」という意味です。エの目先とは、「すぐ目の前や目の前にある出来事」という意味です。オの項目とは、「辞典や事典などの見出し語」という意味です。

したがって、正解は③となります。

解答番号【７】・３　⇒ **重要度Ｂ**

2

問１　傍線部Ａについて、前文の笹倉さんの「西高校の制服」を取り上げたいという発言を受けて、鯉沼さんは「去年から新しく夏服に加わった校章入りのポロシャツ」という具体例を挙げて笹倉さんの発言の意図を確認しています。傍線部Ｂについて、前文の吉田さんの「選択科目」を取り上げたいという発言を受けて、藤原さんは「探求学習」も取り上げたらいいのではないかと提案しています。【図①】からもわかるように、「探求学習」は「選択科目」とは異なるカテゴリーのもので、「選択科目」の具体例ではありません。傍線部Ｃについて、前文で藤原さんが探求学習を紹介したい理由に「フィールドワークがとてもおもしろい」ことを挙げていることを受けて、鯉沼さんはフィールドワークの具体的な中身に言及して藤原さんの発言の意図を確認しています。傍線部Ｄについて、前文の鯉沼さんの「ほかに紹介したいものはある？」という発言を受けて、笹倉さんはほかに話題を探す必要はないのではないかと提案しています。傍線部Ｅについて、前文の鯉沼さんの「全体としてのまとまりに欠けるような気がしない？」という問い掛けを受けて、川口さんは全体にまとまりを出すための方法を問うています。傍線部Fについて、前文の藤原さんの「四つの話題をつなぐ共通点」があればいいのだがという発言を受けて、吉田さんはその共通点を指摘しています。
したがって、正解は②となります。

解答番号【8】・2 ⇒ **重要度A**

問2　①について、話合いの展開を踏まえた説明となっているので正しいです。②について、「その長所と短所を明確にした」という部分が、本文でも図でもそれぞれの意見の長所と短所についての言及がないことから誤りです。③について、「相違点を明確にした」という部分が、四つの話題の共通点については明確にしましたが、相違点については明らかにしていないことから誤りです。④について、「二つを合わせて新たなアイデアとした」という部分が、二つの意見を合わせたのではなく、各自の意見に潜んでいた共通点を見出したことで新たな着想が得られたことから誤りです。⑤について、「最も支持されたアイデアを全員で練り上げた」という部分が、本文では各自の意見がすべて採用されていることから誤りです。
したがって、正解は①となります。

解答番号【9】・1 ⇒ **重要度A**

3

問　【連絡事項B】は、最初に作成した【連絡事項A】がわかりにくいという指摘を受けて作られたものです。【連絡事項B】のほうがわかりやすくなっていることを前提として、【連絡事項A】と【連絡事項B】の差異に着目しながら選択肢を見ていきます。
①について、「事実と意見を区別して」という部分が、【連絡事項B】についても【メモ】の事実に基づいていて、意見を交えてはいないことから誤りです。②について、「書き手の主観的な意見を情報の根拠として作成」という部分が、【連絡事項B】についても情報の根拠は【メモ】の事実に基づいていることから誤りです。③について、「細かい部分から全体へと項目を立てて作成」という部分が、【連絡事項B】はどちらかといえば全体から細かい部分へという流れで情報が提示されていることからから誤りです。④について、【連絡事項B】は【連絡事項A】にあった一部の些末な情報を削り、また理解しやすいようQ&Aで項目を整理して作成されているので正しいです。⑤について、「文章全体を～心がけて作成」という部分が、文章全体を敬体で統一しているのは【連絡事項B】ではなく【連絡事項A】であることから誤りです。
したがって、正解は④となります。

解答番号【10】・4 ⇒ **重要度A**

4

問1　傍線部Aの前にある「遊んでいる～と呼ばれ」という部分に着目すると、この部分には傍線部Aのような心情になったときの状況あるいは理由が述べられていることがわかります。このことを参考に選択肢を見ていきます。
①について、「子供は何よりも食事を楽しみにしている

が」という部分が、傍線部Aの1行前の「確かに子供～してなかったな」という発言と合致しないことから、また「不機嫌になってしまう」という部分が、本文には子どもの機嫌の良し悪しについての言及がないことから誤りです。②について、「食事を拒絶するということがあった」という部分が、傍線部Aからは拒絶することがあったとまでは読み取れないことから誤りです。③について、傍線部Aの前の「遊んでいる～よりも先に」という部分と傍線部Aの内容と合致するので正しいです。④について、「子供は基本的な生活習慣が身についていないため」という部分が、面倒くささがよぎった理由は生活習慣が身に付いていないことによるのではないことから誤りです。⑤について、「機嫌がいい～ふてくされて」という部分が、本文には子どもの機嫌の良し悪しについての言及がないことから誤りです。

　したがって、正解は③となります。

解答番号【11】・3　⇓ **重要度A**

問2　傍線部Bの「そんなこと」という指示語に着目すると、「そんなこと」とはその前文の「親として接して～おきたかった?」という珠理の発言を受けていることがわかります。この発言の内容を別のことばで言い換えれば、親と子という枠組みの中での母親ではなく一個人としての母親をもっと知っておきたかったかということです。このことを参考に選択肢を見ていきます。

　①と②について、どちらも先述の内容と合致しないことから誤りです。③について、先述の内容と合致するだけでなく、傍線部Bの後半部「私が大人になったからだよ」という内容を踏まえた説明となっているので正しいです。④と⑤について、いずれも母親ではなく子どもを中心とする説明になっていることから誤りです。

　したがって、正解は③となります。

解答番号【12】・3　⇓ **重要度B**

問3　傍線部Cの「無感覚（の海）」ということばは、傍線部Bの次の行に初めて登場し、その行から傍線部Cまでに計5回用いられています。このことばが2回目に使われる、傍線部Bの3行後の「無感覚の海は～に違いない」という部分に着目すると、この「無感覚（の海）」という表現がプラスの意味合いをもつ表現であることがわかります。さらに次の行の珠理の発言に着目すると、その無感覚の中にいるというのは子どもが子どもでいられるように母親が子どもを守っている状態であることが読み取れます。これらのことを参考に選択肢を見ていきます。

　①について、先述のとおり、「無感覚（の海）」という表現はプラスの意味合いをもつことから誤りです。②について、先述の内容と合致するので正しいです。③について、「母親を排除する」という部分が、マイナスの意味合いをもつことから誤りです。④について、①と同様に「無感覚（の海）」という表現はプラスの意味合いをもつことから誤りです。⑤について、先述の内容と合致しないことから誤りです。

　したがって、正解は②となります。

解答番号【13】・2　⇓ **重要度B**

問4　傍線部Dの「こんな」という指示語に着目すると、「こんな」は傍線部Dの4行前の「表情は淡く～光っている」を受けていることがわかります。さらにその4行前から1

行前にかけての描写から、「こんな風に光る顔」とは、質素ながらも自分の好みのものしかないと思われる、「潔さと喜びのにじむ、清らかな」食卓を前にしての表情であったことが読み取れます。これらのことを参考に選択肢を見ていきます。

①について、「家族の食卓という緊張から解放され安心した」という部分が、本文からこの女性が緊張感をもって家族との食卓を囲んでいたかどうかは読み取れないことから誤りです。②について、「家族と共に食卓を囲んでいるが」という部分が、本文からこの女性は一人で食卓を囲んでいることが読み取れることから誤りです。③について、「特別に用意された豪華な食事を前にした」という部分が、先述のとおり、この女性の食卓は質素であることから誤りです。④について、「他の誰かへの～するような」という部分が、「こんな風に光る顔」というのはこの女性が食事中に見せた表情であることから誤りです。⑤について、先述の内容と合致するので正しいです。

したがって、正解は⑤となります。

解答番号【14】・5 ⇒ **重要度B**

問5　傍線部Eの2行前から1行前にかけての描写に着目すると、傍線部Eの「どうしてもらってしまったんだろう」ということばには、もしこの時に自分が母に声を掛けなければ、あるいは「ぜんぶ食べていいよ」と言われても断っていれば、現在この目の前にいる女性のように一人の食事を楽しんでいたかもしれないのにという思いが込められていることがわかります。また、「母はまだほとんど～いいよと言った」という描写から、素子が声を掛けたことにより、一人の時間を過ごしていた素子の母親が「母」に戻ったことが読み取れます。これらのことを参考に選択肢を見ていきます。

①について、先述の内容と合致するので正しいです。②について、「自責の念に駆られた」という部分が、たしかに傍線部Eのことばから後悔を読み取ることはできますが、自分自身を責めているとまでは読み取れないことから誤りです。③について、「自分がわがままを言わなければ」という部分が、素子は林檎を食べようとしていた母親に対して「あれえ」と言っただけに過ぎないことから誤りです。④について、「母は家族と～を思い出し」という部分が、本文から素子がそのようなことを思い出したとは読み取れないことから誤りです。⑤について、「自分が無邪気にねだってしまったことで」という部分が、③と同様に素子は林檎を食べようとしていた母親に対して「あれえ」と言っただけに過ぎないことから誤りです。

したがって、正解は①となります。

解答番号【15】・1 ⇒ **重要度A**

問6　①について、「何気ない日常会話を中心とした展開」という部分が、本文では素子の母親についての回顧が中心となっていることから、また「主人公の内向的な性格」という部分が、主人公である素子は友人の珠理を誘って温泉旅行に来ていることから誤りです。②について、「物語全体に緊張感を与え」という部分と「大人になる厳しさ」という部分が、本文からはむしろゆったりとした感じや優しさといった印象が全体から読み取れることから誤りです。③について、「未来への希望に満ちあふれている様子を表現」

という部分が、本文からはそのような様子を表現しているとは読み取れないことから誤りです。④について、この文章の中心となっている内容と、文章中に見られる言語表現とその効果を踏まえた説明となっているので正しいです。⑤について、「幼い子供が抱く母への興味や関心の強さを印象付けている」という部分が、傍線部Aの3行後で「実は私、母親の料理をほとんど覚えてないんだ」と、また傍線部Bの次の行で「親への興味なんて、なかったんだから」と素子が述べていることから誤りです。

したがって、正解は④となります。

解答番号【16】・4　⇒ **重要度B**

5

Ⅰ
（現代語訳）

唐の太宗が即位されたのちに古い御殿にお住まいになられていた。その御殿の中は破損していたために、湿気が立ち上り、風と雨露が激しく入り込むので、太宗のお身体を害していたに違いない。臣下の多くが新しい御殿を建築なさるべきだという旨のことを申し上げるのだが、太宗が言うには「今の時分は農事に忙しい時期である。（この時期に新殿を建造するとなれば）民から間違いなく嘆き訴えられるであろう。秋になるのを待ってから建造するのがよい。湿気に体が蝕まれるとすれば、それは地に受け入れられていないからで、雨風に体が蝕まれるとすれば、それは天の心に沿わないからである。天と地に認められないのであれば、この身が無事であるはずはない。民を苦しませなければ、自然と天地の心に沿うであろう。天地の心に沿うのであれば、この身が害されるはずがないのだ」と言って、とうとう新しい御殿を建造することなく、古い御殿にお住まいになられたのである。

世俗においてもやはり、このように民に思いを致すことは自分自身のことよりも優先されるのである。ましてや、仏の弟子は、仏陀の教えを受け継いで、生きとし生けるすべてのものを自分のひとり子のように大切にすべきである。自分に仕える侍者や従者であっても、厳しく咎めて苦しめてはならない。いわんや、同門の年功を積んだ者や長く修行を積んだ老僧を謹んで敬うことは仏陀に対して行うのと同じように敬うべきだと、戒律の条文に明確に記されている。それゆえ、目下、修行を積む者も、ほかの人には自分の顔色からそれと知られることがなくとも、心の中で身分の高い者も低い者も自分と親しい者もそうでない者も区別することなく、人のために善いことを考えるべきである。事の大小にかかわらず、人を苦しませて心を傷つけることは行ってはならないのだ。

Ⅱ
（書き下し文）

楚人に山鶏を担ふ者有り。路人問ひて曰はく、「何の鳥ぞや」と。担ふ者之を欺きて曰はく、「鳳凰なり」と。路人曰はく、「我鳳凰有るを聞くこと久し。今真に之を見る。汝之を売るか」と。曰はく、「然り」と。乃ち千金を酬ゆるも、与へず。倍を加へんことを請ふに、乃ち之を与ふ。方に将に楚王に献ぜんとするも、宿を経て鳥死す。路人其の金を惜しむに遑あらずして、惟だ以て献ずるを得ざることを恨むのみ。国人之を伝へ、咸以為へらく真鳳にして貴ければ、宜なり之を献ぜんと欲するはと。遂に楚王に聞ゆ。王其の己に献ぜんと欲するに感じ、召して厚く之に賜ふ。鳳を買ふの値に過ぐること十倍せり。

（現代語訳）

楚人に山鶏を担ぐ者がいた。路傍の人が尋ねて言った、「それはどのような鳥なのですか？」と。鳥を担いでいた人はその人をだまして言った、「これは鳳凰です」と。路傍の人が「鳳凰が存在するとは昔から聞いていましたが、実際に鳳凰を目にするのは初めてです。この鳳凰を売ってもらえませんか？」と言うと、楚人は「いいですよ」と答えた。そこで路傍の人は大金を支払おうとしたのだが楚人は渡してくれない。この大金の倍の額を支払うからと願い出ると、ようやく楚人は山鶏を渡してくれた。これを楚王に献上しようとしていたが、一晩経過するとこの鳥は死んでしまった。路傍の人は、自分が大金を失ってしまったことを悔やむのではなく、これによってただ楚王に献上できなくなってしまったことをのみ悔やむのであった。楚の国の人々の間でこの話が広まり、人々はみな「あの鳥は本物の鳳凰で貴重なものであったのだ。それを楚王に献上したいというのはもっともなことだ」と思った。そして、この話は楚王の耳にも届いた。楚王は鳳凰を自分に献上しようとしていたことに感激し、自分のもとに招いて路傍の人に手厚く褒美を与えた。それは鳳凰を買った値段の十倍であった。

問1　傍線部A「秋を待ちて造るべし」の直前に「時、農節なり。民、定めて愁あるべし」とあります。これより、太宗が新殿を建造するのであれば秋になるまで待てと述べている理由がわかります。このことを参考に選択肢を見ていきます。

①について、「宮殿を作る場所」という部分が、本文に言及がないことから誤りです。②について、「宮殿作りの指示を的確に出せそう」という部分が、本文に言及がないことから誤りです。③について、一見正しく見えますが、「宮殿を作る国民の健康への負担が減らせそう」という部分が、傍線部Aの直前の「時、農節なり。民、定めて愁あるべし」という理由にあたる部分の内容と合致しないことから誤りです。④について、傍線部Aの直前の「時、農節なり。民、定めて愁あるべし」という理由にあたる部分の内容と合致するので正しいです。⑤について、「秋は風雨が激しくなく」という部分が、本文に言及がないことから誤りです。

したがって、正解は④となります。

解答番号【17】・4　⇒ **重要度A**

問2　傍線部Bを前半部「天地に合はば」と後半部「身を侵すべからず」に分けて見ていきます。前半部の「合ふ」は、ハ行四段活用の動詞でここでは「一致する」という意味です。「合はば」は、「合ふ」の未然形が接続助詞「ば」に接続していますから、「一致するならば」という仮定の意味を表します。後半部の「侵す」は、ここでは「体を害する」という意味です。「べからず」は、「禁止」「当然の打消」「不可能」といった複数の意味がありますが、ここでは「～するはずがない」という「当然の打消」の意味を表します。この解釈を踏まえて正しい選択肢を選ぶことになります。

したがって、正解は③となります。

解答番号【18】・3　⇒ **重要度B**

問3　傍線部Cの直前の「欺」は「あざむく、だます」という意味です。傍線部Cを含む文の前文に「路人」の質問があって、その直後に「担者欺之」とありますから、傍線部Cの「之」は「路人」を指していることがわかります。このことを参考に選択肢を見ていきます。

①について、「今真見之」は、この前文の内容から本物の鳳凰を目の当たりにするのは初めてだという意味です。これより、①の「之」は「鳳凰」を指していることから誤りです。②について、「汝売之乎」の「之」は、この前文の内容から「鳳凰」を指しているとも、あるいは文脈から楚人が担いでいる「山鶏」を指しているとも考えられます。しかし、いずれの解釈にしても②の「之」は「路人」を指していないことから誤りです。③について、路傍の人が楚人に「汝売之乎」と尋ねて価格交渉をした末に「乃与之」とありますので、③の「之」は「鳳凰」あるいは楚人が担いでいる「山鶏」を指していることから誤りです。④について、「国人伝之」の直前に「路人不遑惜其金、惟恨不得以献耳」とあります。「之」を楚の国の人々が伝えたということですので、④の「之」は路傍の人が大金を失いながら楚王に献上できなくなったことだけを悔やんだという話を指していることから誤りです。⑤について、「召而厚賜之」の直前にある「王感其欲献己也」という部分は「楚王は鳳凰を自分に献上しようとしていたことに感激し」という意味で、これに「召而厚賜之」と続きます。これより、⑤の「之」は鳳凰と思われる鳥を楚王に献上しようとした「路人」を指しているので正しいです。

したがって、正解は⑤となります。

解答番号【19】・5 ⇒ **重要度B**

問４　傍線部Ｄ「宜欲献之」の直前に「国人伝之、咸以為真鳳而貴」とあります。これより、「国人」が「この鳥を献上しようとしたのはもっともだ」と考えた理由がわかります。また、「国人伝之」の「之」は、このさらに直前の「路人不遑惜其金、惟恨不得以献耳」という部分の内容を指しています。これらのことを参考に選択肢を見ていきます。

①について、「支払った代金を～『路人』を見て」、その結果として「本物の鳳凰は貴重なのだと思った」というのは文意が不明であることから誤りです。②について、先述した内容と合致するので正しいです。③について、「鳳凰の魅力が尊いものだと思った」という部分が、傍線部Ｄの直前の「咸以為真鳳而貴」という部分の内容と合致しないことから誤りです。④について、本文の内容と合致しないことから誤りです。⑤について、「王に献上した『路人』」という部分が、「路人」は楚王に献上しようとしていたが実際にはできなかったことから誤りです。

したがって、正解は②となります。

解答番号【20】・2 ⇒ **重要度B**

問５　空欄Ｘには、それまでの八木先生と中川さんのやりとりを踏まえると、Ⅰの文章とⅡの文章に登場する「二人のリーダー」つまり「唐の太宗」と「楚王」が国民のことを考えてとった行動についての発言が入ることがわかります。このことを参考に選択肢を見ていきます。

①について、新殿を建造するとしても民が農事に忙しい時期は避けたほうがよいと考えた「唐の太宗」の行動と、鳳凰と思われる鳥を献上しようとした「路人」に対して手厚い褒美を与えた「楚王」の行動に合致するので正しいです。②について、「自身の健康を優先していました」とい

う部分が、Ⅰの文章では「唐の太宗」は民のことを優先していたことから、また「国民の財産を大切にしていました」という部分が、Ⅱの文章では「楚王」にそのような行動があったとは読み取れないことから誤りです。③について、「国民への感謝を表現していました」という部分が、Ⅰの文章では「唐の太宗」にそのような行動があったとは読み取れないことから、また「他国への感謝を表現していました」という部分が、Ⅱの文章では「楚王」は手厚い褒美によって一国民である「路人」に謝意を示していたことから誤りです。④について、「国民の意見に従っていました」という部分が、Ⅰの文章では「唐の太宗」にそのような行動があったとは読み取れないことから、また「自分の信念に沿って決断していました」という部分が、これはⅠの文章に登場するリーダーである「唐の太宗」に見られるに行動であることから誤りです。⑤について、「一人の国民を重視していました」という部分が、Ⅰの文章では「唐の太宗」は一人の国民に限ることなく広く国民を大切にしていたことから、また「国民全体に注目していました」という部分が、Ⅱの文章では「楚王」にそのような行動があったとは読み取れないことから誤りです。

したがって、正解は①となります。

解答番号【21】・1 ⇒ **重要度B**

空欄Yには、まず直前の中川さんの発言とその前文の八木先生の発言から、Ⅰの文章の後半部分に見られる「仏道修行者の心構え」についての発言が入ることがわかります。次に「仏道修行者」という限定がありますから、Ⅰの文章の後半にある「然れば、今の学人も」（それゆえ、目下、修行を積む者も）で始まる文に着目すればよいことがわかります。これらのことから、この一文の中心部分である「心の内に、上下、親疎を分たず、人のために善からんと思ふべきなり」の内容を踏まえて、正しい選択肢を選ぶことになります。

したがって、正解は④となります。

解答番号【22】・4 ⇒ **重要度A**

令和３年度 第１回
高卒認定試験

国　語

解答時間　50分

注　意　事　項（抜粋）

＊　試験開始の合図前に，監督者の指示に従って，解答用紙の該当欄に以下の内容をそれぞれ正しく記入し，マークすること。

①**氏名欄**

氏名を記入すること。

②**受験番号**，③**生年月日**，④**受験地欄**

受験番号，生年月日を記入し，さらにマーク欄に**受験番号**（数字），**生年月日**（年号・数字），**受験地をマーク**すること。

＊　**受験番号，生年月日，受験地が正しくマークされていない場合は，採点できないことがある。**

＊　解答は，解答用紙の解答欄にマークすること。例えば，［10］と表示のある解答番号に対して②と解答する場合は，次の（例）のように**解答番号 10 の解答欄**の②に**マーク**すること。

（例）

解答番号	解　答　欄
10	① ● ③ ④ ⑤ ⑥ ⑦ ⑧ ⑨ ⓪

国語（解答番号 1 ～ 22 ）

1 次の問1～問6に答えよ。

問1　傍線部の漢字の正しい読みを、次の①～⑤のうちから一つ選べ。解答番号は 1 。

廊下で先生に会釈する。

① あいしゃく
② かいしゃく
③ かいしゅく
④ えしゃく
⑤ えしゅく

問2　(ア)、(イ)の傍線部に当たる漢字と同じ漢字を用いるものを、次の各群の①～⑤のうちからそれぞれ一つ選べ。解答番号は 2 ・ 3 。

(ア)　カドの運動は禁物だ。 2

① 画壇のタイカによる名作を鑑賞する。
② 商品のカカクを設定する。
③ カジョウな反応を示す。
④ 日々情報機器がシンカする。
⑤ カレイな演技をする。

(イ) 式典で勲章をオクる。 [3]

① 夏休み中のキショウ時間を一定にする。
② 講義を聴いて、絵にキョウミがわく。
③ コウカイの念にかられる。
④ 約束の時間にチコクする。
⑤ 株式をゾウヨする。

問3 空欄[　　]に入る語として最も適当なものを、後の①～⑤のうちから一つ選べ。解答番号は[4]。

> 憎まれ口を[　　]ようなことは控えたほうがよい。

① 売る
② 得る
③ ひねる
④ ひらく
⑤ たたく

問4　「表面」と同じ構成で成り立っている熟語を、次の①～⑤のうちから一つ選べ。解答番号は 5 。

① 登山
② 上下
③ 停止
④ 偉人
⑤ 造園

問5　故事成語「背水の陣」は、「わざと川を背にして陣を張り、勝利をおさめた」という故事がもとになっている。故事成語「背水の陣」の意味として最も適当なものを、次の①～⑤のうちから一つ選べ。解答番号は 6 。

① 決死の覚悟で事にあたること。
② 背後の守りを固めること。
③ 危なくなったらすぐ逃げるべきだということ。
④ 逃げ道を確保することが重要だということ。
⑤ 勝ち目のない戦いは無駄だということ。

問6　傍線部の敬語の使い方が**適当でないもの**を、後の①～⑤のうちから一つ選べ。解答番号は 7 。

客　すみません、先日、商品の修理についてお願いをした者です。
店員　お待ちしておりました。（A）弊社の担当の者が、その件についておっしゃっていました。（B）御依頼のあった件（C）につきまして、お答えします。（D）
客　よろしくお願いします。
店員　お客様がおっしゃった（E）不具合は、部品の消耗が原因でしたので、修理が可能です。

① A
② B
③ C
④ D
⑤ E

2 山下さんの高校では、国語総合の授業で「効果的な質問をしよう」という単元の学習をしている。今回は「私の街の自慢」というテーマの約一分間のスピーチを聞いた後に、聞き手から発表者に質問をすることになった。【山下さんのスピーチ】と【質疑応答の一部】を読んで、問に答えよ。

【山下さんのスピーチ】

私の街の自慢は農業が盛んなことです。私が住む南市は、野菜や果物の生産量が多いことで有名です。けれども、私が特に自慢したいのは、農業に携わる人たちがみな活気に満ちあふれているところです。

南市では三十年ほど前から、農家の人たちが専門家と協力して品種改良や生産方法の研究に積極的に取り組んできたそうです。また、それとともに品質管理や配送方法、販路の開拓など、質の高い農作物を、どうやってたくさんの人たちに届けるかという経営面での改革にも取り組んできたということです。

その努力が実り、今では南市の果物は一つのブランドとしての信頼を得ていますし、農家の人たちも誇りを持って農作業に従事しています。他の地域から農業経営について研修に来る人や、南市に移住して農業を始めるという人も増えてきました。

私はこの南市の農業がますます発展していってほしいと願っています。

【質疑応答の一部】

谷川さん 「南市の農業への取組についてはどこかで調べたのですか。」
山下さん 「私の家の近くに、農産物の直売所があります。農家の人たちが、自分の作った作物をそれぞれ並べて売っている所です。たくさんの農家の人たちに会えるので、そこで直接お話をうかがいました。」
谷川さん 「何人の人から話を聞いたのですか。」
山下さん 「詳しいお話をうかがったのは二人ですが、他にもその場にいた方たちが三人ほど、雑談のような形でいろいろな話をしてくださいました。」
大森さん 「南市の人たちが三十年も前からさまざまな改革に取り組んできたのはなぜですか。」

山下さん「当時南市では、農家の後継者不足が問題になり始めていたそうです。そこで、農業人口の減少に歯止めをかけるためには、品質の高さを多くの消費者に認めてもらえるというやりがいを創り出すことと、経営面での安定が必要だと考え、農家の人たちが知恵を出し合って、改革に取り組んできたのだそうです。」

大森さん「品質の高さを認めてもらえるような品種改良の成功例には何がありますか。」

山下さん「はい。最も大きな成功例は、メロンの品種改良だと思います。実が大きく糖度も高くて、しかも収穫量が気温などの気候条件に左右されにくいという特長があるそうです。ミナミスターという品種名が付けられ、ブランドとなっています。」

小林さん「品質管理について説明してください。」

山下さん「ミナミスターを例にとると、品質管理を徹底するために、特殊な糖度センサーを使って、基準を満たさないものは商品として出さないことにしているそうです。また、一つ一つの商品に、食べ頃を示す日付の付いたタグを付けることで、メロンに詳しくない人でもおいしく食べられるように工夫したそうです。こうしたことが、消費者からの信頼を得て、ブランド化に成功したのだと思います。」

小林さん「販路の拡大という点について説明してもらえますか。」

山下さん「以前はスーパーや直売所での販売だけでしたが、近年ではインターネットを利用したPRや通信販売なども行っているそうです。」

中原さん「ミナミスターの成功によって、農家以外の南市の人たちに何か影響はありましたか。」

山下さん「はい。以前は農業以外に大きな産業がないということが、どちらかというとマイナスのイメージでしたが、今では南市と言えばメロン、と多くの市民が自慢するようになっています。農業の発展が市全体に自信を与えてくれている気がします。」

中原さん「メロン以外の作物についてはどうですか。」

山下さん「他にも季節ごとに人気の作物があります。イチゴも盛んに作られていて、旬の時期にはイチゴ狩りを楽しむ観光客でにぎわいます。」

上野さん「イチゴについては、ミナミスターのような、独自に開発した品種はないのですか。」

山下さん「独自に開発した品種はないようです。ただ、イチゴには多くの品種があるので、農家の人たちはそれらの特長を見極めて、環境や用途に合わせて品種を選んで栽培しているそうです。」

上野さん「どうすれば南市の農業はさらに発展すると思いますか。」

山下さん「私にはまだよく分かりません。けれども、今回知ることができた取組を含めて、社会の変化に対応した農業経営のあり方について興味を持ったので、これから調べたり勉強したりしていこうと考えています。」

問　クラスの生徒たちの質問について説明したものとして最も適当なものを、次の①～⑤のうちから一つ選べ。解答番号は 8 。

① 谷川さんの質問は、スピーチの中で挙げられていた数値について、根拠を明らかにするための情報を引き出すものになっている。
② 大森さんの質問は、スピーチの内容や質問への回答について、さらに具体的な情報を引き出すものになっている。
③ 小林さんの質問は、スピーチの中で使われていた専門的な用語について、その由来を明らかにするための情報を引き出すものになっている。
④ 中原さんの質問は、スピーチの中で主張したことと質問への回答との間に、矛盾が生じていることを指摘するものになっている。
⑤ 上野さんの質問は、スピーチの内容や質問への回答から感じられる山下さんの知識不足について、指摘するものになっている。

3　本郷市にある南高校の交通委員会では、秋の交通安全週間にあわせて、交通マナーの向上を呼び掛ける文章を学校新聞に載せることにした。次に挙げる**【交通マナーの向上を呼び掛ける文章（下書き）】**は、委員長の野口さんが書いたものである。野口さんは、この下書きを書いた後、より説得力ある文章にするために**【追加資料】**に含まれる情報を集めた。これらを読んで、**問1**、**問2**に答えよ。

【交通マナーの向上を呼び掛ける文章（下書き）】

本郷市のホームページによると、今年度の４月～７月に発生した自転車事故の発生件数は、早くも昨年度１年間の自転車事故発生件数に並んだそうだ。本校の生徒の通学手段で一番多いのは自転車通学だ。幸いなことに、本校では今年度になってから交通事故は発生していない。［Ⅰ］だが、本郷市での自転車事故の発生件数が増えていることを考えれば、本校の生徒が今後事故に遭わないという保証はない。「交通事故ゼロ」の今の状態を維持できるよう、これからも各自で気をつけてほしい。

自転車事故という言葉を聞くと、自転車と車との接触事故を思い浮かべることが多いかもしれない。だが、近年では、自転車と人との接触事故も増えてきているという。私たち高校生の「足」である自転車は、たしかに便利な道具である。だが同時に、凶器になる可能性があることも忘れてはならない。［Ⅱ］

本校の生徒の約75％が自転車を登下校の際に利用していて、【Ａ】幼いころから自転車に乗り慣れており、【Ｂ】慣れた自転車で慣れた道を走るため、【Ｃ】注意力が散漫になったまま自転車を運転しているケースもあるかもしれない。いつもの道ではあるけれど、注意して運転することが大切だ。［Ⅲ］また、この「慣れ」から、傘差し運転、イヤホンをつけての運転などのような、危険な自転車の乗り方をしてしまうことはないだろうか。［Ⅳ］このような行為は交通事故を誘発する行為であり、ただちにやめるべきである。

来週から秋の交通安全週間が始まる。この期間中の朝７時半～８時には、交通量の多い駅前の交差点に市内の高校の交通委員が交替で立ち、通学する高校生の様子を見守ることになる。特に駅前のコンビニの前は、店の駐車場に入ろうとする車が歩道を横切るので、そこを歩いて直進する高校生は注意が必要だ。［Ⅴ］

これを機に、交通マナーの向上を心がけようではないか。

【追加資料】

本郷市で昨年度に発生した交通事故の状況

※本資料での「車両」とは、「車」「二輪車（バイク）」「自転車」のこと

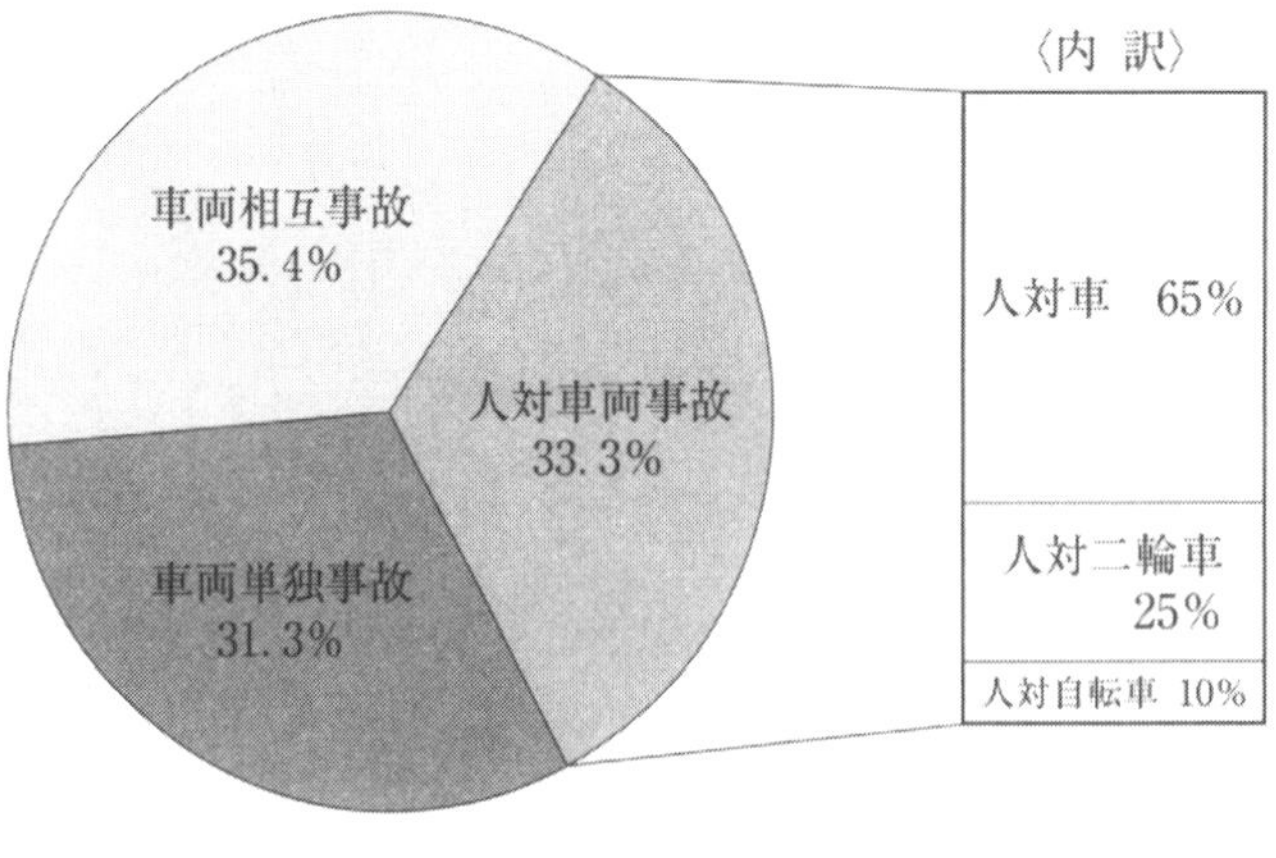

（本郷市ホームページより）

問1　野口さんは、【追加資料】の内容を【交通マナーの向上を呼び掛ける文章（下書き）】に加えようとしている。【追加資料】から読み取って本文に加える内容（ア～オ）と、それを入れる場所（ Ⅰ ～ Ⅴ ）として最も適当なものの組合せを、後の①～⑤のうちから一つ選べ。解答番号は 9 。

ア　本郷市のホームページにあった「本郷市で昨年度に発生した交通事故の状況」によると、「人対車両事故」「車両単独事故」「車両相互事故」の発生割合は、どれかが圧倒的に高いわけではなく、どれもが三割台と似通った数値になっている。ここでの車両には自転車も含まれるので、私たちは自転車に乗る際に、「人対自転車の事故」だけでなく、「自転車単独の事故」や「自転車相互の事故」にも十分な注意が必要だと考える。

イ　本郷市のホームページにあった「本郷市で昨年度に発生した交通事故の状況」によると、「人対車両事故」「車両単独事故」「車両相互事故」の発生割合は、どれかが圧倒的に高いわけではなく、どれもが三割台と似通った数値になっている。ここでの車両には自転車も含まれるので、自転車単独の事故は、相手がいる事故と同じくらいに発生するということだ。自転車には十分注意して乗ることが必要だと考える。

ウ　本郷市のホームページにあった「本郷市で昨年度に発生した交通事故の状況」での「人対車両事故」の内訳によると、事故の相手の九割は車や二輪車であった。このことから、私たちは登下校の際に、特に車や二輪車に注意することが必要だと考える。

エ　本郷市のホームページにあった「本郷市で昨年度に発生した交通事故の状況」での「人対車両事故」の内訳によると、その九割は車や二輪車を相手とした事故であるが、残りの一割は自転車を相手とした、「人対自転車の事故」であった。自転車に乗る際には、車や二輪車との事故の被害者にならないようにするとともに、人との事故の加害者にならないように注意することが必要だと考える。

オ　本郷市のホームページにあった「本郷市で昨年度に発生した交通事故の状況」によると、「人対車両事故」が全体の約三割を占めている。本校の生徒の二十五％はバスや電車での通学をしており、最寄りの駅やバス停からは徒歩で学校に来ている。だから、私たちは徒歩の際にも交通事故に注意することが必要だと考える。

①　Ⅰ にウを入れる。
②　Ⅱ にエを入れる。
③　Ⅲ にオを入れる。
④　Ⅳ にアを入れる。
⑤　Ⅴ にイを入れる。

問2　傍線部を論理の展開を変えずに読みやすくするためには、どのように修正するとよいか。最も適当なものを、次の①～⑤のうちから一つ選べ。解答番号は 10 。

① 【A】の前で文を切って「～利用している。」とし、その後に「私たちは」を入れる。
② 【A】の前で文を切って「～利用している。」とし、その後に「そのため」を入れる。
③ 【B】の前で文を切って「～乗り慣れている。」とし、その後に「あるいは」を入れる。
④ 【C】の前で文を切って「～走るためだ。」とし、その後に「また」を入れる。
⑤ 【C】の前で文を切って「～走るためだ。」とし、その後に「私たちは」を入れる。

4 次の文章を読んで、**問1～問6**に答えよ。

(注)カントによれば、私たちは世界の中のさまざまな自然現象について、空間と時間という枠組みを利用し、さらには因果的法則性という概念に従って、その運動や変化のあり方を理解しようとしています。すでに見たように、これはニュートンがリンゴの落下を見ながら、月や惑星の運動のことを理解できたように、基本的に自然界の一切の現象変化の中身を、万有引力の法則を含むいくつかの運動法則で整理するということです。つまり、理論理性が行う自然世界の認識とは、私たちの周囲の世界を力学的な法則で理解するということですから、少々乱暴にいえば、科学によって世界を考えるということは、A世界を機械仕掛けの時計のようなものとして考える、ということを意味しています。私たちはもちろん、積極的にこのような見方をすることで、自然世界のメカニズムを冷静に考え、その絶妙な仕掛けに感激することができるようになるのです。

ところで、私たちはリンゴや月や太陽からなる自然世界の中で生活し、そのメカニズムを追求していると同時に、社会の中で、人間どうしお互いに交流しながら生きてもいますから、私たちは自然の産物であると同時に、社会に生きる生物です。しかしながら、社会の中での人間どうしは、太陽系の中での惑星どうしや、リンゴと地球との関係のように、「力学的」な関係によって支配された、機械仕掛けの運動を行っているのでしょうか。私たちは歯車やゼンマイのように、互いに組み合わさって、一つの大きなメカニズムを作動させるための駒となって働いているのでしょうか。

たしかに私たちの生活の一部には、機械の駒のような行動を強いられる側面もまったくないわけではありませんが、それが社会全体の基本的な性質だということは、やはりありえないでしょう。私たちはいつもいろいろな面で、複数の人間どうしお互いに相談したり、助け合ったり、競争したり、対立しあったりして暮らしていますが、そうしたいろいろな関係からできている社会全体は、地上の植物の世界とも太陽系の惑星のシステムとも異なった、人間どうしのさまざまな欲望と善悪の判断、無数の信念と希望によって生み出された行動のからみあう、B「共同体」という世界です。

共同体の中の出来事は機械の中の出来事ではありません。共同体の非常に複雑な結びつきと働きを構成しているのは、歯車やゼンマイではなくて、私たち自身の一人一人です。社会のメンバーである私たちは、それぞれ一個のかけがえのない人格であって、人格は機械の駒ではありません。各人は一個の人格として、自分の頭で考え、自分の好みや欲求を選び出し、自分で行為へと赴くことのできる、自由な主体です。しかも、私たちは自分自身がそうした自由な主体であることを理解しているばかりではなく、私が関係しあう他の人もまたすべて、それぞれの頭で考え、それぞれの信念と希望で生きている人間だ、ということをよく理解しています。

私たちは自分の生きる共同体が、お互いにお互いを人格として理解し、その理解の下で互いに関係しあっていることを、十分に承知しています。そうだとすると、社会の中に生きる私たちが、自分たちを機械の駒ではなくて、一個の人格として捉えるとき、私たちは自分たちにたいして、現象世界の中に現れる対象とは異なったレベルでの存在者、という見方をしていることになります。私たちは宇宙や物質的世界を力学的メカニズムと考える一方で、同じ外界でありながら、自分がそのメンバーである社会という人間世界については、それがメカニズムではなく、助け合い、あるいは競いあう、まったく別の世界だと考えているのです。

カントは、われわれが共同体の中で生きるかぎり、互いが互いをたんなる現象の一部ではなく、物自体として扱う可能性をもっているというのですが、それはこうした私たち自身の相互理解の特異な性格に着目するからです。人間の歴史に現れた社会のなかには、人びとが奴隷制を容認したり、独裁者によって極端な非人間的政治が行われたことも少なくありません。そして、それは現在なお世界の中で見られる現実であるかもしれません。こうした社会では、一部の人びとを除くと多くの人びとが機械の歯車やゼンマイのように、扱われています。そこではいわば、各人がそれ自体として価値をもつ、一個の人格としてではなく、たんなる道具として扱われているといえるでしょう。

カントにとって、C われわれ人間が目指すべき社会は、こうした道具としての人間の存在を拒否して、それぞれの人格を互いにそれ自体として価値をもつ、それ自体として尊厳を要求できる存在とするような社会です。それは、人格どうしが互いにその尊厳を認め、守ろうとする社会です。彼はこうした社会がいわば、物自体としての人格構成というメンバーによって構成された「目的の王国」であると考えるのです。

目的とは手段の逆の言葉です。何かが手段となって目的が実現されます。実現されるべきなのは各人が追求している、自分自身の尊厳ですが、それは互いに互いを尊敬しあい、互いの価値を認め合うことによってのみ達成されます。自分自身の価値が他人への関係によって実現され、それによって自分の尊厳も他人の尊厳も生み出されるというのは、少し変なことですが、それは他の人を特別に助けたり、社会への善行をたくさん積むことで、段々と自分の人格が形成されて、偉い人になるということとはかなり違います。

私たちは他人を助けることができますが、同時に、他人を出し抜いて自分だけ得をするような行動をとることもできます。そして、日々の生活の中で、自分だけ得をするような行動を採用しても、それ自体としてはけっしてとがめられるべきことではありません。誰でも一番大切なのは自分自身の幸福ですから、そのための方策として、自分の利益だけを大切にする利己主義に徹し、他人への思いやりや配慮をできるだけ少なくしようとすることも、それ自体として悪いこととはいえないでしょう。それ自体として悪いことは、他人に危害を加えたり、他の人のものを盗んだり、極端な場合には他人の命を奪ったりするような、具体的に罪に問われるような行動です。そして、誰でもそのような行動には、その行動の責任者にたいして、罪に見合った罰ということが社会的に課せられるべきだと思うでしょう。

このように、人間の行為の善悪は一人一人の個別的なケースについていえば、格別に道徳的な規準を考えて、善人らしく振るまうことなく、単純にその人にとっての損得とか、何が賢い選択なのか、というレベルで考えることができますし、ある意味では、利己的な行為をすることも、利他的な行為をすることも、各人の好みや性格で考えれば、毎日の生活における具体的な行動としては、それで十分だといえると思います。私たちは他人の人格を認めはしますが、それによってその尊厳を重視し、現象の一部ではなく一種の物自体のような存在だとまでは考えなくても、とりあえずは生きていけます。

とはいえ、私たちの善悪の判断には、こうした日常生活レベルでの具体的な行動だけでなく、各人のそれぞれにまかせるわけにはいかない、もっと一般的な基準が必要となる側面もあります。たとえば、今あげたような、何らかの犯罪にたいして、罰を与える必要があるという場合、その罰の重さをどの程度にすべきかということは、よく考えてみると、非常に難しい問題であることが分かるでしょう。何らかの形で犯された罪にたいして課せられるべき刑罰の重さということは、たんなる個人の判断の問題ではなくて、むしろ一般的な基準の問題の一つだということが分かります。いうまでもなく、裁判で問われるのは、個々の悪行の細かい事実の中身ではなく、それが社会全体に共通の規則ないし規範にたいする、どのようなタイプの違反なのかということですし、それにたいして必要な罰則はどのようなタイプの罰なのか、ということです。いいかえると、何が罪で、それにどのような罰が必要なのか、といったことは、私たちの個人的な好き嫌いでは決められない問題です。

したがって、私たちが社会の中で生活し、共同体の一員として暮らしていくためには、それぞれが利己的な態度を取ったり利他的な姿勢をもとうとすることとは別に、人間どうしの関係において、いかなる行動の原則を基本の原理とするべきなのか、ということがどうしても問われてきます。つまり、D個人個人の行動方針とは別に、社会全体にとっての共通の規則はどうあるべきかということが、何らかの仕方で考えられる必要があるのです。

しかし、このような社会全体の行為の規範となるべき、人間の行為の原則が必要であるとしたら、われわれはそれをどうやって見つけることができるのでしょうか。カントは、そうした共同体全体の行為の規範を考える能力が、われわれ人間の一人一人において、実践理性という形で備わっていると考えます。私たちは、自分が属する社会の全体が、いかなる共通の行動規範の下で統率されているべきかを、自分自身の思考力を使って考えることができます。われわれは自分の社会のあるべき姿について、「自己立法」を行うことができるのです。私たちは、一人一人それぞれで、いわば社会全体の代表者となって、その社会の道徳と政治の原則をうち立てる能力を、内に秘めて生活しています。そして、私たちは、その原則を考えつつ、自分自身の具体的な行動方針を、そうした原則に合致させるべきか、それとも無視するべきか、自分の中で反省し、判断する能力をもっています。

先に見たように、私たちが利己的に生きるか、それとも他人のために積極的に行動すべきかは、とりあえずは、私たち自身の性格の問題であり、好みの問題です。しかし、もしも、自分自身があるべき社会の行動原則について、その理想的な姿を描きだすことができるにもかかわらず、毎日の自分自身の行動方針についてはまったくそれを無視して、いわば自分だけの生活のルールで暮らしているとしたら、どうでしょうか。それはある種の自己分裂した姿として、けっして望ましい生活態度とはいえないでしょう。

カントは、われわれ人間は自分の実践理性を使って目的の王国を実現しようとすることができると言いますが、その意味は基本的には、われわれがこうした理性の自己分裂を、自分の責任で避けることができるということです。われわれは自分の共同体に共通の規則を、自分の責任で考えようとすることができます。そして、その規則に照らして、自分の日々の行動方針が、正しい方針であるか、間違った方針であるかを、これまた自分の責任で判断することができます。われわれはEこうした複雑な経路を通って、自分自身の行動を律しようと考えるのです。

私たちがそれぞれの理性の能力を発揮して、共同体の共通の原理を考案しようとするとき、その共通の原理のことを「道徳原理」と呼びます。私たちは道徳原理に照らして、日々の生活における自分の個人的な行動方針の善悪を判断し、その結果として自分の行動を承認したり、間違っていると考えて反省したりするでしょう。

実践理性がわれわれに課する道徳原理は、社会の中の自分以外のメンバーを、道具や手段でなく、それ自体として価値あるもの、一個の物自体としての人格として扱えと命じます。私たちがこの道徳原理の命令に目を向け、その命令の下で自分の行為の日々の善悪を反省し直すこと、それが科学的な自然認識の能力である理論理性の働きとはまったく別の、今ある共同体を道徳的な目的の王国へと変換しようとして働く、実践理性の力です。人間の実践理性は、自分の中にある道徳法則に目を向け、その価値を認め、その命令に従って、社会の法律を定めるとともに、自己の行動方針を改めようとするのです。

（伊藤邦武『宇宙はなぜ哲学の問題になるのか』による。）

（注）カント —— 十八世紀のドイツの哲学者。

問1　傍線部A　世界を機械仕掛けの時計のようなものとして考える　とあるが、その説明として最も適当なものを、次の①～⑤のうちから一つ選べ。解答番号は　11　。

① 世界は人間どうしの関わり合いとは異なり、力学的な法則に従い様々な要素が相互に関連し合って動くものだと考えるということ。
② 世界は明確な意思を持って力学的な法則を活用し、様々な要素を関連させ絶妙な仕掛けを動かしているものだと考えるということ。
③ 世界の様々な動きを因果的法則性の概念ではなく、万有引力の法則のような力学的法則だけで理解できるはずだと考えるということ。
④ カントが述べたように、空間と時間という枠組みを利用できれば、世界の現象はその運動や変化まで理解できると考えるということ。
⑤ カントが述べたような絶妙な仕掛けを持つメカニズムによって、人間が世界を確実に動かすことができるのだと考えるということ。

問2　傍線部B　「共同体」という世界　とあるが、それはどのような世界であると述べられているか。最も適当なものを、次の①～⑤のうちから一つ選べ。解答番号は　12　。

① 人間どうしが互いに助け合ったり競争したり対立し合ったりして暮らしつつ、相互に相手の価値を尊重した上で力学の法則に従って動いている世界。
② 自分自身の考えに従って行動し、独自の信念や希望を持って生きている自由な主体どうしが互いを人格として理解し、相互に関係し合っている世界。
③ お互いを主体として理解しようとせず、自らの人格を重視するが故に、他者に対して社会を動かすたんなる道具であるかのように扱ってしまう世界。
④ 他人を出し抜いて自分だけ得をする行動をとる者がいたとしても決して非難せず、むしろその者が形だけでも他人を助けようとするように導く世界。
⑤ 自分の利益を目的とする利己主義に徹して他人への思いやりや配慮を最小限にすることよりも、利他的に善人らしく振るまうことを強要し合う世界。

問3　傍線部C　われわれ人間が目指すべき社会　とあるが、それを具体的に説明したものとして最も適当なものを、次の①～⑤のうちから一つ選べ。解答番号は 13 。

① 人間関係をよりよくするためなら嘘をつくことも許容されるような社会。
② 親切にすることで周囲から感謝されることを全ての人が目標とする社会。
③ 困っている人がいたら助けるということを全ての人が目指すような社会。
④ 周りの人の悪口を言っても周囲から非難をされることがないような社会。
⑤ 募金や寄付をし続けていれば徳の高い人になれることが保証される社会。

問4　傍線部D　個人個人の行動方針とは別に、社会全体にとっての共通の規則はどうあるべきかということが、何らかの仕方で考えられる必要があるのです　とあるが、その理由として最も適当なものを、次の①～⑤のうちから一つ選べ。解答番号は 14 。

① 共同体の中で生きるかぎり、自分の好みや欲求に従って自由な主体として生きることは認められておらず、社会全体の原則と対立するから。
② 人間どうしの関係において、一人一人が社会全体の代表者となり社会の行動原則を打ち立ててしまうと、刑罰の重さが平等でなくなるから。
③ 共同体の中で生きるかぎり、最終的な行動の判断は個人に委ねられているが、形式的には社会全体の一般的な基準を用意する必要があるから。
④ 人間どうしの関係において、社会全体の行動方針がないと、私たちは自分だけ得をするような利己的な行動を常に採用してしまいがちだから。
⑤ 共同体の中で生きるかぎり、善悪の判断には私たち個人の好き嫌いでは決められない問題があり、一般的な基準が必要となる側面があるから。

問5　傍線部E　こうした複雑な経路　とあるが、それはどういう経路か。その説明として最も適当なものを、次の①～⑤のうちから一つ選べ。
解答番号は 15 。

① 自分の共同体に共通した行動の原則を利他の観点で考えた上で、その原則にならった自分なりの生活のルールで生活態度の良否を判断するという経路。

② 自分の共同体に共通する行動規範を自分の責任で考えた上で、その規範とは異なる生活の具体的な行動の良否を自分の思いつきで判断するという経路。

③ 自分の共同体に共通して適用できる規則を自分の責任において考えた上で、その規則に照らし合わせ自分自身の行動指針の良否を判断するという経路。

④ 自分の行動方針を好みや性格に基づいて考えた上で、その方針に照らし合わせて他人のためではなく利己的に生きることの良否を判断するという経路。

⑤ 自分の行動方針を共同体の枠組みに従って考えた上で、各人の好みや性格に基づいた自己の行動指針と比較させつつ行動の良否を判断するという経路。

問6　この文章の論の展開と内容について述べたものとして最も適当なものを、次の①～⑤のうちから一つ選べ。解答番号は 16 。

① カントの世界観を踏まえつつ、現代社会では共同体の中で人びとが道具として扱われることはやむをえないとしつつも、共同体における人間どうしの尊厳の危機を回避する方法を試みている。

② カントの思想を前提としながら、人間の相互理解の特異な性格に着目することで人間社会の負の側面を描き出し、カントの目指す社会とは異なる筆者独自の理想的な社会について述べている。

③ 人間社会における具体的な事例に基づきながら、各人の好みや性格による個人の判断を疑問視することで社会全体の共通の行動規範の必要性を訴え、カントの思想の弱点の補強を試みている。

④ 全体を通してカントの世界観に基づきながら、自然世界と人間による共同体との違いを述べることによって人間社会の特徴を導き出し、共同体内での人間の道徳のあり方について述べている。

⑤ カントの考えを否定する立場をとり、社会的事象をカントの思想に基づいて説明することで現代社会の問題を顕在化させ、人間が道具になることが理想的な生き方だとする持論を述べている。

5 国語総合の授業で、古文と漢文を読み比べ、それぞれの内容について考える学習を行った。I～IIIの文章を読んで、**問1～問5**に答えよ。

I

知恵も侍《はべ》り心も賢き人は、ひとをつかふに見え侍るなり。人毎のならひにて、わが心によしとおもふ人を、万《よろづ》のことに用ゐて、文道(注1)に弓箭《ゆみや》とり(注2)をつかひ、こと葉たらぬ人を使節にし侍り、心とるべき所に鈍なる人を用ゐなどするほどにそのことちがひぬる時、A<u>なかなか人の一期《いちご》をうしなふことの侍るなり</u>。その道にしたしからむをみて用ゐるべき也《なり》。曲がれるは輪につくり、直なるは轅《ゑん》(注3)にせんに、徒《あだ》なる人は侍るまじき也。たとひわが心にちがふ人なりとも、物によりてかならず用ゐるべきか。

（『竹馬抄』による。）

(注1) 文道 ―― 文学の道。特に儒学的な学芸の道。

(注2) 弓箭とり ―― 武士。

(注3) 轅 ―― 牛車・馬車などの前に長く平行に出した二本の棒。

Ⅱ

幼少の時より、道の正しき輩《やから》に相伴ひ、かりそめにも悪友に随順《ずいじゆん》あるべからず。水は方円《ほうゑん》（注4）の器に随《したが》ひ、人は善悪の友に依《よ》るといふ事、誠なる哉《かな》。爰《ここ》を以《もつ》て、国を［A］守護は、賢人を愛し、民を［B］国司は、佞人《ねいじん》（注5）を好むの由、申し伝ふる也。君心を知らんと欲せば、其《そ》の君の愛する輩を見、其の心を知るといふ事これ有り。

（中略）

人をあまた召仕ふ心得、大かた日月の草木国土を照らし給《たま》ふごとく、近習《きんじう》（注6）にも外様《とざま》にも、山海遙《はる》か隔りたる被官《ひかん》（注7）以下までも、昼夜慈悲誅罰の心を廻《まは》し、其の人々に随ひて召仕ふ可《べ》き也。諸侍の頭《かしら》をする身は、知恵才学無く油断せしむれば、上下の輩に批判せらるる事多かるべし。只《ただ》行住坐臥《ぎようじゆうざが》、仏の衆生《しゆじやう》（注8）をすくはんと諸法に宣《のたま》ふごとく、心緒《しんしよ》（注9）をくだき、文武両道を心に捨て給ふべからず。国民ををさむる事、仁義礼智信一つもかけては、あやうき事なるべし。政道（注10）を以て科《とが》を行へば、人の恨なし。非義を構《かまへ》て、死罪せしむれば、其の恨ふかし。しかれば、其の科因果遁《のが》るべからず。第一には臣下の忠不忠の者を分別して、恩賞有る可き儀、簡要《かんよう》（注11）也。

（『今川状』による。）

（注4）方円 ―― 正方形と円形。

（注5）佞人 ―― 口先が巧みで、心のねじけている人。

（注6）近習にも外様にも ―― 主君の近くで仕える者にもそれ以外の者にも。

（注7）被官 ―― 下級武士。

（注8）衆生 ―― 一切の人類や動物。

（注9）心緒 ―― 思い。思いの一端。また、心の動き。

（注10）政道 ―― 正しい道。

（注11）簡要 ―― 肝要。

Ⅲ

西門《せいもん》(注12)豹《ひょう》為《リ》鄴《ぎょうノ》(注13)令《ト》(注14)、清《せい》(注15)剋《こく》潔《けつ》愨《かくニシテ》、秋毫《しゅうごうの》(注16)端《モ》無《シ》私利《スル》也。而《しかレドモ》甚《はなはダ》簡《ニス》(注17)左右《ヲ》。左右因《リテ》相与《ともニ》比《ひ》(注18)周《しゅうシテ》而悪《おス》之《ヲ》。居《をルコト》期年(注19)、上《たてまつルニ》(注20)計《ヲ》、君収《ム》(注21)其《ノ》璽《じヲ》。豹自《ラ》請《ヒテ》曰《ハク》、「臣昔者《さきニハ》不《ず》知《ラ》所以《ヲ》治《ムル》鄴《ヲ》、B今臣得《タリ》矣。願《ハクハ》請《ヒ》璽《ヲ》復《まタ》以《テ》治《メン》鄴《ヲ》。不《ンバ》当《タラ》、請《フ》伏《セント》斧《ふ》鑕《しつ》(注22)之罪《ニ》。」文侯(注23)不《シテ》忍《ビ》而復《タ》与《フ》之《ヲ》。豹因《リテ》重《ク》斂《れんシ》(注24)百姓《ひゃくせいニ》、急《ニ》事《つかフ》左右《ニ》。期年《ニシテ》、上《ルニ》計《ヲ》、文侯迎《ヘテ》而拝《ス》之《ヲ》。豹対《こたヘテ》曰《ハク》、「往年臣為《ニ》君《ノ》治《ム》鄴《ヲ》。而《ルニ》君奪《フ》臣《ノ》璽《ヲ》。今臣為《ニ》左右《ノ》治《ム》鄴《ヲ》。而《ルニ》君拝《ス》臣《ヲ》。臣不《ト》能《ハ》治《ムルコト》矣。」遂《ニ》納《いレテ》璽《ヲ》而去《ル》。文侯不受《ケ》、曰《ハク》、「寡人曩《さきニハ》不知《ラ》子《ヲ》、今知《レリ》矣。願《ハクハ》子勉《つとメテ》為《ニ》寡人《ノ》治《メヨ》之《ヲ》。」

C遂《ニ》不受《ケ》。

(『韓非子』による。)

（注12）西門豹 —— 人名。
（注13）鄴 —— 地名。
（注14）令 —— 長官。
（注15）清剋潔慤 —— 清廉潔白で、誠実なこと。
（注16）秋毫 —— ごく僅か。
（注17）簡左右 —— 側近をないがしろにすること。
（注18）比周 —— 徒党を組むこと。
（注19）期年 —— 一年。
（注20）上計 —— 毎年、地方から中央に行財政の状態を集計して報告すること。
（注21）収其璽 —— 印璽（官印）を取り上げ免職にすること。
（注22）斧鑕之罪 —— 斬罪。
（注23）文侯 —— 春秋時代末期から戦国時代初期にかけての魏の名君。
（注24）斂 —— 徴税。

問1　傍線部A　人の一期をうしなふことの侍るなり　とあるが、どういうことか。最も適当なものを、次の①～⑤のうちから一つ選べ。解答番号は 17 。

①　人を上手く召し使うことができないと、自分自身の権力を十分に生かして国を治めることができずに一生を終えてしまうことがあるということ。

②　それぞれの人に適していない仕事を任せると、十分に実力を出し切ることができず、その人の一生を台無しにしてしまうことがあるということ。

③　自分の気に入った者だけに仕事を任せると、不公平だと感じる者が多くなり、一生に一度しかないような好機を生かせないことがあるということ。

④　様々な場面で人を上手く召し使わないと、その人が自分自身にとって将来必要となる能力を身に付ける機会を失ってしまうことがあるということ。

⑤　必要な能力を身に付けることができなければ、状況を適切に判断することができず、自分の進むべき道がわからなくなることがあるということ。

問2　空欄 A ・ B に入る語句の組合せとして最も適当なものを、次の①～⑤のうちから一つ選べ。解答番号は 18 。

①　A　滅ぼす　　B　愛する
②　A　欺く　　B　罰する
③　A　憎む　　B　慈しむ
④　A　誇る　　B　守る
⑤　A　治むる　　B　貪る

問3 傍線部B 今臣得矣 とあるが、豹はどのようなことを理解したのか。最も適当なものを、次の①～⑤のうちから一つ選べ。解答番号は 19 。

① 人民から尊敬されずとも、文侯に取り入って信頼を勝ち取ることが鄴を治めることになるということ。

② 人民の税を軽くし、清廉潔白な政治を行うことが、鄴の長官としてふさわしい行動であるということ。

③ 人民から重く税を取り立て、文侯の側近たちに取り入ることが、鄴を治めることになるということ。

④ 文侯の側近たちの意向を特に重んじ、人民の税を軽くすることが鄴を治めることになるということ。

⑤ 文侯やその側近たちよりも人民を大切にすることが、鄴の長官として本来あるべき姿だということ。

問4 傍線部C 遂不受 とあるが、文侯はなぜ官印を豹から受け取らなかったのか。最も適当なものを、次の①～⑤のうちから一つ選べ。解答番号は 20 。

① 側近たちが豹のことを悪く言っていたため誤解していたが、実は豹が鄴を正しく治めていたと分かったから。

② 側近たちが鄴を治めるために豹を登用することを薦めていたが、実は文侯もそうしようと考えていたから。

③ 側近たちは豹から悪く言われていたが、実は文侯のために鄴を正しく治めようと考えていたと分かったから。

④ 豹が実際は正しく鄴を治めていないことが証明されたので、今後は正しく鄴を治めさせようと考えたから。

⑤ 豹は側近たちから悪く言われてやる気を失っていたが、実は以前から豹の能力が高いことを理解していたから。

問5　田中さんのクラスでは、Ⅰ～Ⅲの文章を読んだ後で、話合いをした。次の**【話合いの一部】**を読んで、(1)、(2)に答えよ。

【話合いの一部】

田中さん「ⅠからⅢの文章は、人を召し使うことについて記されているね。」
渡辺さん「そうだね。Ⅰの文章では、その人に適した役割を与えることが重要だと述べられているよ。」
佐藤さん「Ⅰの文章にある、『文道に弓箭とりをつかひ、こと葉たらぬ人を使節にし侍り、心とるべき所に鈍なる人を用ゐなどする』というのは、この文章中の喩《たと》えでいうなら、［ C ］ということになるのかな。」
田中さん「そういうことになるね。Ⅱの文章では、君主の心を知るには、その寵愛する人を見ると良いとあるね。では、Ⅲの文章で、清廉潔白な仕事ぶりであった豹を評価しなかった文侯は、愚かで悪い君主だったのかな。」
渡辺さん「そうとは言えないよ。最後には豹のことを認めているから。」
佐藤さん「では、文侯に必要だったものは、何だったのかな。」
田中さん「Ⅱの文章にあるように、君主として、［ D ］が必要だったのだと思うよ。」
渡辺さん「うん、そうだね。」

(1)　空欄［ C ］に入る内容として最も適当なものを、次の①～⑤のうちから一つ選べ。解答番号は［21］。

① まっすぐな木は車輪にできないため、曲げるべきだ
② まっすぐな木は、車輪と輳のどちらにも使用できる
③ 曲がった木は輳にできないため、まっすぐにすべきだ
④ 曲がった木を輳にして、まっすぐな木を車輪に用いる
⑤ 曲がった木とまっすぐな木を利用して、車輪を作る

(2) 空欄 D に入る内容として最も適当なものを、次の①～⑤のうちから一つ選べ。解答番号は 22 。

① 身近な者よりも自分とは日頃接することのない部下の働きを見て、正当に評価すること
② 身近な者からそうでない者まで広く人々の働きを見ることにより、適切に処遇すること
③ 側近たちの意見を聞き取るだけでなく、役人の実際の働きを見て、厳重に処罰すること
④ 側近だけでなく、民衆からも長官の働きを見てもらうことにより、的確に判断すること
⑤ 側近の推薦や能力にかかわらずに人々を登用し、その働きを見て、冷静に批判すること

令和３年度　第１回

解答・解説

【重要度の表記】

Ａ：重要度が高く確実に正答したい設問。しっかり復習する必要のある問題です。

Ｂ：重要度はＡレベルよりすこし下で、やや難易度が高い設問または内容を読み取る設問。高得点を狙う人は復習しましょう！

Ｃ：重要度が低い、または難解な設問。軽く復習する程度でよいでしょう！

令和３年度　第１回　高卒認定試験

【解　答】

大問	問	解答番号	正答	配点
1	問１	1	④	2
	問２	2	③	2
		3	⑤	2
	問３	4	⑤	4
	問４	5	④	4
	問５	6	①	4
	問６	7	②	4
2	問	8	②	8
3	問１	9	②	5
	問２	10	①	5
4	問１	11	①	5
	問２	12	②	5
	問３	13	③	5
	問４	14	⑤	5
	問５	15	③	5
	問６	16	④	5
5	問１	17	②	5
	問２	18	⑤	5
	問３	19	③	5
	問４	20	①	5
	問５	21	④	5
	問６	22	②	5

【解　説】

1

問１　傍線部の漢字は「えしゃく」と読みます。会釈とは、「すこし頭を下げて礼をすること。軽いお辞儀」という意味です。
　したがって、正解は④となります。
解答番号【1】・4　⇒ **重要度A**

問２
（ア）　カドとは「過度」と書き、「ふつうの程度を超えていること。度が過ぎること」という意味です。これより、傍線部の漢字は「過」となります。選択肢の漢字はそれぞれ、①大「家」、②「価」格、③「過」剰、④進「化」、⑤「華」麗となります。これらのうち、傍線部の「過」という漢字を含む選択肢は③となります。
　したがって、正解は③となります。
解答番号【2】・3　⇒ **重要度A**

（イ）　オクるとは「贈る」と書き、「物などを人に与える。贈呈する」という意味です。これより、傍線部の漢字は「贈」となります。選択肢の漢字はそれぞれ、①「起」床、②「興」味、③「後」悔、④「遅」刻、⑤「贈」与となります。これらのうち、傍線部の「贈」という漢字を含む選択肢は⑤となります。
　したがって、正解は⑤となります。
解答番号【3】・5　⇒ **重要度A**

問３　「憎まれ口」とは「人から憎まれるようなことば。憎々しい物の言い方」という意味です。この「憎まれ口」ということばと相性の良いことばを選択肢から選びます。
　したがって、正解は⑤となります。

解答番号【４】・５　⇓ **重要度Ａ**

問４　「表面」という熟語は「表の面」という意味であり、「表」という字が「面」という字を修飾する構成となっています。これと同じように「上の字が下の字を修飾している」という構成になっている熟語を選択肢から選びます。
　①「登山」は、「登」が登るという動作を、また「山」がその動作の目的語を表していて、「下の字が上の字の目的語になっている」という構成になっていることから誤りです。②「上下」は、「上」と「下」がそれぞれ反対の意味であり、「反対の意味を表す字を重ねる」という構成になっていることから誤りです。③「停止」は、「停」も「止」も「とまる」という意味であり、「同じような意味の漢字を重ねる」という構成になっていることから誤りです。④「偉人」は、文字どおり「偉い人」という意味であり、「上の字が下の字を修飾している」という構成になっているので正しいです。⑤「造園」は、「造」が造るという動作を、また「園」がその動作の目的語を表していて、「下の字が上の字の目的語になっている」という構成になっていることから誤りです。
　したがって、正解は④となります。

解答番号【５】・４　⇓ **重要度Ｂ**

問５　「背水の陣」という故事成語の意味を知らない場合は、問題文に「わざと川を背にして陣を張り、勝利をおさめた」という、もととなっている故事が記されていますから、これに基づいて適切な意味を選択肢から選びます。
　したがって、正解は①となります。

解答番号【６】・１　⇓ **重要度Ａ**

問６　傍線部Ａについて、「お待ちしておりました」は、「お待ちする」という謙譲語に丁重語「おる」と丁寧語「ます」が組み合わさった形で、店員から客に対して用いる敬語として適切です。傍線部Ｂについて、「おっしゃっていました」は、「おっしゃる」という尊敬語に丁寧語「ます」が組み合わさった形ですが、店員から自社の担当の者に対して用いるのは不適切です。傍線部Ｃについて、「御依頼」は、「依頼」という語に相手に対する敬意を示す「御」という接頭語が付いた形で、店員から客に対して用いる敬語として適切です。傍線部Ｄについて、「お答えします」は、「お答えする」という謙譲語と丁寧語「ます」が組み合わさった形で、店員から客に対して用いる敬語として適切です。傍線部Ｅについて、「おっしゃった」は、「おっしゃる」という尊敬語で、店員から客に対して用いる敬語として適切です。
　したがって、正解は②となります。

解答番号【７】・２　⇓ **重要度Ｂ**

２

問　①について、「スピーチの中で挙げられていた数値について」という部分が、スピーチでは具体的な数値が挙げられていないことと、谷川さんの質問は農業への取り組みについてのものであることから誤りです。②について、大森さんの質問は農業の研究や改革が行われてきた背景や品種改良の成功例を問うものであるので正しいです。③について、「その由来を明らかにする」という部分が、小林さんの質問は品質管理や販路拡大について具体的な説明を求めていることから誤りです。④について、「矛盾が生じていることを指摘する」という部分が、中原さんの質問はミナミスターの成功による市民への影響やメロン以外の作物についてのものであって矛盾を指摘するものではないことから誤りです。⑤について、たしかに山下さんは上野さんの2つ目の質問に「私にはまだよく分かりません」と答えてはいますが、この回答に対する上野さんの応答はありません。それゆえ、ここからは知識不足を指摘する内容は読み取れませんので、「山下さんの知識不足について、指摘する」という部分が誤りです。

したがって、正解は②となります。

解答番号【8】・2 ⇒ **重要度A**

3

問1　まず、空欄Ⅰ～Ⅴの前後の展開を読み取って、選択肢の文章が入る余地があるかどうかを検討します。その余地があると考えられる場合には、選択肢の組み合わせにしたがって空欄に選択肢の文章を入れてみて、前後のつながりを確認します。

①について、Ⅰの空欄の前後は「今年度は交通事故は発生していない↓だが↓今後も事故に遭わないという保証はない」という展開になっているため、選択肢の文章が入る余地がないことから誤りです。②について、段落の末尾にⅡの空欄があるため、選択肢の文章が入る余地が認められます。また、この段落では「自転車と人との接触事故」を話題として取り上げ、自転車が「凶器」となる可能性があると述べています。選択肢エの文章はそれを受けた展開となっているので正しいです。③について、Ⅲの空欄の前後は「慣れた自転車で慣れた道を走るため↓また↓この『慣れ』から」という展開になっているため、選択肢の文章が入る余地がないことから誤りです。④について、Ⅳの空欄の前後は「傘差し運転、イヤホンをつけての運転↓このような行為」という展開になっているため選択肢の文章が入る余地がないことから誤りです。⑤について、段落の末尾にⅤの空欄があるため、選択肢の文章が入る余地が認められます。しかし、空欄の直前に着目すると、話題がすでに自転車通学から徒歩通学に移っています。もし選択肢イの文章を入れるとなると、また自転車通学の話題に戻すことになってしまうことから誤りです。

したがって、正解は②となります。

解答番号【9】・2 ⇒ **重要度B**

問2　①について、論理の展開を変えていないだけでなく、「～利用している。」と修正することによって、「本校の生徒～利用していて」という部分が次の行の「～ため」という部分に係るのかどうかという曖昧さを解消しているので正しいです。②について、「そのため」という接続詞を入れるには、その前が「原因」でその後が「結果」という展開になっていなければなりませんが、そのような展開になってないことから誤りです。③について、「幼いころから自転車に乗り慣れており」と「慣れた自転車で慣れた道を走る」は「並列」の関係であるため、「どちらかひとつ」という意味を示す接続詞「あるいは」を入れることはできないことから誤りです。④および⑤について、「～走るためだ。」とすると、この文は「原因」を述べるものとなります。その場合、論理の展開として、この文のひとつ前の文で「結果」が述べられていなければなりません。しかし、前文ないしは前段落にさかのぼっても因果関係は認められないことから誤りです。

したがって、正解は①となります。

解答番号【10】・1　⇒ **重要度B**

4

問１　傍線部Ａの前にある「少々乱暴にいえば」ということばに着目すると、傍線部Ａはその１行前の「私たちの周囲の世界を力学的な法則で理解する」という部分を比喩的に言い換えた表現であることがわかります。また、傍線部Ａの段落全体に視野を広げて指示語や接続詞に着目すると、傍線部Ａの４行前の「世界の中の～理解しようと」する、２行前の「自然界の一切の～法則で整理する」という部分のどちらも、傍線部Ａの内容を別のことばで言い換えた表現となっています。これらのことを参考に選択肢を見ていきます。

①について、「力学的な法則に～動くものだ」という部分が、先述した言い換え内容を踏まえて「機械仕掛けの時計のような」という比喩表現を説明するものとなっているので正しいです。②について、「世界は明確な意思を持って力学的な法則を活用し」という部分が、本文には世界そのものが主体性をもっているという言及がないことから誤りです。③について、「因果的法則性～力学的法則だけで」という部分が、本文ではいずれか片一方だけという言及がないことから誤りです。④について、「空間と時間という枠組みを利用できれば」という部分が、カントは世界の自然現象を理解するには因果的法則性という概念に従うことも必要だとしていることから誤りです。⑤について、「人間が世界を確実に動かすことができる」という部分が、本文には人間が主体となって世界を動かしているという言及がないことから誤りです。

したがって、正解は①となります。

解答番号【11】・1　⇒ **重要度A**

問２　傍線部Ｂが含まれる一文に着目すると、私たちの人間社会は「地上の植物の世界」や「太陽系の惑星のシステム」つまり自然世界とは異なる世界であることがわかります。また、次の段落ではこの『共同体』という世界」の構成員である私たちがいかなる存在であるかが述べられています。これらのことを参考に選択肢を見ていきます。

①について、「力学の法則に従って動いている世界」という部分が、先述の内容と合致しないことから誤りです。②について、次の段落の共同体という世界のメンバーである私たち自身についての記述を踏まえた説明となっているので正しいです。③について、後の段落ではたしかに道具としての人間の存在や利己主義についての言及はありますが、あくまで共同体という世界の一部の話です。それを共同体の全体にあてはめるかのような説明になっていることから誤りです。④について、「むしろその者が～ように導く世界」という部分が、本文に言及がないことから誤りです。⑤について、「利他的に善人らしく振るまうことを強要し合う世界」という部分が、本文に言及がないことから誤りです。

したがって、正解は②となります。

解答番号【12】・2 ⇒ **重要度B**

問3　傍線部Cが含まれる一文に着目すると、傍線部Cはこの文の主部ですから、これに続く述部が傍線部Cの説明になっていることがわかります。また、傍線部Cの段落全体に視野を広げて指示語に着目すると、傍線部Cの次の行の「人格どうしが~とする社会」、その次の行の「物自体としての~『目的の王国』」という部分のいずれもが、傍線部Cを別のことばで言い換えた表現となっていることがわかります。これらのことを参考に選択肢を見ていきます。

①について、本文には「人間関係をよくする」という目的のためならば「嘘をつく」という手段が許容されるという言及がないことから誤りです。②について、人格がそれ自体として尊厳を要求できる存在たることを目的とするのであって、「周囲から感謝されること」を目的とするのではないことから誤りです。③について、「困っている人がいたら助ける」ことをすべての人に求めることは、人格としての尊厳を互いに認めて守ることにつながるので正しいです。④について、悪口を許容するというのは人格どうしが互いに認めて守ろうとする尊厳を傷つけ得るものであることから誤りです。⑤について、②と同様に、人格がそれ自体として尊厳を要求できる存在たることを目的とするのであって、「徳の高い人」になることを目的とするのではないことから誤りです。

したがって、正解は③となります。

解答番号【13】・3 ⇒ **重要度A**

問4　傍線部Dの直前にある「つまり」という接続詞に着目すると、前文の「それぞれが~こととは別に」という部分が傍線部Dの「個人個人の行動方針とは別に」という部分と対応し、前文の「人間どうしの~するべきなのか」という部分が傍線部Dの「社会全体にとっての共通の規則はどうあるべきか」という部分と対応していることがわかります。また、傍線部Dの2行前の「したがって」という接続詞に着目すると、傍線部Dを含む段落では「結果」が、その前の段落では「原因」が述べられていることがわかります。これらのことを参考に選択肢を見ていきます。

①について、「自分の好みや~られておらず」という部分が、自由な主体として生きることは認められていることから誤りです。②について、「刑罰の重さが平等でなくなるから」という部分が、刑罰の重さをどうするかという問題は善悪の判断という範疇のひとつの例に過ぎないことから誤りです。③について、「社会全体の一般的な基準を用意する必要がある」という部分が、なぜそのような一般的な基準を用意する必要があるのかという理由が欠けていることから誤りです。④について、「私たちは自分~してしまいがち」という部分が、本文に言及がないことから誤りです。⑤について、傍線部Dを含む段落のひとつ前の段落の内容と合致するので正しいです。

したがって、正解は⑤となります。

解答番号【14】・5 ⇒ **重要度B**

問5　傍線部Eにある「こうした」という指示語に着目すると、傍線部Eを含む段落ではこの「複雑な経路」を具体的に述べてきて、それを抽象的に言い換えたのが傍線部Eだとわかります。このことを参考に選択肢を見ていきます。

①について、「その原則にならった自分なりの生活のルールで」という部分が、判断基準はそのような個人の解釈に基づくルールではなく「自分の共同体に共通の規則」であることから誤りです。②について、「その規範とは～で判断する」という部分が、判断基準は思いつきなどではなく共同体の共通の規則であることから誤りです。③について、傍線部Ｅの前で具体的に述べられてきた筋道を踏まえた説明となっているので正しいです。④について、「自分の行動方針を好みや性格に基づいて考えた上で」という部分が、個人の行動方針は好みや性格ではなく共同体に共通する規則に基づき、また判断されることから誤りです。⑤について、「各人の好みや～と比較させつつ」という部分が、行動の良否を判断する基準に好みや個人の性格に基づく行動方針は含まれないことから誤りです。

したがって、正解は③となります。

解答番号【15】・3　⇒　**重要度Ａ**

問6　①について、「共同体における～試みている」という部分が、本文に言及がないことから誤りです。②について、「カントの目指す～述べている」という部分が、筆者は一貫してカントの思想に基づいて論を展開していることから誤りです。③について、「カントの思想の弱点の補強を試みている」という部分が、本文にはカントの思想の弱点についての言及がないことから誤りです。④について、この文章全体の展開と内容を踏まえた論旨となっているので正しいです。⑤について、「カントの考えを否定する立場をとり」という部分が、②と同様に、筆者は一貫してカントの思想を援用して論を展開していることから誤りです。

したがって、正解は④となります。

5

解答番号【16】・4　⇒　**重要度Ａ**

Ⅰ（現代語訳）

知恵もあり利口でもある人というのは、人をどのように使うかでわかるものです。自分の気に入った者を何事につけても用いることは誰しもよくあることであります。しかし、文学の道に武士を就かせたり、ことばに長けていない人を使節に任命したり、思慮が必要とされる地位に愚かな人物を登用したりというほどに、人の使いどころを誤ってしまうと、かえってその人の一生を駄目にしてしまうこともございます。その分野の事柄に通じているかどうかを判断して人を用いなければなりません。曲がったものは車輪にし、まっすぐなものは轅にしようとすれば、無用な人はいないはずなのです。たとえ自分の気に入らぬ者であっても、きっと物事に応じて人を用いるのがよいのではないでしょうか。

Ⅱ（現代語訳）

幼少の頃から人として正しい行いをする者と行動をともにすべきで、軽々しくも人の道に背く行いをする者に付き従ってはならない。水は正方形や円形の器の形に従い、人はいかなる者と付き合うかによって変わるというのは真実であることよ。このようなわけで、国をうまく治める守護は知恵と人徳を備える者を大事にするが、民を搾取する国司は口先が巧みで心のねじけている者を好むという趣旨のことが語り継がれているのだ。主君の心を知ろうとするならば、その主君が寵愛する者を見れば、その心がわかるということがある。

（中略）

人をたくさん召し使う心得は、総じて太陽と月が草木や国土を照らしてくださるように、主君の近くで仕える者にもそれ以外の者にも、山や海を隔ててはるか遠くにいる下級武士やそれ以下の身分の者に至るまで、いつも慈悲と誅罰の精神を行きとどかせて、その者たちに応じて召し使うのがよいのである。多くの武士の頭領を務める者は、知恵や学識がなく（武士たちを）油断させてしまうと、身分の高い者からも低い者からも批判されることが多いであろう。ただふだんから、仏様が一切の人類や動物を救おうとして万物におっしゃられるように、思いを尽くして、文武両道を心掛けておかれるのがよい。国と民を治めるにあたっては、仁義礼智信のどれかひとつでも欠けてしまうと、うまくいかないであろう。正しい道にあって過ちを犯しても、人の恨みをかうことはない。しかし、道理に背いて死罪としたならば、その恨みは深いものとなる。そのようなわけで、その過ちの報いからは逃れられないのだ。第一には臣下のうちの忠心のある者となき者を区別して、恩賞を与えるべきことが肝要である。

Ⅲ

（書き下し文）

西門豹鄴の令と為り、清剋潔慤にして、秋毫の端も私利する無しなり。而れども甚だ左右を簡にす。左右因りて相与に比周して之を悪す。居ること期年、計を上るに、君其の璽を収む。豹自ら請ひて曰はく、「臣昔者には鄴を治むる所以を知らず、今臣得たり。願はくは璽を請ひ復た以て鄴を治めん。当たらずんば、請ふ斧鑕の罪に伏せん」と。文侯忍びずして復た之を与ふ。豹因りて重く百姓に斂し、急に左右に事ふ。期年にして、計を上るに、文侯迎へて之を拝す。豹対へて曰はく、「往年臣君の為に鄴を治む。而るに君臣の璽を奪ふ。今臣左右の為に鄴を治む。而るに君臣を拝す。臣治むること能わず」と。遂に璽を納れて去る。文侯受けず、曰はく、「寡人曩には子を知らず、今知れり。願はくは子勉めて寡人の為に之を治めよ」と。遂に受けず。

（現代語訳）

西門豹は鄴の長官となったが、清廉潔白にして誠実であり、ごく僅かも私利を計ることがなかった。ただ君主の側近たちをひどくないがしろに扱った。それで側近たちはともに徒党を組んで西門豹を中傷するようになった。長官となって一年が経って会計報告をしたところ、君主は西門豹の官印を取り上げて免職とした。豹は自ら願い出て次のように言った、「わたくしはこれまで鄴の治め方を知りませんでした。しかし今、わたくしは理解しました。願わくは官印をたまわりまして今一度鄴を治めたく存じます。もしこれでうまくいきませんでしたら、斬罪の刑に服させてください」と。文侯はあわれに思って再び官印を与えた。そこで今度は豹は多くの人民たちから重税を取り立て、しきりに例の側近たちに取り入ったのだった。また一年が経過して会計報告をしたところ、文侯は拝礼して西門豹を迎えた。豹はこれに対して次のように言った、「昨年は、殿下のために鄴を治めましたが、殿下はわたくしの官印をお取り上げになりました。今年は、殿下の側近たちのために鄴を治めましたが、殿下はわたくしに拝礼をなさいました。これではわたくしには鄴を治めることはできません」と。西門豹はそのまま官印を返納してその場を離れようとしたが、文侯は官印を受け取らず次のように言った、「われはこれまでそなたのことを知らなかったのだ。しかし今、われは理解した。願わくはそなたはわれのために鄴を治めることに尽力してもらえはしまいか」と。そのまま文侯は西門豹から官印を受け取らなかった。

問1　傍線部Ａ「人の一期をうしなふことの侍るなり」の直前に「文道に弓箭とりを〜ちがひぬる時」とあります。これより、傍線部Ａはその人の適性を考慮せずに人を用いたことによって生じ得る事態が述べられていることがわかります。このことを参考に選択肢を見ていきます。

①について、「自分自身の権力を〜ことができずに」という部分が、本文に言及がないことから誤りです。②について、傍線部Ａ「人の一期をうしなふことの侍るなり」とその直前の「文道に弓箭とりを〜ちがひぬる時」という部分の内容と合致するので正しいです。③について、「不公平だと感じる者が多くなり」という部分は本文に言及がなく、「一生に一度しかないような好機」という部分は傍線部Ａの「一期」がここでは「好機」ではなく「一生、生涯」という意味を表すことから誤りです。④について、「その人が自分自身にとって将来必要となる能力」という部分は本文に言及がなく、「能力を身に付ける機会」という部分は③と同様に「一期」が「機会」ではなく「一生、生涯」という意味を表すことから誤りです。⑤について、「必要な能力を身に付ける」という部分は本文に言及がなく、「状況を適切に〜わからなくなる」という部分は傍線部Ａの内容と合致しないことから誤りです。

したがって、正解は②となります。

解答番号【17】・2　⇒ **重要度B**

問2　空欄Ａの直前に「爰を以て」とあります。「爰を以て」とは「このようなわけで」という意味です。これより、前の文には空欄Ａと空欄Ｂを含む一文の内容の「原因」が述べられていることがわかります。前の文の内容は、人は善人と付き合えば善人に悪人と付き合えば悪人になるものだということです。これに基づけば、賢人を大事にする守護は善人であり、佞人を好む国司は悪人であるはずだと解釈できますので、空欄Ａにはプラスの意味をもつ「治むる」が入り、空欄Ｂにはマイナスの意味をもつ「貪る」が入ります。

したがって、正解は⑤となります。

解答番号【18】・5　⇒ **重要度A**

問3　傍線部Ｂ「今臣得矣」の直前に「臣昔者不知所以治鄴」とあります。これより、豹が理解したのは鄴の治め方であることがわかります。また、この後の展開として、豹がこのやりとりで心得たという治め方が具体的に述べられます。これらのことを参考に選択肢を見ていきます。

①について、「文侯に取り入って」という部分が、本文では文侯の側近たちに取り入っていることから誤りです。②について、「人民の税を軽くし」という部分が、本文では重税を課していることから誤りです。③について、「人民から重く〜に取り入る」という部分が、本文の内容と合致するので正しいです。④について、「人民の税を軽くする」という部分が、本文では重税を取り立てていることから誤りです。⑤について、「文侯やその側近たちよりも人民を大切にする」という部分が、本文では人民からは重税を取り立て、また文侯の側近たちに取り入っていることから誤りです。

したがって、正解は③となります。

解答番号【19】・3　⇒ **重要度B**

問4　傍線部C「遂不受」の直前に「寡人曩不知子、今知矣。願子勉為寡人治之」とあります。ここから、以前は豹が鄴をうまく治めることができていないと考えていたが、今になって豹が鄴を正しく治めていたことが文侯にも理解されたことがわかります。このことを参考に選択肢を見ていきます。

①について、「側近たちが～治めていた」という部分が、本文の内容と合致するので正しいです。②について、「側近たちが～薦めていた」という部分が、本文では側近たちは豹を中傷していることから誤りです。③について、「側近たちは豹から悪く言われていた」という部分が、本文では側近たちが豹を中傷していたことから誤りです。④について、「豹が実際は～証明された」という部分が、傍線部Cの直前の「寡人曩不知子、今知矣。願子勉為寡人治之」という部分の内容と合致しないことから誤りです。⑤について、「やる気を失っていたが」という部分は本文に言及がなく、「実は以前から豹の能力が高いことを理解していた」という部分は、本文では豹の能力を見誤っていることから誤りです。

したがって、正解は①となります。

解答番号【20】・1　⇒ **重要度B**

問5　選択肢には「車輪」と「轅」ということばが並んでいますから、佐藤さんが言及しているⅠの文章中の喩えというのは「曲がれるは輪につくり、直なるは轅にせん」だとわかります。また、佐藤さんが引用している「文道に弓箭とりを～用ゐなどする」という部分は、その人の適性を考慮せずに人を用いるという内容です。これらのことから物の本来の形状を無視して「車輪」あるいは「轅」の用途に用いている選択肢を選ぶことになります。

したがって、正解は④となります。

解答番号【21】・4　⇒ **重要度B**

問6　田中さんの発言には「Ⅱの文章にあるように」とありますから、文侯に必要であったものはⅡの文章に示されていることになります。また、文侯に必要であったものを問うていますから、Ⅲの文章で文侯が君主として豹に対してどう振舞ったのかも併せて考える必要があります。これらのことを参考に選択肢を見ていきます。

①について、「身近な者よりも～働きを見て」という部分が、Ⅱの文章に身近な者よりもそうでない者を重視するという言及がないことから誤りです。②について、Ⅱの文章の内容に合致するだけでなく、君主として文侯に必要なこととしても合致するので正しいです。③について、「厳重に処罰する」という部分が、Ⅱの文章では厳重な処罰ではなく正当な評価とその対処が肝要だとあることから誤りです。④について、「側近だけでなく～ことにより」という部分が、Ⅱの文章に長官に対する民衆の評価を参考にするという言及がないことから誤りです。⑤について、「側近の推薦や能力にかかわらずに人々を登用し」という部分が、Ⅱの文章に言及がないことから誤りです。

したがって、正解は②となります。

解答番号【22】・2　⇒ **重要度B**

令和２年度 第２回
高卒認定試験

国　語

解答時間　50分

注　意　事　項（抜粋）

＊　試験開始の合図前に，監督者の指示に従って，解答用紙の該当欄に以下の内容をそれぞれ正しく記入し，マークすること。

①**氏名欄**

氏名を記入すること。

②**受験番号**，③**生年月日**，④**受験地欄**

受験番号，生年月日を記入し，さらにマーク欄に**受験番号**（数字），**生年月日**（年号・数字），**受験地をマーク**すること。

＊　**受験番号，生年月日，受験地が正しくマークされていない場合は，採点できないことがある。**

＊　解答は，解答用紙の解答欄にマークすること。例えば，［10］と表示のある解答番号に対して②と解答する場合は，次の(例)のように**解答番号**10の**解答欄**の②に**マーク**すること。

（例）

解答番号	解　答　欄
10	① ● ③ ④ ⑤ ⑥ ⑦ ⑧ ⑨ ⓪

国語（解答番号 1 ～ 21）

1 問1～問5に答えよ。

問1 傍線部の漢字の正しい読みを、次の①～⑤のうちから一つ選べ。解答番号は 1 。

モーツァルトは神童の誉れが高い。

① ふく
② あき
③ すぐ
④ いわ
⑤ ほま

問2 (ア)、(イ)の傍線部に当たる漢字と同じ漢字を用いるものを、次の各群の①～⑤のうちからそれぞれ一つ選べ。解答番号は 2 ・ 3 。

(ア) 規範意識が生まれるケイキになる。 2

① リサイクル活動をケイハツする。
② ケイヤクを見直す。
③ 豊かな自然のオンケイを受ける。
④ 経済の動向にケイショウを鳴らす。
⑤ ケイコウトウを取り替える。

(イ) ムゾウサに置く。 3

① 経歴をサショウする。
② サジョウの楼閣。
③ 中古車をサテイする。
④ 優雅なショサにひかれる。
⑤ 道路をフウサする。

問3 主語・述語の係り受けが正しい文を、次の①～⑤のうちから一つ選べ。解答番号は 4 。

① 私の目標は、今年こそ大きな大会で上位に入賞したい。
② 私の父の日課は、毎朝新聞を欠かさず読んでいる。
③ 私の妹の趣味は、ピアノを弾くことが好きだ。
④ 私の兄は、栄養の偏った食事で体調を崩した。
⑤ 大切なことは、相手の立場に立って考えることが必要だ。

問4 枕詞「ぬばたまの」が導く語の組合せとして最も適当なものを、次の①～⑤のうちから一つ選べ。解答番号は 5 。

① 黒・闇・夜
② 日・昼・紫
③ 引く・張る・射る
④ 年・月・日
⑤ 神・社・氏

問5　次の文章から読み取れる内容として最も適当なものを、後の①～⑤のうちから一つ選べ。解答番号は 6 。

ヒトの遺伝子に存在するDNAには、A、C、G、Tという四つの塩基の、特定のパターンの繰り返しが多数含まれている。これを「制限酵素」とよばれる、パターンを認識して特定の塩基配列のみを切断する酵素で切断し、得られたDNAの断片を電気泳動させる。すると、DNAの断片が長さにしたがって分離する。これを特殊な試薬を使って染色すると、分離のパターンを決める塩基の配列が人それぞれに固有のものであるため、指紋のように人それぞれに固有のバンドが現れる。

（梅津和夫『DNA鑑定』による。）

① DNAは制限酵素により、あらゆるパターンの配列が分離して電気泳動を始める。
② DNAの断片は長い順に分離し、その中から特定の制限酵素が生じる。
③ DNAの断片を電気泳動させることにより、分離のパターンが染色される。
④ 四つの塩基は、特殊な試薬を使って染色すると特定のパターンに分断される。
⑤ 特定の塩基配列の分離のパターンは指紋のように各個人それぞれ固有のものである。

2

北高校では例年六月中旬に、体育館とグラウンドを使ってクラス対抗スポーツ大会が行われてきた。しかし、グラウンドの改修工事が入ることが急遽《きょ》決まり、来年度は、例年通りのクラス対抗スポーツ大会の開催が不可能となった。次の**【話合いの一部】**は、北高校で行われた生徒会役員とクラス代表者による話合いの一部である。これを読んで、**問**に答えよ。

【話合いの一部】（発言者の下の数字は、発言回数を示す）

生徒会① 「それでは話合いを始めます。今回は、来年度のクラス対抗スポーツ大会が中止となることについて話し合いたいと思います。学校からの原案はクラス対抗スポーツ大会は中止するということですが、まずは原案に対する意見を聞きたいと思います。」

2年A組① 「私たちのクラスは反対です。行事の中でもクラス対抗スポーツ大会を特に楽しみにしている人はたくさんいますし、今度三年生になる私たちにとって、一番思い出に残るはずの最後のクラス対抗スポーツ大会が開催されないなんて我慢できません。」

2年D組① 「私たちのクラスも反対です。なぜなら、あれほどクラスが一つになれる行事はほかにないからです。そこで私たちは市の総合体育館でクラス対抗スポーツ大会を開催すればよいのではないかと考えました。市の総合体育館であれば、メインアリーナは本校体育館に比べて約一・五倍の広さがありますし、サブアリーナや卓球場もあります。競技種目の変更も含めて工夫して使えば、規模としては従来と同等のものができるのではないかと思います。」

生徒会② 「ほかに発言はありませんか。それではただいま出された意見に対して質問はありますか。」

2年B組① 「2年D組さんに質問します。市の総合体育館はそんなに簡単に貸切りにできるのでしょうか。料金もかかるでしょうし。」

2年D組② 「市の総合体育館のホームページで調べたところ、六月の団体貸切り利用の申込みは四月十日から受け付けるそうです。四月初めまでに利用することが決定できれば、申込手続きは間に合います。それから料金ですが、九時から十七時まで全館利用したときの利用料は、照明代を含めても、例年の行事予算と生徒会予備費を合わせた範囲内で支払いが可能な金額でした。」

2年B組② 「申込みをしたら必ず使用できるのですか。」

2年D組③ 「問い合わせたところ、原則として、同日にほかの希望者がいた場合は抽選となります。必ず使用できるというわけではありません。」

1年A組① 「会場へは生徒はどうやって移動するのですか。」

2年D組④ 「各自現地集合・現地解散で可能だと思います。」

2年C組① 「競技種目の変更ということですが、従来やっていたバスケットボールとバレーボールのほかにどのような種目が考えられますか。」

2年D組⑤ 「詳しい競技種目の内容については、四月に発足するクラス対抗スポーツ大会実行委員会に任せるべきだと思います。あくまで参考としてですが、私たちがイメージしていた例を挙げれば、メインアリーナの広さから考えて、リレーは可能だと思います。あとサブアリーナにはフットサル用の設備もあります。卓球ももちろんできるでしょう。ほかにはドッジボールやバドミントンなどもコートの取り方を工夫すればできるのではないかと思います。」

2年A組② 「今、バドミントンという話が出ました。私はバドミントン部ですが、バドミントンは風の影響を避けるために扉や窓を閉め切らなくてはなりません。そうすると会場の温度が上がってしまうので、体調が悪くなる人がたくさん出てしまいます。やめた方がいいと思います。」

2年B組③ 「私もそう思います。近年は特に暑い時期の学校行事での熱中症に対する注意が必要になっているので、バドミントンは避けた方がいいと思います。」

生徒会③ 「ありがとうございます。ですが、具体的な競技種目の採用については実行委員会に任せましょう。」（以下、省略）

問 **【話合いの一部】**での各自の発言について説明したものとして、**適当でないもの**を、次の ①～⑤ のうちから一つ選べ。解答番号は 7 。

① 2年A組①と2年D組①の発言は、反対意見という点では共通しているが、2年D組①の方が、具体的な提案をしていた。

② 2年B組の①や②の発言は、2年D組①の提案を実現するために必要な情報を引き出す質問であった。

③ 2年D組の②や③の発言は、根拠を明確にしないまま、質問に対して答えてしまっていた。

④ 2年A組②と2年B組③の発言は、話合いで出てきた言葉にこだわってしまったために、本来の議論から外れてしまった。

⑤ 生徒会③の発言は、発言者の意見を受容しつつも、議論をうまく軌道修正したものであった。

3 東高校の小田さんのクラスに、留学生のクリスさんがやってきた。クリスさんは、日本語での日常会話は問題なくできるが、じゃんけんについては何も知らなかった。そこで、小田さんは友達と一緒に、クリスさんにじゃんけんについて説明することにした。次にあげる【A】〜【F】は、小田さんたちがクリスさんにじゃんけんについて説明するために集めてきた内容であり、また【G】〜【K】は、じゃんけんの由来等に関する内容となっている。これらを読んで、**問1**、**問2**に答えよ。

【A】

じゃんけんでは、掌を握った形の「石(グー)」、開いた形の「紙(パー)」、人差し指と中指の二本を出した形の「鋏《はさみ》(チョキ)」のいずれかの手を同時に出す。


【B】

じゃんけんでは、「じゃんけんぽん、あいこでしょ」などのかけ声に合わせて、手を出す。かけ声は、地域によって異なることもある。


【C】

じゃんけんは中国から伝わったと言われる。もともと児童の遊びであるが、ささいな事柄の判定に大人が使うこともある。


【D】

じゃんけんで同じ手を出したときは、「あいこ」で勝ち負けがつかないため、やり直す。


【E】

「鋏(チョキ)」は「紙(パー)」に、「紙(パー)」は「石(グー)」に、「石(グー)」は「鋏(チョキ)」に勝つ、というように、どの手にも必ず負ける手と勝つ手があり、三つの手の強さのバランスが取れている。


【F】

じゃんけんでは、最初に「石(グー)」を出してしまう傾向があるらしいので、「紙(パー)」を出せば勝てる確率があがると考える人がいるようだ。


【G】

じゃんけんの「けん」は「拳」と書く。「拳」にはこぶし、または、二人相対して手の開閉または指の屈伸などによって勝負を争う遊戯という意味がある。


【H】

虫拳では、親指を蛙《かえる》、人差し指を蛇、小指をなめくじとして、蛙はなめくじに勝ち、蛇は蛙に勝ち、なめくじは蛇に勝つとする。


【I】

遊戯としての拳には、本拳など数で勝負を決める「数拳」の他に、虫拳、狐《きつね》拳など三者の関係で勝負を決める「三すくみ拳」がある。


【J】

本拳では、二人相対して互いに両手を少し前方に挙げ、右手の五指を互いに調子を合わせて敏活に屈伸し、双方の屈伸しない指の数の合計を瞬時に言い当てたのを勝ちとする。


【K】

狐拳では、両手を開いて両耳のあたりに挙げるのを狐、膝の上に両手を置くのを庄屋、左手の拳を握って前に出すのを鉄砲(狩人)として、狐は庄屋に勝ち、庄屋は鉄砲に勝ち、鉄砲は狐に勝つとする。

問1　クリスさんがじゃんけんに参加できるようにするには、【A】～【F】のどの内容を伝えるといいか。その組合せとして最も適当なものを、次の①～⑤のうちから一つ選べ。解答番号は［8］。

①【A】と【B】と【C】
②【A】と【B】と【D】と【E】
③【A】と【C】と【D】と【F】
④【B】と【C】と【E】
⑤【B】と【D】と【F】

問2　「じゃんけん」と【G】～【K】にある様々な「拳」との関係を整理したものとして最も適当なものを、後の①～⑤のうちから一つ選べ。解答番号は 9 。

【ア】

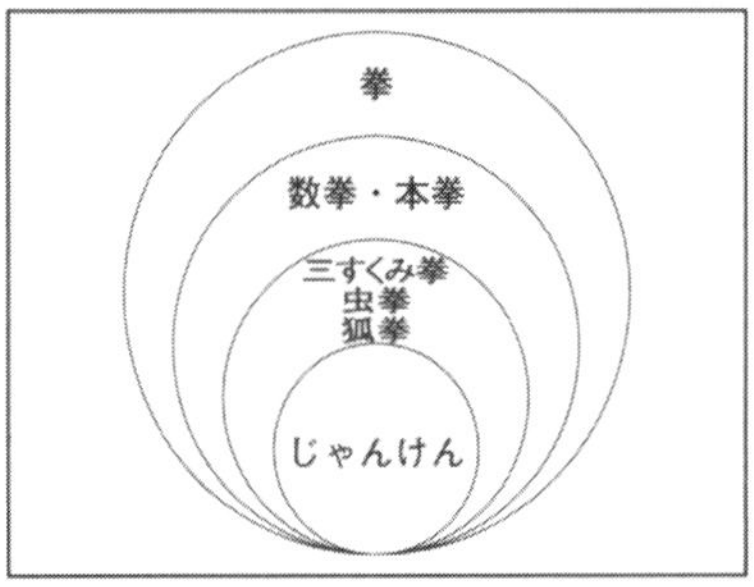

【イ】

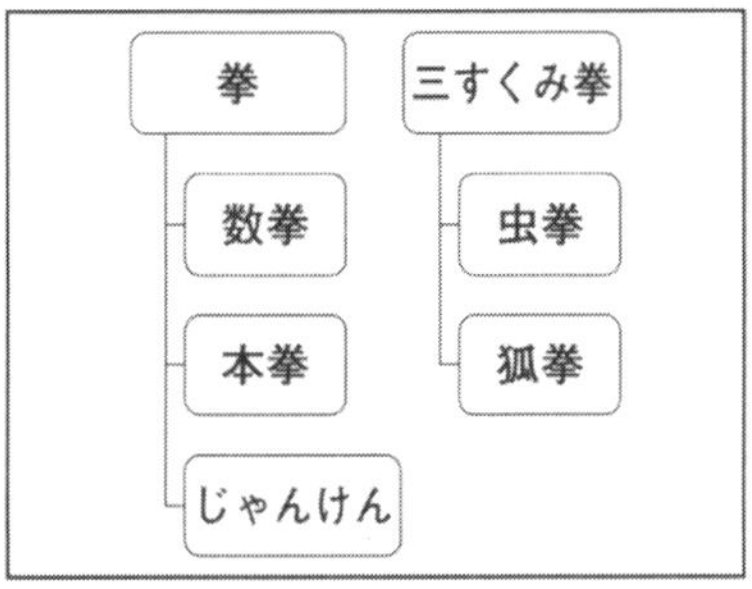

【ウ】

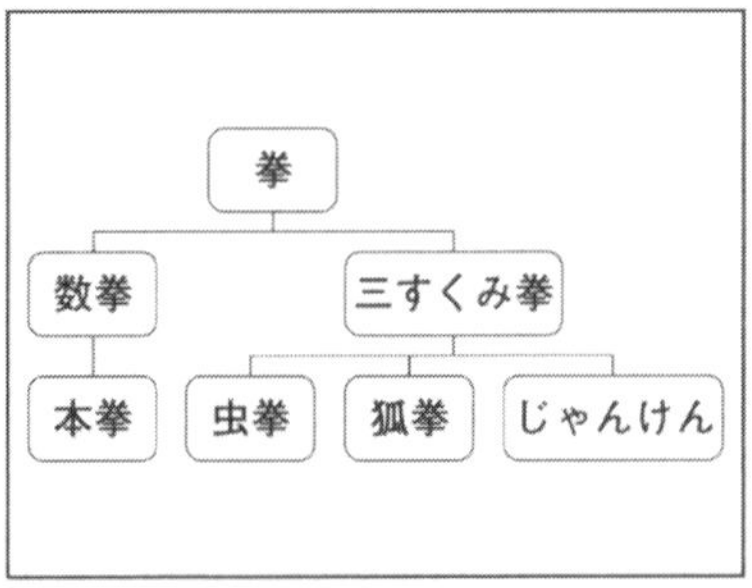

【エ】

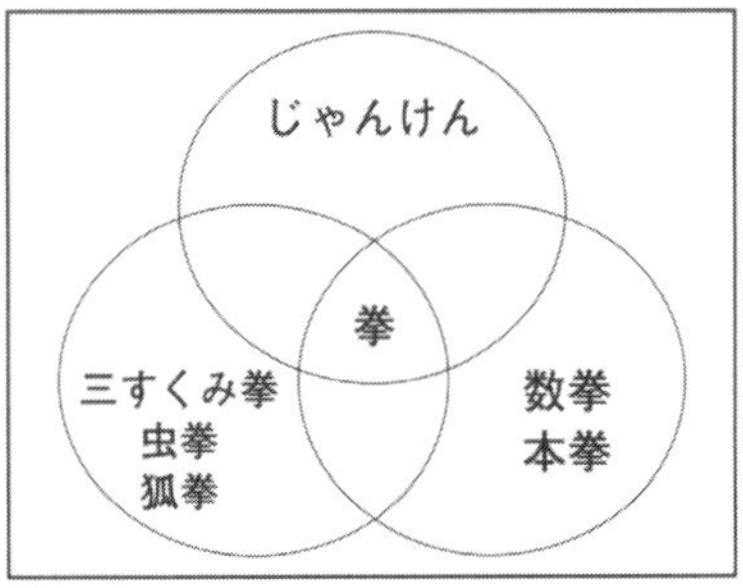

【オ】

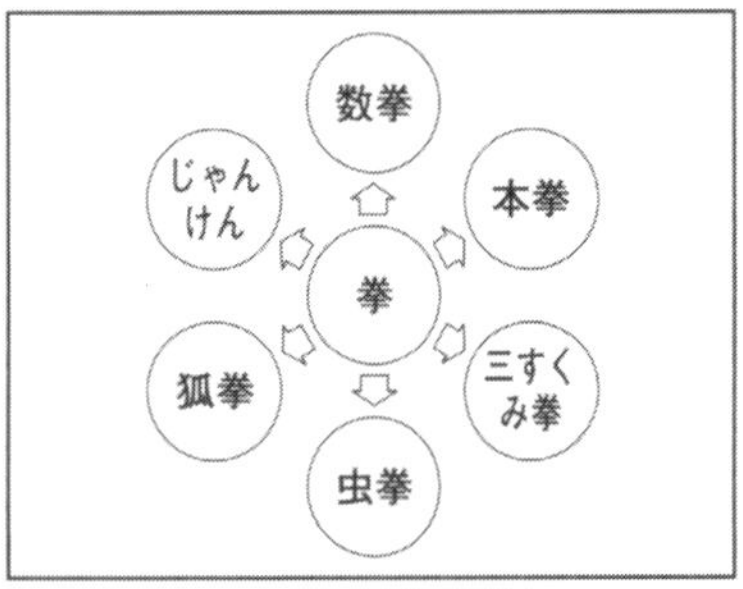

①　【ア】
②　【イ】
③　【ウ】
④　【エ】
⑤　【オ】

4 次の文章を読んで、問1～問6に答えよ。

> 一緒に暮らして一年になる柴田《しばた》朝世《あさよ》と間山《まやま》俊樹《としき》は、俊樹の学生時代からの友人である坂口《さかぐち》和人《かずと》・秀美《ひでみ》夫妻を通じて、元気な子猫をもらうことになった。二人は愛らしい子猫にすぐに夢中になった。二日後、仕事から帰った朝世は子猫の様子がおかしいことに気づき、最寄りの動物病院へ子猫を連れて行った。

朝世はただ診察室のまんなかに立ち、ぼんやりと子猫を見つめるだけだった。注射を一本打ち、応急手あてがすむと、獣医は朝世を椅子に座らせた。

「この子はペットショップでお求めになったんですか」

朝世は首を横に振った。

「おととい友人の友人からもらってきたばかりなんです」

「そうですか。ペットショップのものなら、保証書がきいて元気な猫ちゃんと交換できるんですが、それは困りましたね」

子猫の返品保証。A朝世には考えられないことだった。獣医は淡々といった。

「残念ですが、この子の心臓には生まれつき欠陥があります」

プリントアウトを見せると、ボールペンの先で濃い影を指した。

「心臓のなかに左右の部屋を分ける筋肉の壁があります。心室中隔《しんしつちゅうかく》というんですが、この子は生まれつきここにちいさな穴が開いていたようです。この数日激しい運動をしなかったですか」

土日は俊樹と朝世とマンションのそこかしこを転げまわって遊んでいた。あの元気な子猫の心臓に穴が開いていたなんて。朝世は力なくうなずいた。

「ちいさな亀裂がそれで広がってしまったんでしょう。左右の心室が短絡《たんらく》を起こしています。左心室からの血液が肺動脈へ流れこむので、肺うっ血を起こして呼吸が苦しくなっているのです。先ほどはうっ血を抑える薬を打っておきました」

そのときスーツ姿の俊樹が診察室にはいってきた。台のうえで意識をなくしている子猫を見ると、朝世にうなずいた。

「こいつはだいじょうぶなんですか、先生」

疲れた表情の獣医はまったく変わらないペースで先ほどの話を繰り返した。最後にいう。

「問題はここからです。今夜はこの子をお預かりしますが、よくお考えになってください。このままでは助かりませんから、心臓の手術が必要です。手術には危険がともないますし、多額の費用もかかります」

俊樹が口をはさんだ。

「いくらぐらいなんでしょうか」

獣医はだいたいだがといって、先日俊樹が買ったプラズマテレビほどの手術費用をこたえた。

「手術がうまくいっても、こうした障害をもって生まれた子猫は病弱なことが多く、あまり長生きしないかもしれません。成功しても合併症を起こして手遅れになることもあります。手術をするか、あるいはこのまま安らかに眠らせてあげるか、厳しい選択になりますが、よくお考えのうえ明日お電話ください」

朝世は必死でいった。

「明日じゃなくちゃだめなんですか」

「はい。もし手術をするなら、体調の管理をすぐに始めて……」

獣医は壁にさがっているロシアンブルー(注1)のカレンダーを見た。

「……今週末には手術をしたほうがいいでしょう。これ以上、穿孔《せんこう》(注2)が広がると危険なことになります」

「わかりました」

俊樹はそういうと朝世を見た。朝世はゆっくりと立ちあがった。なんとかこらえていた涙が診察室の白いタイルに点々と落ちてしまう。注射が効いたのか、呼吸がゆるやかになった子猫のところにいき、そっと手をのせた。あたたかで薄い身体だった。

「明日またくるね」

朝世の肩に俊樹が手をのせた。朝世は抑えられずに俊樹の胸を借りて、吐くように泣いた。獣医も看護師もその場にいたのだが、どうにもならなかった。背中をなでる男の手のやさしさに、朝世は自制心が崩れていくのをとめられなかったのである。

帰り道で俊樹がいった。

「コンビニで弁当でも買っていく、それともなにかたべていく」

時刻はもう夜十時近くになっていた。のどはからからだが、食欲はまったくなかった。

「たべたくない」

俊樹は歩道で首を横に振った。

「だめだよ。朝世がたべなくてあいつが元気になるならいいけど、どうせ手術をするつもりなんだろ」

朝世は青い顔をしてうなずいた。

「それならまだ一週間もあるし、そのあとの看病もある。今から栄養をつけておかなくちゃだめだ」

朝世は俊樹に顔をむけた。うしろから走ってくる車のヘッドライトで表情は見えなかった。

「手術をするのはぼくたちのエゴで、生まれたばかりのあの子には負担がおおきすぎるのかもしれない。たとえ成功しても先生のいうとおり、病弱なまま短い一生になるかもしれないし、つらい生きかたを押しつけるだけになるかもしれない」

俊樹のいうこともわかった。だが、朝世には手術以外の選択は考えられなかった。てのひらにのるほどちいさなくせに、あんなに熱い身体にふれてしまったら、ほかに選ぶことなどできなかった。うつむいてなにもいえなくなった朝世の手を引いて、俊樹が歩きだした。

「わかってる。手術に賭けてみよう。夏の旅行をキャンセルして、こづかいをすこし減らせばいい。手術料金は割り勘でいいよな」

B 朝世は泣きながら笑った。その夜はマンションの近くにある讃岐《さぬき》うどんの店にいき、俊樹はかき揚げを、朝世は冷やしきつねを注文した。俊樹が見ているので、なんとか半分だけうどんをすすり、朝世は箸《はし》をおいた。いつもなら大好きな味なのだが、舌がおかしくなっているらしく、とてもしょっぱく苦く感じた。


手術は土曜日の午後二時に決まった。予定では二時間ほどで終わるという。朝世と俊樹は動物病院の待合室で待機した。坂口夫妻もお見舞いに顔をだしてくれる。秀美は朝世の手を取っていった。

「なんだか、わたしがおかしな子を紹介しちゃってごめんね」

朝世は首を横に振る。あの子は決しておかしな猫ではなかった。

「それより先方には病気のこと、黙っていてくれたよね」

秀美はうなずいた。今度のことはふたりだけで処理しようと朝世と俊樹は話しあっていたのだ。和人は銀行員らしくあっさりと金の話を始めた。

「これお見舞い。なにかの足しにつかってくれ。うちの秀美が斡旋《あっせん》した話だし、こっちにも責任があると思うんだ。なんだか迷惑かけちゃったな」

和人は長い手紙くらいの厚みがある封筒をさしだした。俊樹はやわらかに押しかえすといった。

「いいんだ。やせがまんをしてるんじゃなくて、ほんとにいいんだ。うちにはまだ三日間しかいないけど、あいつはうちの家族だ。ぼくたちふたりに面倒を見させてくれ」

俊樹の言葉をきいて、朝世は手術まえの子猫の姿を思いだした。全身麻酔をかけるまえに短い面会が許されたのだ。あの子は自分がなぜこんな目にあうのかわからないという表情で緑の目をいっぱいに開き、必死にふたりを見つめてきた。朝世は心を切り刻まれるような気がして、泣かないつもりだったのに泣いてしまった。俊樹だってあわてて顔をそらし、指先で目を押さえていたはずだ。思いだすだけで、また涙がにじんでしまう。

宙に浮いた封筒を見て秀美がとりなすようにいった。

「わかった。ねえ、和人さん。手術がうまくいったら、最高の猫缶とおもちゃをプレゼントしよう。そのお金は病気じゃなく、元気になったあの子のためにつかってあげようよ。それなら、俊くんも朝ちゃんもいいでしょう」

俊樹は笑ってうなずいた。朝世の涙腺はもうおかしくなっているようだった。元気になったあの子という言葉だけで、涙があふれてとまらなかった。秀美も笑いながらもらい泣きしていた。

十五分ほどしてふたりがかえっていくと、長い待ち時間が始まった。なぜだかひどくのどが渇いた。壁にかかった白い文字盤の時計を見ると、何時間もたったような気がするのに、ほんの数分しかすすんでいない。俊樹はそなえつけの冷水機を何度も往復した。朝世はショルダーバッグから手帳を取りだすと、ボールペンで走り書きを始めた。ルーズリーフを一枚ちぎるとくしゃくしゃに丸めてバッグに押しこんだ。

「なにしてるんだ」

朝世は泣きそうな声でいった。

「あの子の名前を考えてる。あの子は今苦しくてたまらなくて、それでも必死に闘っていると思う。がんばれって応援してあげたいけど、わたしはどんなふうに呼んだらいいのかもわからない。わたしたちのまわりにあるものは、どんなにくだらないものでも、ちゃんと決まった名前をもってるのに、あの子には名前もないの。生まれてひと月で、もっているのは穴のあいた心臓だけなんだ。そう考えたら、たまらなくなって」

C朝世はボールペンの先を手帳に突き刺した。声を漏《も》らさないように肩を震わせている。俊樹がベンチのとなりにやってきて、しっかりとその肩を抱いた。

「今はいいよ。あいつがもってるのは穴のあいた心臓だけじゃない。ぼくたちだっているし、帰る家だってある。名前のない猫だって漱石《そうせき》みたいで悪くないじゃないか。やつが根性を見せて無事にもどってきたら、ふたりで死ぬほど考えていい名前をつけてあげよう」

声が濡《ぬ》れているような気がして、朝世はそっと俊樹の顔を盗み見た。男の目には涙がたまっていたが、こぼれてはいなかった。

D「今回のことで、ぼくにはよくわかったことがある。名前ってぼくたちがやってるみたいに誰のものかあらわすだけじゃないんだ。何度も心のなかで呼んでみたり、歌うように繰り返したり、誰にも見られないように書いたりする。好きな人の名前って、それだけでしあわせの呪文なんだね。ぼくは朝世の名前が好きだよ。うちにあるツナ缶やスパゲッティやプーアル茶のうえに書いたAだって、すごく気にいってる。部屋中全部Aと書いてあってもいいくらいだ」

朝世は涙をふいて、いたずらっぽく笑った。

「じゃあ、あの新しいテレビにもAって書いていいの」

俊樹も笑ってうなずいた。

「いいよ。まだ十カ月はローンが残ってる。書いてくれたらありがたい」

ふたりは同時に短く笑い声をあげた。朝世は右手の人さし指で俊樹の頬にAと書くと、あたりに看護師の姿がないのを確認してから、そのイニシャルがいつまでも消えないように、そっと唇を寄せた。

手術は二時間半かかって終了した。獣医が感情の読めない顔で、ステンレスの扉を抜けてくる。ふたりはベンチから立ちあがった。中年の医師が口を開いた。

「手術は成功しました。あとはこの数日中に合併症がでないかどうかが、つぎの関門です。そこをのりきれば、そうですね、一週間後には退院です」

ふたりの声がそろってはじけた。

「先生、ありがとうございました」

そのとき扉が開いてストレッチャー(注3)にのせられた子猫が点滴スタンドとともに運ばれてきた。胸から腹にかけて広い範囲の毛が剃られているので、ひとまわりちいさく見えた。だが、その腹は呼吸にあわせて勢いよく波打っている。疲れた表情の獣医がいった。

「いいえ。E お礼をいうのはこちらのほうです。ああした場合、だいたいのかたは安楽死を選びます。ひどいときにはペットショップの店員が、その場に交換の子猫をもってきたりすることもある。失礼ながらわたしは、おふたりもきっとそうなさるだろうと思っていた。今日の心臓のオペは現代の技術なら、勝ち目の多い手術でした。あの子に生きるチャンスを与えてくださってありがとう」

（石田衣良『ふたりの名前』による。）

（注1）ロシアンブルー —— 猫の一種。
（注2）穿孔 —— 医学用語で生物の体にあいた穴のこと。
（注3）ストレッチャー —— 脚部に車輪の付いた移動式の簡易な寝台。

問1　傍線部A　朝世には考えられないことだった。とあるが、その理由として最も適当なものを、次の①～⑤のうちから一つ選べ。解答番号は 10 。

①　全てのペットに返品保証という制度を適用できる可能性があることが、これまでに生き物を飼ったことがない朝世にとっては思いもよらないことであったから。

②　朝世にとってこの子猫は家族同然の存在なのに、ペットを愛玩物としてしか見ない人に対するように朝世へと話しかけてくる獣医の態度が腹立たしかったから。

③　ペットショップで買ったのではなく友人の友人から譲り受けた子猫なので保証書などは存在しないため、返品や交換ということは初めから想定していなかったから。

④　自分が子猫の命の危機に直面して懸命に何とかしようとしているのに、他の子猫との交換の可能性がないことを気にする獣医の態度が納得できなかったから。

⑤　朝世にとって目の前にいる子猫はかけがえのない交換不可能なただ一つの存在であり、返品保証という名目のもとに交換することは到底あり得なかったから。

問2　傍線部Ｂ　朝世は泣きながら笑った。とあるが、このときの朝世についての説明として最も適当なものを、次の①～⑤のうちから一つ選べ。解答番号は 11 。

① 自分には子猫に手術を受けさせることしか頭にないのに、そうすることが本当に正しいのだろうかと語る俊樹の気持ちがわからなくて涙が止まらなくなったのだが、それでも手術を受けさせようとは言ってくれた俊樹にこたえたくて泣きながらも笑顔を見せようとした。

② 自分には子猫を手術させる以外の考えはないのに、俊樹が自分の気持ちを裏切るような反対意見を述べ、それが正論だということがわかるだけに悲しくなり涙が止まらなくなったが、俊樹は結局折れて、最後には冗談めかしてまとめてくれたことがうれしかった。

③ 子猫の手術が賭けであることを考えると失敗したらという不安に押しつぶされるようで涙が止まらなくなってしまったのだが、その不安を振り払うように手術料金は割り勘でなどと明るく話す俊樹の様子がおかしくて、泣いているのについ笑みがこぼれてしまった。

④ 生まれながらに重い病気をもち、手術しても長くは生きられないかもしれない小さな命に対して、朝世は受け止めきれない辛い思いを抱いていたが、その気持ちに寄り添ってくれる俊樹のやさしさと励ましを受け取り、悲しみに打ち沈んでいた心が少しほぐれていった。

⑤ 生まれたばかりでこんなに厳しい現実に直面することを強いられた子猫のことを思うと涙が止まらないのに、こんなときでも手術料金は割り勘にするなどと言い出す俊樹の現実的なところにあきれてしまい、こんな人と暮らしているのかと思わず笑ってしまった。

問3　傍線部C　朝世はボールペンの先を手帳に突き刺した。とあるが、このときの朝世の心情を説明したものとして最も適当なものを、次の①〜⑤のうちから一つ選べ。解答番号は 12 。

① 手術中の子猫に呼びかけるための名前すらつけなかったことへの後悔や、自分の無力さと情けなさを実感し、声にならない激しい悲しみに心を痛めている。

② 名前のない猫だって悪くないとなぐさめてはもらったが、獣医に名前はまだつけていないとは言えないと思い、今のうちに何とかしなければと焦っている。

③ 子猫に名前がないことにいまさら気づき、早くいい名前を考えて手術が終わったらその名前で呼んであげたいがうまくいかず、手帳に怒りをぶつけている。

④ 手術中の子猫に対して今自分のできることはなんだろうと必死になっているのに、のんきに水ばかり飲んでいる俊樹の様子に激しいいらだちを感じている。

⑤ 好きな人の名前を唱えることが幸福感につながると思い、子猫に名前をつけてこの辛さから逃れようとしたが、うまくいかずに悲しい気持ちが募っている。

問4　傍線部D　今回のことで、ぼくにはよくわかったことがある。とあるが、このときの俊樹についての説明として最も適当なものを、次の①～⑤のうちから一つ選べ。解答番号は 13 。

① 手術の日となって初めてこの子猫にはまだ名前が与えられていなかったことに気づき、結局自分たちの子猫への気持ちというのは自分本位なものにすぎなかったのではないかと罪悪感を抱いている。

② 名前とはその人そのもので、その名前を呼ぶことはその人自身とふれあうことであり、同じように自分が朝世の名前を口にするときの幸福感も朝世に対する思いの深さの表れだったと気づいている。

③ 朝世は子猫に名前さえつけてあげられなかったと悔やむが、問題なのは名前があるかないかではなく、子猫に愛情を注いであげられる自分たち二人の在り方だったのだということに思い至っている。

④ 名前とはそれが誰の所有物であるかをはっきりさせるものであるため、子猫に名前をつけ、その名前を呼び続けることによって自分たちの家族の一員として迎えることにつながるのだと実感している。

⑤ 名前がないからといってこの場であわてて名前を考えるのではなく、たとえしばらく名前がないままでも、子猫にとっては自分たちや帰る場所があるということの方が重要なのだと認識を改めている。

問5　傍線部E　お礼をいうのはこちらのほうです。とあるが、獣医がこの言葉に込めた思いを説明したものとして最も適当なものを、次の①～⑤のうちから一つ選べ。解答番号は 14 。

① 自分がどんなに力を尽くしても、動物を取り換え可能な愛玩物のようなものとしか見ようとしない人々に接するうちに失いかけていた命の尊さに対する思いが、この手術の成功をきっかけに戻り、自分自身が獣医としての出発点に立ち返ったような感慨を込めて語っている。

② 自分勝手な飼い主のせいで小さな命を救うことができない状況が続き、心身の疲れが表情にまで出るようになってしまっていたが、生まれてすぐ病気となった子猫の命を助けようとする二人のひたむきさが、その疲れを払拭してくれたことに対する喜びを込めて語っている。

③ 手術は失敗してしまうかもしれないという危惧から二人に対してなるべく中立的な、感情に左右されない態度で接してきたが、困難な手術を成功させたことで獣医としての自信を取り戻すことができ、その機会を与えてくれた二人に対して感謝の思いを込めて語っている。

④ 普段は獣医として飼い主の考え方には中立の立場をとるように努めているが、朝世たちが子猫をただの愛玩物ではなく、一つのかけがえのない命としていつくしんでくれたことに対して深い喜びを感じ、動物の命に関わる者としての感謝の思いを込めて語っている。

⑤ 子猫には負担が大きすぎる手術を望むような理性的でない行為には批判的にならざるを得なかったのだが、手術が成功した今改めて二人の命へのひたむきな思いにふれ、獣医としての理性的な判断が全てではないことに気づいたことへの感謝を込めて語っている。

問6　この文章の表現の特徴について述べたものとして最も適当なものを、次の①～⑤のうちから一つ選べ。解答番号は 15 。

① 「エゴ」や「ロシアンブルー」「ストレッチャー」などの馴染みのないカタカナ語を使用することで、子猫に関わる場面で立ち止まって熟読するように工夫されている。

② 死に瀕した子猫に焦点をあてながら、場面を病院に限定することで、そこに現れる人間模様について登場人物たちの立場の違いが浮き彫りになるように描かれている。

③ 一緒に暮らしている男女のうち、主に女性に視点を置き、その女性の心の動きを追うことで、飼っている子猫の病気という事態に際しての心理的葛藤が描かれている。

④ 医療に関する専門用語をあえてそのまま用いることで、平穏な日々を過ごす男女が死を意識する非日常の世界に打ちのめされる様子が臨場感を持って描かれている。

⑤ 主人公の女性と周囲の人々との軽妙な会話を多用することによって、子猫の病気に焦点をあてた深刻になりがちな物語が、テンポよく展開する明るい物語になっている。

5

次のⅠ・Ⅱの文章を読んで、問1～問5に答えよ。

Ⅰ

〔次の文章は、ある剣術修行者が技を極めようとして天狗《てんぐ》たちのいる深山に入り、教えを請う場面である。〕

その中に大天狗と覚しくて、鼻もさして長からず、羽翼も甚だ見《あらは》れず、衣冠正しく座上にありて、謂《い》ひて曰《い》はく。

各々論ずる所みな理《ことわり》なきにあらず。古《いにしへ》は情篤《あつ》く、志親切にして、事《わざ》を務むること健やかにして、屈することなく、怠ることなし。師の伝ふる所を信じて昼夜心に工夫し、事《わざ》にこころみ、うたがはしきことをば友に討《たづ》ね、修行熟して吾《われ》(注1)とその理を悟る。ゆゑに内に徹すること深し。師は始め、事を伝へてその含むところを語らず、自ら開くるを待つのみ。これをA引而不発《ひいてはなたず》といふ。吝《をし》みて語らざるにはあらず。この間に心を用ひて修行熟せんことを欲するのみ。弟子心を尽《つ》くして工夫し、自得する所あれば猶《な》ほ往《ゆ》きて師に問ふ。師その心に叶《かな》ふときはこれを許すのみ。B師の方より発して教ふることなし。唯《ただ》芸術のみにあらず。孔子曰はく、一隅(注2)を挙げて三の隅を以《もつ》て反《かへ》さふせざる者には復《また》せずと。これ古人の教法なり。故に学術芸術ともに慥《たし》(注3)かにして篤《あつ》し。

今人情薄く、志切ならず。少壮(注4)より労を厭《いと》ひ、簡を好み、小利を見て速やかにならんことを欲するの所へ、古法の如《ごと》く教へば、修行するものあるべからず。今は師の方より途《みち》を啓《ひら》きて、初学の者にもその極則を説き聞かせ、その帰着する所をしめし、猶ほ手を執つてこれをひくのみ。Cかくのごとくしてすら猶ほ退屈して止《や》む者多し。次第に理は高上(注5)に成つて古人を足らずとし、修行は薄く居ながら、天へも上る工夫をするのみ。これまた時の勢ひなり。人を導くは馬を御するがごとし。その邪にゆくの気を抑へて、そのみづからすすむの正気を助くるのみ。また強ふることなし。

（『天狗芸術論』による。）

Ⅱ

（次の文章は、王の近くにいる小人が王を悪い方へ導くこと、及び王も学に専心するべきことを孟子が述べたものである。）

今夫《そ》レ弈《えき》(注6)之《の》為《た》ルレ数(注7)、小数ナレドモ也、不レバ二専ラニシレ心ヲ致サ一レ志ヲ、則《すなは》チ不ルレ得也《なり》。弈秋(注8)ハ、通国之善クスルレ弈ヲ者也。

使《し》ムルニ三弈秋ヲシテ誨《をしへ》二二人ニ弈一ヲ、其ノ一人ハ専ラニシレ心ヲ致シレ志ヲ、惟《ただ》弈秋ニ之《これ》為《な》スレ聴クコトヲ。一人ハ雖《いへど》モレ聴クレ之ヲ、

D 一心ニハ以為《おも》ヘラク、有リテ二鴻《こう》鵠《こく》(注9)一将《まさ》ニストレ至ラント。思ハバ下援《ひ》キテ二弓《きゆう》繳《しやく》(注10)一ヲ而射ンコトヲ上レ之ヲ、雖《いへど》モ二与《と》レ之倶《とも》ニ学ブト一、不レ若《し》カレ之ニ矣。為《ため》二

是レ其ノ智ノ不ルガレ若《し》カ与《か》。曰ハク、非《あら》ザルレ然《しか》ルニハト也。

（『孟子』による。）

（注1）吾と ―― 自分で。

（注2）一隅を挙げて三の隅を以て反さふせざる者には復せず ―― 『論語』述而第七に「挙一隅不以三隅反、則不復也」とある。「四角なものを教えるのに、一隅を持ち上げてみせると他の三隅に反応を示すようでなければ、重ねて教えることはしない」の意。

（注3）愷かにして篤し ―― 確かで奥が深い。

（注4）少壮 ―― 若いとき。

（注5）理は高上に成つて古人を足らず ―― 理屈ばかりが高等になって、昔の人は言葉が足りない。

（注6）弈 ―― 囲碁。

（注7）数 ―― 技術。「小数」はつまらぬ技術。

（注8）弈秋 ―― 「秋」という名の囲碁の名人。

（注9）鴻鵠 ―― 大きな鳥。

（注10）繳 ―― 「いぐるみ」といって、糸縄をもって矢の端にかけているしかけ。

問1　傍線部A　引而不発　は次の漢文を引用したものである。ここで孟子はどのようなことを述べているのか。最も適当なものを、後の①～⑤のうちから一つ選べ。解答番号は 16 。

孟《まう》子《し》曰ハク、「大《たい》匠《しやう》ハ不㆘為《ため》ニ㆓拙《せつ》工ノ㆒改㆗廃セ縄《じやう》墨《ぼく》ヲ㆖。羿《げい》ハ不㆘為ニ㆓拙射ノ㆒変㆗ゼ其《その》彀《こく》率ヲ㆖。君子ハ引イテ而不㆑発セ、躍《やく》如《じよ》タリ也。中道ニシテ而立ツ。能者従㆑フ之ニ。」

（『孟子』による。）

○ 大匠 ―― 大工の棟梁《とうりょう》。　○ 拙工 ―― 下手な大工。　○ 縄墨 ―― 大工が木材にまっすぐにすじを引くときに用いる道具。

○ 羿 ―― 弓の名人の名前。　○ 拙射 ―― 弓を射ることの下手な人。　○ 彀率 ―― 弓を引きしぼる限度をいう。

○ 躍如 ―― いきいきと、おどりたつようなさまを形容した言葉。

① 君子が道を教える場合は、自分が正しいと思う道を信じ、君子の教えを支持する者だけが道を開けるようにするということ。

② 君子が道を教える場合は、学ぶ者に常に厳しい態度で臨み、能力のない者でも自分で道を開けるようにするということ。

③ 君子が道を教える場合は、偏りのない立場で見守り、自分で道を開ける者が教えについて行けるようにするということ。

④ 君子が道を教える場合は、周囲に流されることなく自分の道を意識し、能力のある者だけが道を開けるようにするということ。

⑤ 君子が道を教える場合は、分かりやすく丁寧に教えることを心がけ、多くの者が道を開けるようにするということ。

問２　傍線部Ｂ　師の方より発して教ふることなし。の理由として最も適当なものを、次の①～⑤のうちから一つ選べ。解答番号は 17 。

① 師は気に入った弟子に対してだけ真理を教えればよく、全ての弟子に教える必要はないから。
② 師自身も未だに真理を習得するために修行しているので、簡単には真理を教えることができないから。
③ 師は学問や芸術の総論を教えるだけで、専門的な内容は弟子同士が教え合いながら真理を悟るから。
④ 昔の人間はみな熱心に学ぶので、師から何も教えなくても弟子が勝手に真理を悟ってしまうから。
⑤ 最初に師は技のみを教え、後は弟子自身が試行錯誤しながらその真理を悟るのを待つだけだから。

問３　傍線部Ｃ　かくのごとくしてすら猶ほ退屈して止む者多し。の解釈として最も適当なものを、次の①～⑤のうちから一つ選べ。解答番号は 18 。

① 初心者に対して馬を御する方法を順序立てて細やかに指導しても、やはり途中で退屈に感じて馬の飼育をやめてしまう者が多いのである。
② 初心者に対して最終的な目標と核心的な原理を提示して手取り足取り指導しても、やはり退屈に感じて修行をやめてしまう者が多いのである。
③ 修行者に対して面倒なことでも自分のために目標を立てるように指導しても、それでも退屈に感じて夢をあきらめてしまう者が多いのである。
④ 若い弟子に対して学問をするうえでの心構えや研究する方法を丁寧に指導しても、やはり退屈に感じて研究をやめてしまう者が多いのである。
⑤ 有望だと思われる弟子に対して数年で真理に到達させようと指導しても、むしろ退屈に感じて学ぶことをやめてしまう者が多いのである。

問4　傍線部D　一心以為　とあるが、その内容の説明として最も適当なものを、次の①～⑤のうちから一つ選べ。解答番号は 19 。

① 何も知らない王を馬鹿にしてやろうということ。
② 何とかして孟子を冷やかしてやろうということ。
③ もう一人の弟子を出し抜いてやろうということ。
④ 飛んできた鳥を弓で射貫いてやろうということ。
⑤ 囲碁の技術を一番早く習得してやろうということ。

問5　Ⅰ・Ⅱの文章を読んだ後、清水さんは本文の内容をノートにまとめた。空欄 E ・ F に入る内容として最も適当なものを、後の①～⑤のうちからそれぞれ一つ選べ。解答番号は 20 ・ 21 。

【清水さんのノート】

Ⅰの文章	
・立場　・・・	指導者
・具体例・・・	御者
・まとめ・・・	E

Ⅱの文章	
・立場　・・・	学ぶ者
・具体例・・・	囲碁
・まとめ・・・	F

E
20

① 教える者は学ぶ者が様々な誘惑に気持ちが向かないようにし、自然と学ぶことができるように支援しなければならない。
② 教える者は学ぶ者の能力をきちんと把握し、学びに集中できる環境を整えながら、その能力以上の内容は教えてはならない。
③ 教える者は学ぶ者の持つ本来の力を信じるのではなく、決まった内容を確実に伝え、必ず真理に到達させなければならない。
④ 学ぶ者は常に意欲的なわけではないので、教える者は常に学ぶ者の様子を見極め、集中できるときに学ばせなければならない。
⑤ 学ぶ者は自分から学びたいという気持ちが強いので、教える者はあえて教えたいという気持ちを我慢しなければならない。

F
21

① 常に師の教えを守るだけではなく、多くの人々の教えを請うことの方がより大切である。
② 師事した人によって教える内容に差があるので、優れた師を見つけることが大切である。
③ 人間には本来的に備わっている力があるので、各自がその力を伸ばすことが大切である。
④ 能力があるかどうかよりも、教えられたことに集中して学ぶ努力をすることが大切である。
⑤ 教えられたことを集中的に学ぶことよりも、興味関心のあるものを学ぶことが大切である。

令和２年度　第２回

解答・解説

【重要度の表記】

Ａ：重要度が高く確実に正答したい設問。しっかり復習する必要のある問題です。

Ｂ：重要度はＡレベルよりすこし下で、やや難易度が高い設問または内容を読み取る設問。高得点を狙う人は復習しましょう！

Ｃ：重要度が低い、または難解な設問。軽く復習する程度でよいでしょう！

令和２年度 第２回　高卒認定試験

【解　答】

解答番号			正答	配点
1	問１	1	⑤	2
	問２	2	②	2
		3	④	2
	問３	4	④	5
	問４	5	①	4
	問５	6	⑤	5
2	問	7	③	8
3	問１	8	②	6
	問２	9	③	6

解答番号			正答	配点
4	問１	10	⑤	5
	問２	11	④	5
	問３	12	①	5
	問４	13	②	5
	問５	14	④	5
	問６	15	③	5
5	問１	16	③	5
	問２	17	⑤	5
	問３	18	②	5
	問４	19	④	5
	問５	20	①	5
	問６	21	④	5

【解　説】

1

問１　傍線部の漢字は、「ほま」れと読みます。誉れとは、「誇りとなるような事柄。良い評判を得ること」という意味です。

したがって、正解は⑤となります。

解答番号【１】・５　⇒　**重要度Ａ**

問２

（ア）　ケイキとは、「契機」と書き、「きっかけ、物事が始まる手掛かり」という意味です。したがって、傍線部の漢字は「契」となります。選択肢の漢字はそれぞれ、①「啓」発、②「契」約、③恩「恵」、④「警」鐘、⑤「蛍」光灯となります。これらのうち、問題文の「契」を含む選択肢は②となります。

したがって、正解は②となります。

解答番号【２】・２　⇒　**重要度Ａ**

（イ）　ムゾウサとは、「無造作」と書き「たやすいこと、また、その様子」という意味です。したがって、傍線部の漢字は「作」となります。選択肢の漢字はそれぞれ、①「詐」称、②「砂」上、③「査」定、④所「作」、⑤封「鎖」となります。これらのうち、問題文の「作」を含む選択肢は④となります。

したがって、正解は④となります。

解答番号【３】・４　⇒　**重要度Ａ**

問３　「係り受け」とは関係性のことを指します。つまり、主語・述語の繋がりが正しいものを選択すればよいということです。そこで、選択肢の文から主語と述語をそれぞれ取り出し、２つのみを繋げたときに意味が通じるものになっているか確かめていきます。

①について、主語は「目標は」、述語は「入賞したい」なので、「目標は、入賞したい」という繋がりになりますが、意味が通じませんので、誤りです。②について、主語は「日課は」、述語は「読んでいる」なので、「日課は、読んでいる」という繋がりになりますが、意味が通じませんので、誤りです。③について、主語は「趣味は」、述語は「好きだ」なので、「趣味は、好きだ」という繋がりになりますが、意味が通じませんので、誤りです。④について、主語は「兄は」、述語は「崩した」なので、「兄は、崩した」という繋がりになり、さらに、「兄は、体調を崩した」と加えると意味が通じるので、正しいです。⑤について、主語は「大切なことは」、述語は「必要だ」なので、「大切なことは、必要だ」という繋がりになりますが、意味が通じませんので、誤りです。

したがって、正解は④となります。④以外のいずれの選択肢についても、述語部分を「～することだ」とすると意味が通じるものになります。

解答番号【4】・4　⇒重要度B

問４　枕詞とは、主に和歌などで用いられる、習慣的に決まった言葉の前におく特定の修飾語のことを言います。例えば、「ひさかたの」という枕詞に対しては、空や月、雲といった言葉が必ず続く決まりになっています。枕詞とそれに続く語句の対応関係は、現代の私たちからすると少し理解しづらい部分もあるため、無理に関係性を理解しようとせず、可能な限り暗記して対策するようにしましょう。

問題の「ぬばたまの」という枕詞には、夜や髪といった黒さを表すものが続く決まりとなっています。

したがって、正解は①となります。

解答番号【5】・1　⇒重要度C

問５

①について、「あらゆるパターンの配列が分離して」という部分が、本文2行目の「パターンを認識して特定の塩基配列のみを切断する」という内容と食い違うため、誤りです。②について、「長い順に分離し、その中から特定の制限酵素が生じる」という部分が、本文1行目終わりから3行目にかけて説明されている、制限酵素が長さにしたがってDNAを分離するという順序と食い違うため、誤りです。③について、「電気泳動させることにより、分離のパターンが染色される」という部分が、本文3行目の「特殊な試薬を使って染色する」という内容と食い違うため、誤りです。④について、「特殊な試薬を使って染色すると特定のパターンに分断される」という部分が、本文1行目終わりから2行目にかけて説明されている、制限酵素によって塩基配列が特定のパターンに分離されるという内容と食い違うため、誤りです。⑤について、本文3行目から4行目の、「分離のパターンを決める～固有のバンドが現れる」という内容と合致するため、正しいです。

したがって、正解は⑤となります。

解答番号【6】・5　⇒重要度A

2

問　①について、2年D組①の発言の2文目に、「そこで私たちは市の総合体育館で～と考えました」とあり、具体的な代替案の提案を行っています。よって、①は適当です。②について、2年B組①、②の発言を見ると、「簡単に貸切りにできるのでしょうか。料金もかかるでしょうし。」、「申込みをしたら必ず使用できるのですか。」と、市の総合体育館を使用するにあたって論点になるであろうポイントについて質問を行っています。よって、②は適当です。③について、2年D組②、③の発言を見ると、「市の総合体育館のホームページで調べたところ、」、「問い合わせたところ、」と根拠を明確にした上で質問に答えています。よって、③は適当ではありません。④について、2年A組②、2年B組③の発言を見ると、バドミントンの実施について議論しています。今回の話合いのテーマはそもそも、「クラス対抗スポーツ大会が中止となることについて話し合うこと」ですから、話が逸れてしまっています。よって、④は適当です。⑤について、生徒会③の発言を見ると、「ですが、具体的な競技種目～任せましょう。」とあることから、バドミントンの話がされていたところを、本筋の話に戻そうとしていることが読み取れます。よって、⑤は適当です。

したがって、正解は③となります。

解答番号【7】・3　⇓ **重要度A**

3

問1　クリスさんがじゃんけんに参加できるようにするためには、少なくともじゃんけんのルールを理解していればよいということになります。よって、【A】～【F】のうち、じゃんけんのルールを説明しているもののみを選び出し、じゃんけんの由来や傾向などを説明しているものは排除すればよいということになります。

【A】はじゃんけんで出せる3つの型について説明しており、【B】は型を出すタイミングについて説明しているため、いずれもじゃんけんのルールについて説明しているものになります。【C】はじゃんけんの由来について説明していますが、じゃんけんを行う上で必要な情報ではありません。【D】、【E】はともにじゃんけんの勝敗のつき方について説明しているため、じゃんけんのルールについて説明しているものになります。【F】はじゃんけんの型の傾向について説明していますが、じゃんけんのルールを知る上で必要不可欠な情報ではありません。よって、必要な情報は【A】【B】【D】【E】となります。

したがって、正解は②となります。

解答番号【8】・2　⇓ **重要度A**

問2　まず、【G】の文を読むと、「『拳』にはこぶし、～意味がある。」とあり、「拳」の定義について書かれていることがわかります。次に、【I】の文を読むと、「拳」は「数拳」と「三すくみ拳」の2種類に大別されることが読み取れます。そして、【J】の文では数拳の内の一つ、本拳について、【H】【K】の文では三すくみ拳の内、虫拳と狐拳について、それぞれ書かれています。また、じゃんけんは「拳」の内、「三すくみ拳」に分類されます。以上の内容を表した関係図は【ウ】となります。

したがって、正解は③となります。

解答番号【9】・3　⇓**重要度B**

4

問1　文章の冒頭部分の2行目に、「二人は愛らしい子猫にすぐに夢中になった。」とあります。ここから、この子猫は、朝世と俊樹にとってはかけがえのない存在であり、返品保証がついていたとしても到底取り替えできないことが読み取れます。このことを参考に選択肢を見ていきます。

①について、朝世は、全てのペットに返品保証があるという事実に驚いているわけではないので、誤りです。②について、獣医はペットを愛玩具として見ているのではなく、一つの選択肢として返品保証を口にしただけであり、また、朝世も獣医に対して腹を立てているわけではないので、誤りです。③について、朝世と俊樹は、自分たちが受け取った子猫に返品保証がついていないことを初めから知っていたかどうかについては本文に書かれていないので、誤りです。④について、②と同様に、獣医は交換の可能性を気にしているのではなく、一つの選択肢として朝世と俊樹に提示しただけなので、誤りです。⑤について、「かけがえのない交換不可能なただ一つの存在」「交換することは到底あり得なかった」という部分より、正しいです。

したがって、正解は⑤となります。

解答番号【10】・5　⇓**重要度A**

問2　①について、「本当に正しいのだろうかと語る俊樹の気持ちがわからなくて」という部分が、傍線部Bの３行前に「俊樹のいうこともわかった」とあることから、誤りです。②について、「俊樹が自分の気持ちを裏切るような反対意見を述べ、」という部分が、俊樹は手術をすることに対して、自分たちのエゴではないか気にしながらも、終始賛成していたことから、誤りです。③について、「手術料金は割り勘で～様子がおかしくて」という部分が、俊樹が明るく発言している様子が本文から読み取れないため、誤りです。④について、「その気持ちに寄り添って～少しほぐれていった」という部分が、傍線部Bの直前にある、「わかってる。手術に賭けてみよう。」という俊樹の発言から読み取れるため、正しいです。⑤について、「俊樹の現実的なところに～思わず笑ってしまった」という部分が、本文の趣旨と合わないため、誤りです。

したがって、正解は④となります。

解答番号【11】・4　⇓**重要度A**

問3　傍線部Cの直前にある朝世の発言より、悲しいのはもちろんのこと、名前すらつけていなかった後悔や、応援してあげたいのに呼び方もわからないという無力さを感じていることが読み取れます。このことを参考に選択肢を見ていきます。

①について、「名前すらつけなかったことへの後悔」「自分の無力さと情けなさ」「悲しみに心を痛めている」という部分が、それぞれ本文の内容に合致するので、正しいです。②について、「今のうちに～焦っている」という部分が誤りです。③について、「手帳に怒りをぶつけている」という部分が誤りです。④について、「のんきに水ばかり～を感じている」という部分が誤りです。⑤について、「子猫に名前を

～逃れようとした」という部分が誤りです。
したがって、正解は①となります。

解答番号【12】・1 ⇒**重要度A**

問4　傍線部Dにある、俊樹が「よくわかったこと」というのは、その直後に続く、名前は誰のものかあらわすだけではなく、呼んだり、書いたりすることで幸せになれるものでもあるということです。また、そこから俊樹は、朝世の名前を呼ぶときも同様の幸福感を感じていることに気づきました。このことを参考に選択肢を見ていきます。
①について、「結局自分たちの～罪悪感を抱いている」という部分が誤りです。②について、「その名前を呼ぶ～ふれあうこと」、「同じように自分が～深さの表れだった」という部分が、それぞれ傍線部Dの直後に続く俊樹の発言の内容と合致するので、正しいです。③について、「問題なのは名前があるかないかではなく」という部分が、傍線部Dの直後の、名前が持つ意味について語る内容と合致しないので、誤りです。④について、「名前とはそれが～させるものである」という部分が、名前は誰の所有物か表すためだけのものではないという俊樹の発言内容と合致しないので、誤りです。⑤について、「たとえしばらく名前がないままでも」という部分が、傍線部Dの直後に続く、名前が持つ役割について話している内容と合致しないので、誤りです。
したがって、正解は②となります。

解答番号【13】・2 ⇒**重要度A**

問5　傍線部Eの直後に続く獣医の発言から、安楽死や返品保証を選択せず、子猫の命を大切に思って手術することを選んだ朝世たちに感謝していることが読み取れます。また、獣医自身が動物の保護者側の意思を尊重してきながらも、心の底ではいつも目の前に運ばれてくる動物たちを救いたいと思っていたことも読み取れます。
①について、「失いかけていた～きっかけに戻り」という部分が誤りです。②について、「自分勝手な飼い主の～なってしまっていた」という部分が、本文では獣医の心身の疲れについては書かれていないので、誤りです。③について、「困難な手術を～取り戻すことができ」という部分が、本文では獣医の自信について書かれていないことから、誤りです。④について、「朝世たちが子猫を～深い喜びを感じ」という部分が、傍線部E直後の獣医の発言の内容と合致するので、正しいです。⑤について、「子猫には負担が～得なかったのだが」という部分が、傍線部E直後の獣医の発言から、朝世たちの選択に賛成していることが読み取れるので、誤りです。
したがって、正解は④となります。

解答番号【14】・4 ⇒**重要度A**

問6　①について、「ロシアンブルー」は猫に関係するカタカナ語ですが、「エゴ」や「ストレッチャー」は猫とは関係がないことから、子猫について立ち止まって考えさせる効果がないので、誤りです。②について、「場面を病院に限定することで」という部分が、病院で診察を受けた後の、外での朝世と俊樹のやり取りがあることから、誤りです。③について、本文は子猫に対する朝世の心情を中心に描いており、手術の選択や、名前をつけていなかったことへの後悔など、心理的な葛藤について書かれていることから、正しいです。④について、「非日常の世界に打ちのめされる」という部分が、子猫の死の危機に直面しながらも、きちんと向き合う朝世と俊樹の様子と合致しないので、誤りです。⑤について、「テンポよく展開する明るい物語」という部分が、子猫の死の危機と向き合う本文の内容と合致しないので、誤りです。

したがって、正解は③となります。

解答番号【15】・3　⇒ **重要度C**

5

Ⅰ（現代語訳）

その中に天狗と見受けられる、鼻もそれほど長くなく、翼も全く見えない者が、衣服と冠を正しく身に着けて台座に座っていて、（修行者に）言った。

それぞれ論じていることはすべて筋が通っていないわけではない。先人たちは情に厚く、志をしっかりと持ち、修行をしっかりとこなし、屈することも怠けることもなかった。師匠からの伝えを信じて昼も夜も精神に工夫を施し、修行に取り組み、質問があれば友人に尋ね、修行を積み重ねて自分でその真理を悟った。そのため、自分自身でやり通すことは十分にできる。師匠は最初に、修行の内容を伝え、その意味するところについては語らず、自分自身で悟るのを待つだけであった。これを引而不発という。惜しんで語らないということではない。その間に精神を集中させて修行を重ねることを望んでいるからである。弟子は精神を集中させて工夫を施し、自分で得られることがあればさらに突き詰めて、師匠に問う。師匠は自身の思いと合致するときは、これを認める。師匠の方から進んで教えることはしない。芸術だけにあてはまることではない。孔子は言った、「四角なものを教えるのに、一隅を持ち上げてみせたときに他の三隅に反応を示すようでなければ、重ねて教えることはしない」と。これが先人の教え方である。だから、学術も芸術もともに確かで奥が深い。

今の人は情が薄く、志をしっかりと持っていない。若い時から苦労することを嫌い、簡単なものを好み、小さな利益を見つけてはすぐに手に入れようとする者に対して、昔のやり方のように教えると、修行するものがいるはずもない。今は師匠の方から道理を教えて、初めて学び始めるものに対してもその真意を説いて聞かせ、その到達する域を示し、さらに手取り足取り弟子を引っ張るばかりである。このようにして、それでも退屈に思って辞める者が多い。次第に理屈ばかりが高等になって、昔の人は言葉が足りないといって、修行は簡単にしながら天にも到達しようと工夫をするばかりである。これはまた時代の成行きである。人を教え導くのは、馬を制するようである。弟子の邪道へ進もうとする気持ちを抑えて、自分から進んでいこうとする正しい気持ちをしっかりと支えることである。また、無理強いしてはいけない。

Ⅱ（書き下し文）

今夫れ弈の数為る、小数なれども、心を専らにし志を致さざれば、則ち得ざるなり。弈秋は、通国の弈を善くする者なり。弈秋をして二人に弈を誨へしむるに、其の一人は心を専らにし志を致し、惟弈秋に之聴くことを為す。一人は之を聴くと雖も、一心には以為へらく、鴻鵠有りて将に至らんとすと。弓繳を援きて之を射んことを思はば、之と倶に学ぶと雖も、之に若かず。是れ其の智の若かざるが為にか。曰はく、然るには非ざるなりと。

(現代語訳)

例えば、囲碁の技術というと、それはつまらぬ技術だが、専心して意志を貫かなければ、上達できない。秋は天下誰でも知っている囲碁の達人である。だが秋に、二人の弟子に囲碁を教えさせたとしても、一人は専心して意志を貫きひたすら秋の教えを聴き、もう一人は秋の言葉をただ聴いているだけである。後者は、聞いているとはいっても、心の中ではそろそろ渡り鳥がやってくる季節だなあと考えているのである。渡り鳥が来たら弓で狩りしてやろうかなあと考えていたのであれば、二人一緒に学んでいたとしても、上達の差は歴然である。これは智が足りないから差がついたのか。いや、そうではない。

問1

(書き下し文)

孟子曰はく、「大匠は拙工の為に縄墨を改廃せず。羿は拙射の為に其の彀率を変ぜず。君子は引いて発せず、躍如たり。中道にして立つ。能者之に従う」と。

(現代語訳)

孟子が言うに、「棟梁は、下手な大工に合わせて墨縄を変えたり、使うのをやめたりしない。羿は、下手な弓取りに合わせて射術を変えたりしない。君子の教え方とは、例えるなら弓を引き絞って放っていない状態で、そこには躍るような気迫がこもっている。中道に立って、動じないのである。ついて来れる者だけが、これに従うことができる。」と。

この文章において、「中道而立。能者従之。」という最後の2文に、君子の教え方が集約されています。君子の教え方とは、偏りのない中立的な立場で見守ることであり、自分自身で道を開ける者こそがそれについて来れるということです。このことを参考に選択肢を見ていきます。

①について、「君子の教えを～開けるようにする」という部分が、中立的な立場で見守るという君子の教え方と合致しないので、誤りです。②について、「能力のない者～開けるようにする」という部分が、自分で道を開ける者だけがついて来れるという君子の教え方と合致しないので、誤りです。③について、「偏りのない立場で見守り」「自分で道を開ける～いけるようにする」という部分が、本文の内容と合致するので、正しいです。④について、「周囲に流される～道を意識し」という部分が、文章中には書かれていないため、誤りです。⑤について、「分かりやすく丁寧に教えることを心がけ」「多くの者が道を開けるようにする」という部分が、中立的な立場で見守り、道を開ける者だけがそれについて来れるという本文の内容と合致しないので、誤りです。

したがって、正解は③となります。

解答番号【16】・3 ⇒ **重要度B**

問２「師の方より発して教ふることなし。」とは、最初に師匠の方から技術のみを伝えるが、その真理については教えることはせず、弟子自身が試行錯誤して到達するという意味です。このことを参考に選択肢を見ていきます。

①について、「気に入った弟子～教えればよく」という部分が誤りです。②について、「師自身も未だに～修行している」という部分が誤りです。③について、「専門的な内容は～教えあいながら」という部分が誤りです。④について、「師から何も～悟ってしまう」という部分が誤りです。⑤について、「師は技のみを教え、～悟るのを待つだけ」という部分が、本文の内容と合致するので、正しいです。

したがって、正解は⑤となります。

解答番号【17】・5　⇒ **重要度B**

問３「かくのごとく～止む者多し。」とは、技術だけでなく、その真理について教えた上で、手取り足取り支援したとしても途中で挫折してしまう者が多いということです。このことを参考に選択肢を見ていきます。

①について、「馬を御する方法」「馬の飼育をやめてしまう」という部分が、本文では馬に限った話をしていないことから、誤りです。②について、「最終的な目標と～修行をやめてしまう」という部分が、本文の内容と合致するので、正しいです。③について、「自分のために目標を立てる」「夢をあきらめてしまう」という部分が、本文の趣旨と合致しないので、誤りです。④について、「学問をする～研究する方法」「研究をやめてしまう」という部分が、本文では学問に限った話をしていないことから、誤りです。⑤について、「むしろ退屈に感じて」という部分が、手取り足取り支援したとしても、それでも音を上げてやめてしまうという本文の内容と合致しないので、誤りです。

したがって、正解は②となります。

解答番号【18】・2　⇒ **重要度B**

問４　傍線部Ｄ「一心以為」の直後に「有鴻鵠将至。思援弓繳而射之、」とあります。これより、「一心不為」の内容とは、そろそろ渡り鳥がやってくる季節だなあと思い、弓でこれを射貫こうと考えていることだとわかります。このことを参考に選択肢を見ていきます。

①について、「王を馬鹿にしてやろう」という部分が、本文の趣旨と合致しないので、誤りです。②について、「孟子を冷やかしてやろう」という部分が、本文の例え話の中では孟子が登場しないことから、誤りです。③について、「もう一人の弟子を出し抜いてやろう」という部分が、本文の内容と合致しないので、誤りです。④について、「一心以為」以降の内容と合致しているので、正しいです。⑤について、「一番早く習得してやろう」という部分が、「一心以為」以降の内容と合致しないので、誤りです。

したがって、正解は④となります。

解答番号【19】・4　⇒ **重要度B**

問５

Ｅ

Ⅰでは、文章の最後に、「弟子の邪道へ進もうとする気持ちを抑えて、自分から進んでいこうとする正しい気持ちをしっかりと支えることである。また、無理強いしてはいけない。」という内容が書かれています。よって、Ⅰの文章のまとめであるEの空欄には、師は、学ぼうとする弟子が誘惑に負けないように支援することが大事であるという内容が入ればよいということになります。

①について、前述の内容と合致するので、正しいです。②について、「能力をきちんと把握し」「その能力以上の内容は教えてはならない」という部分が、本文の内容と合致しないので、誤りです。③について、「決まった内容を～させなければならない」という部分が、本文の主張と合致しないので、誤りです。④について、「常に意欲的なわけではない」「集中できるときに学ばせなければいけない」という部分が、邪道に進まないようにし、正しい方向へ進むように支援するという本文の教え方と合致しないので、誤りです。⑤について、「あえて教えたい～しなければならない」という部分が、本文では師匠が教えたい気持ちを抑えている内容の記述がないことから、誤りです。

したがって、正解は①となります。

解答番号【20】・1 ⇒ **重要度B**

F

Ⅱでは、文章の最後に、「これは智が足りないから差がついたのか。いや、そうではない。」という内容が書かれています。また、その直前に、教えを聞いているようで、余計なことを考えている弟子の話が書かれています。よって、Ⅱの文章のまとめであるFの空欄には、能力ではなく、集中して学ぼうとする姿勢が大事であるという内容が入ればよいということになります。

①について、「多くの人々の教えを請う」という部分が、本文には書かれていない内容であるため、誤りです。②について、「優れた師を見つけることが大切である」という部分が、弟子の姿勢について説いている本文の内容と合致しないので、誤りです。③について、「本来的に備わっている能力がある」という部分が、弟子の学ぶ姿勢が大切であると説く本文の内容と合致しないので、誤りです。④について、「教えられたこと～大切である」という部分が、本文の後半の内容と合致するので、正しいです。⑤について、「興味関心のあるものを学ぶ」という部分が、本文の内容と合致しないので、誤りです。

したがって、正解は④となります。

解答番号【21】・4 ⇒ **重要度B**

令和２年度 第１回
高卒認定試験

国　語

解答時間　50分

注　意　事　項（抜粋）

＊　試験開始の合図前に，監督者の指示に従って，解答用紙の該当欄に以下の内容をそれぞれ正しく記入し，マークすること。

①**氏名欄**

氏名を記入すること。

②**受験番号**，③**生年月日**，④**受験地欄**

受験番号，**生年月日を記入**し，さらにマーク欄に**受験番号**（数字），**生年月日**（年号・数字），**受験地をマーク**すること。

＊　**受験番号，生年月日，受験地が正しくマークされていない場合は，採点できないことがある。**

＊　解答は，解答用紙の解答欄にマークすること。例えば，［10］と表示のある解答番号に対して②と解答する場合は，次の(例)のように**解答番号10の解答欄の**②に**マーク**すること。

（例）

解答番号	解　答　欄
10	①　●　③　④　⑤　⑥　⑦　⑧　⑨　⓪

国語（解答番号 1 ～ 21 ）

1 問1～問5に答えよ。

問1 (ア)、(イ)の傍線部の漢字の正しい読みを、次の各群の①～⑤のうちからそれぞれ一つ選べ。解答番号は 1 ・ 2 。

(ア) 丹念に育てる。 1

① しゅう
② にゅう
③ たん
④ しん
⑤ ざん

(イ) 表情を緩める。 2

① ゆる
② しず
③ かた
④ たしか
⑤ あらた

問2　傍線部に当たる漢字と同じ漢字を用いるものを、次の①～⑤のうちから一つ選べ。解答番号は［3］。

川のゲンリュウをたどる。

① 馬がソウゲンを走る。
② ザイゲンを確保する。
③ 自説をゲンメイする。
④ サイゲンのない欲望。
⑤ 食欲がゲンタイする。

問3　次の空欄［　］に入る言葉として最も適当なものを、後の①～⑤のうちから一つ選べ。解答番号は［4］。

（新人社員が、先輩に）「お客様に何を［　］教えてください。」

① 御覧になられたらよいか
② 御覧になったらよいか
③ 拝見させたらよいか
④ お見せしたらよいか
⑤ 拝見したらよいか

問4　次の空欄［　］に入る四字熟語として最も適当なものを、後の①～⑤のうちから一つ選べ。解答番号は［5］。

自分の周りが敵だらけになってしまい［　］の状態だ。

① 竜頭蛇尾（りゅうとうだび）
② 臥薪嘗胆（がしんしょうたん）
③ 朝三暮四（ちょうさんぼし）
④ 呉越同舟（ごえつどうしゅう）
⑤ 四面楚歌（しめんそか）

問5　次の文章から読み取れる内容として最も適当なものを、後の①～⑤のうちから一つ選べ。解答番号は［6］。

エジプト、メソポタミア、インダス、中国の古代文明ではいずれも、それぞれ独自の宇宙像が発達していましたが、それらは神話や宗教と一体化したものでした。しかし、古代ギリシャではより洗練された哲学的あるいは科学的宇宙観が生み出され、その後長い間にわたって影響を及ぼしました。

（須藤靖『不自然な宇宙』による。）

① 古代ギリシャでは、エジプト、メソポタミア、インダス、中国の古代文明で発達したものよりも洗練された宇宙観が生み出された。
② 古代ギリシャで生み出された哲学的あるいは科学的宇宙観は、神話や宗教と一体化して、その後長い間にわたって影響し続けた。
③ エジプト、メソポタミア、インダス、中国でそれぞれ独自に発達した宇宙観は、神話や宗教を排除し、洗練されたものだった。
④ エジプト、メソポタミア、インダス、中国の古代文明では、同様の宇宙像が発達して、長い間に神話や宗教と一体化していった。
⑤ エジプト、メソポタミア、インダス、中国の古代文明で発達した宇宙像が一体化して、古代ギリシャの宇宙観が生み出された。

2 高校一年生の高橋さんのクラスでは、国語総合の時間に本の紹介スピーチを行うことになった。次の**【スピーチ】**は高橋さんが本を紹介する際に行ったものである。これを読んで、問に答えよ。

【スピーチ】

今回私が皆さんに紹介したい本は、原直喜さんの『ジャパニ』という本です。私は、この本を海外旅行が好きな父から紹介されました。タイトルの『ジャパニ』とは、ネパール語で日本人という意味です。

物語の舞台はネパールの首都カトマンズ、バックパッカーたちが集まる街にある安ホテル「ジャパニ」です。このホテルには世界中から旅行者たちが集まります。ホテルのオーナーは日本人女性のヤスコさん。ネパール人の夫と二人で経営しています。登場人物である宿泊客たちは、みんなそれぞれ、理由があってネパールにやってきています。イギリスから来たジョンは、内気な息子のマイケルがこの旅を通して成長してくれることを願っています。タイ人のチャンさんは、地元で小さなチャイ屋さんを始めたいと思って、お茶を買い付けに来ています。日本から来た老夫婦の天野さんはヒマラヤの寺院で修行する息子さんに二十年ぶりに会いに来ました。この作品の面白いところは、登場人物たちの過去や、どうしてこのネパールにやってきたかが、それぞれの視点で描かれているところです。

そんな個性豊かな登場人物の一人に日本人女性のユマさんがいます。ユマさんはある出来事をきっかけに仕事を辞め、一人でこのネパールにやってきました。はじめは、誰が声をかけても、まったく無視をして、部屋に閉じこもっていました。でもみんなが温かい目で見守っているうちに、次第に周囲の人たちにも心を開くようになっていきます。ユマさんの背負っている過去とはなにか？　ユマさんがどうして仕事を辞め、ネパールに来たのか？　そこにはとても深い理由が隠されていました。物語の最後のほうでは、感動して涙が止まりませんでした。ぜひ皆さんにも、この本を読んで感動を味わってほしいと思います。

今回、私が紹介した本は原直喜さんの『ジャパニ』でした。御清聴ありがとうございました。

問　高橋さんの**【スピーチ】**の構成や内容について述べたものとして**適当でないもの**を、次の①～⑤のうちから一つ選べ。解答番号は 7 。

① 最初と最後に紹介する本のタイトルと作者名を繰り返すことで、タイトルと作者名が聞き手の印象に残るようになっている。
② 登場人物について、それぞれの事情を説明することで、聞き手が登場人物を具体的に思い描けるようになっている。
③ 自分が着目する登場人物について具体的に取り上げ、話を焦点化することで、聞き手が作品への興味をもてるようになっている。
④ 「ジャパニ」という聞き慣れない言葉に簡潔な説明を加えることで、聞き手が内容を理解しやすいようになっている。
⑤ 冒頭で作品のテーマを述べた後に具体的な話をすることで、聞き手が作品の全体像を把握しやすいようになっている。

3 次にあげるのは、南高校図書委員で一年生の高野さんと二年生の加藤さんが、夏休み中に委員会の当番で図書の貸出作業を行っているときに交わした**【会話の一部】**と図書委員会が作成した**【ポスター】**である。また、**【コラム】**は加藤さんの発案により、この年の図書館便り10月号に書かれたものである。これらを読んで、**問1**、**問2**に答えよ。

【会話の一部】

高野さん　「返却期限を過ぎたのに、雑誌を返していない人がたくさんいますよ。」

加藤さん　「ああ、やっぱり今年もか……。」

高野さん　「え？　毎年こうなんですか？」

加藤さん　「うん。去年も図書委員の中で話題になったんだ。普段の貸出と夏季特別貸出の違いが、生徒のみんなになかなか伝わっていないってことなんだよね。七月一日から夏休み前日までは、普段の貸出と夏季特別貸出の両方が行われた期間だから、この二つの貸出の違いを分かってもらえないと、こういうことになっちゃうんだよね。」

高野さん　「あ、それで、注意喚起のために、カウンターにこの**【ポスター】**が貼ってあるんですね。」

加藤さん　「そうなんだ。みんな見てくれていると思ったんだけどなあ。雑誌を借りていった人は、返却は夏休み明け一週間でいいと勘違いしてしまうから、例年、この時期は雑誌がちゃんと返却されないんだと思う。」

高野さん　「そういうことなんですね。でもたしかに、分かりにくいですよね。」

加藤さん　「うん。このことは去年だけでなく毎年問題になっているらしいから、九月の図書委員会のときにみんなで解決案を考えてみようよ。」

高野さん　「そうですね。」

【ポスター】

平常貸出
（通年）

・書籍は５冊まで
・雑誌は３冊まで
・貸出期間は１週間

夏季特別貸出
（７/１～）

・書籍は冊数無制限
・雑誌は対象外
・貸出期間は夏休み中
　（夏休み明けの１週間で返却）

図書館便り 10月号

【コラム】

「平常貸出」と「夏季特別貸出」の違いを、もう一度御確認ください。

今年も南高校図書館では夏季特別貸出が行われました。夏季特別貸出期間中は、今年もたくさんの貸出がありました。しかしその一方で、夏休みに入ると雑誌の返却を延滞する人が多くなるという状況が、今年も発生してしまいました。

図書委員会では、毎年このような状況が発生するのは、7月1日から平常貸出と夏季特別貸出が同時に行われている中、この2種類の貸出の違いを皆さんに十分御理解いただけていないためではないかと考えています。そのため、ここで改めて、「平常貸出」と「夏季特別貸出」の違いについて御説明します。

「平常貸出」では、「書籍は一人につき5冊まで、雑誌は一人につき3冊まで借りられる。貸出期間は1週間」となっていますが、「夏季特別貸出」では「書籍は冊数無制限で借りられるが、雑誌は対象外。返却は夏休み明け1週間」となっています。つまり、これらの2種類の貸出が同時に行われていた7月1日から夏休み前日においては、夏休み明け1週間を返却期限とする書籍を冊数無制限で、［　　　　］、1週間を返却期限とする雑誌を3冊まで借りることができるということです。

7月1日から夏休み前日までの間、書籍と雑誌とで貸出期間が異なることは、たしかに紛らわしいかもしれません。生徒の皆さんの中には、夏季特別貸出においても雑誌を夏休み明けまで貸し出せるようにすればいいのではないかという意見があることも、図書委員会では重々承知しています。しかし、図書館の雑誌は、書籍と違って種類が少ないため、誰か一人が借り続けてしまうと、雑誌を読みたい他の人がその雑誌をずっと読めないという状況が生じてしまいます。特に2年生では、夏休み期間中に課題研究をまとめることになるので、例年7月と8月に雑誌の貸出が集中します。このような理由から、図書委員会では、雑誌は夏季特別貸出の対象とせず、平常貸出のみで貸出をしたいと考えています。

「平常貸出」と「夏季特別貸出」が重なる期間中は、2種類の貸出が同時に行われています。紛らわしくて申し訳ありませんが、この2種類の貸出の違いを改めて御確認ください。

問1　九月の図書委員会では、夏休み期間中に返却期限を過ぎても雑誌を返さない人が多かったことについて、その解決策が話し合われた。その結果、図書委員会が発行する図書館便り10月号に前ページの【コラム】を掲載することにした。【コラム】の中の空欄［　］に入る語句として適当なものをア～オのうちからすべて選ぶ場合、その組合せとして最も適当なものを、後の①～⑤のうちから一つ選べ。解答番号は［8］。

ア　かつ
イ　または
ウ　もしくは
エ　さらには
オ　あるいは

①　アとイ
②　アとエ
③　イとウ
④　イとウとオ
⑤　エとオ

問2　【コラム】の書き手は、この文章をどのように組み立てているか。その説明として最も適当なものを、次の①～⑤のうちから一つ選べ。解答番号は 9 。

① 「問題の生じる原因分析」→「現状と問題の提示」→「二種類の貸出の説明」→「想定される意見への言及」→「依頼」
② 「現状と問題の提示」→「二種類の貸出の説明」→「問題の生じる原因分析」→「想定される意見への言及」→「依頼」
③ 「現状と問題の提示」→「問題の生じる原因分析」→「二種類の貸出の説明」→「想定される意見への言及」→「依頼」
④ 「問題の生じる原因分析」→「二種類の貸出の説明」→「現状と問題の提示」→「想定される意見への言及」→「依頼」
⑤ 「現状と問題の提示」→「想定される意見への言及」→「二種類の貸出の説明」→「問題の生じる原因分析」→「依頼」

4

次の文章を読んで、問1～問6に答えよ。

チンパンジーのような比較的知能が高い動物が、仲間に対して、「おれはおまえと夫婦になりたいぞ」とか「あぶないことが起こりそうだぞ」などという内容を伝達することがあることは、よく知られています。サルの伝達行動についての研究は、アメリカで行われているものが有名ですが、日本では京都大学の霊長類研究所で行われていて、テレビや新聞などで紹介されたこともありますから、ご存じの方も多いと思います。

海に棲《す》むほ乳類であるイルカやクジラも相当に知能が高くて、人間の耳には聞こえない超音波を使って、仲間への伝達行動を行うことがあるということも、最近では知られるようになってきています。何らかの事柄を他の仲間に伝える手段を「コトバ」とか「言語」と呼ぶとすれば、人間以外のチンパンジーやイルカのような動物も、コトバを使うのだと考えることもできるでしょう。

しかし、同じようにコトバと呼ぶとしても、人間のコトバと動物のコトバとの間には相当の違いがあると考えなければならないと思います。A同じ名前で呼ばれていても性質が大きく違うことがあるのは、よくあることです。

同じ「大画面」と呼ばれていても、十年(注1)ちょっと前のワープロ専用機の「大画面」は、わずか六行程度の表示しかできませんでした。ところが、現在のコンピュータ用ディスプレイの「大画面」ならば、その十倍くらいの行数を表示できるようになっています。この事実は、「大画面」という宣伝文句に惑わされて六行表示のワープロを(別売りのフロッピーディスクドライブを合わせると二十五万円も払って)買ったこの私に、名前(言語学的にいうと「記号」)の表すものの多様性あるいは曖昧《あいまい》性を身にしみて感じさせてくれます。

それでは、人間のコトバと動物のコトバとの間には、どのような違いがあるのでしょうか。まず一番大きな違いは、B人間のコトバには「分節性」があるのに動物のコトバにはないということです。「分節」という用語は国文法で使われている「文節」と発音が同じで、「節」という漢字も共通で意味もなんとなく似ているため、この二つを混同してしまわないように注意しなければなりません。「分節」のほうは、要するに文が単語に分かれること、もうちょっと専門的にいうと、文という記号がより下位の記号単位である単語から構成されるという性質です。

伝えたい事柄を表現する記号を「文」と呼ぶとすれば、人間でも動物でもコトバによって事柄を伝えているのですから、どちらのコトバにも文があると考えて差し支えないでしょう。人間のコトバ、たとえば日本語の「その車は古い」という文であれば、「その」「車」「は」「古い」という単語を一列に並べることによって作られていますから、「分節」があることが分かります。

ところがチンパンジーのコトバにはこういう分節がなくて、ある一つの鳴き声が、「おれはお前より強いのだぞ」とか「えさが近くにあるよ」などという事柄の全体を表すという仕組みにしかなっていないのです。つまり、いくつかの違う鳴き声を組み合わせて、ある一つの事柄を表すという仕組みではないということで、大変単純だといえます。

鳴き声を組み合わせるという工夫がないと、伝えることができる事柄の数は、きちんと区別して出し分けることができる鳴き声の数を越えることはできませんから、数としてはずいぶん少なくて、多くても三十くらいのようです。要するに、分節を持たないコトバを使うことで作り出すことができる文の数は、最大でもたった三十個にしかならないというわけです。

私たち人間ならば、一日だけでも何百あるいは何千もの異なった文を使い分けているのですから、たった三十個の文ではまともな伝達も思考もできるはずはありません。「昨日あそこのケーキ屋で買ってきたイチゴのショートケーキが食べたい」なんてことは絶対に言えません。

ところが十分な単語さえあれば、それを並べることによって、いくらでも異なった文を作ることができます。たとえば、「太郎」「花子」「男」「女」「見た」「叩《たた》いた」「は」「を」という八つの単語があるだけでも、それらを組み合わせれば「太郎は花子を見た」「花子は男を叩いた」「女は太郎を見た」など二十四個もの文を作り出すことができます。

人間のコトバならば最低数千ぐらいの単語はもっていますし、一つの文を作るのに使われる単語の数は、無限にたくさんということはなくても、かなり多くすることができますから、そういうふうにして作ることのできる文の数は、ほとんど無限といってもよいくらいになります。

ですから、社会がどんどん複雑になって、伝えなければならない新しい事柄がいくら増えたとしても、人間のコトバならばそれを文によってちゃんと表現することができるわけです。ところが動物のコトバだと、伝えることのできる事柄の数はあらかじめ決まっていて、それ以上は増やすことができないのですから、C社会とか文化とかがそれまでより複雑な方向へ変化するということが難しい、というより不可能ということになります。

宮崎県のニホンザルの間で、サツマイモなどを海水で洗って塩味にして食べるという行動が広まったというような、一種の文明の進歩が人間以外の動物にも見られないというわけではないのも確かです。それにしても、人間が高度な文明を発達させたのに、動物は昔から今までずっと同じような生き方をせざるをえなかったことの原因のうちで、最も重要なものの一つは、コトバに分節があるかないかという事実だったのだと考えることができるでしょう。

単語を並べて文を作り、文によって事柄を表そうとすれば、D単語の並び方には必ず規則性がなければなりません。文を構成している単語の並び方を示したものを「構造」と呼びますから、人間のコトバの文には必ず構造があるということになります。

英語でも日本語でも、あるいは他のどんな言語でも、文にどういう構造があるのかを研究するのが言語学の一つの大きな目標となっていて、なかなか「文の構造ならこれで何でも表せるぞ！」という成果がまだ出ていないくらい難しい分野ではあります。そして、動物のコトバには文だけあって単語はないのですから、構造などは当然ありえないわけで、とにかくやっぱり動物のコトバはあまりにも単純なのです。

こういうふうに、人間のコトバと動物のコトバとの間には、越えがたい大きな溝があるのでして、チンパンジーやイルカがいくら知能が高いといっても、彼らの中からそのうち複雑なコトバを操る者が出てくるというのは、およそ考えられないことです。

ただ、チンパンジーの中には相当に賢いのもいて、たとえば赤いカードは「リンゴ」を表し、緑のカードは「食べたい」ということを表すのだというようなことを教えてやれば（こういうことを覚えるのならば、多分イヌでもできるのではないかと思いますが）、赤いカードと緑のカードを並べて、「リンゴを食べたい」という事柄を人間に伝えるなどということができるのだそうです。

つまりこのチンパンジーは、訓練によって文より小さい単位である単語を獲得し、その単語を並べるという行為によって、構造の概念をなんらかの形で理解しているといえるのだろうと思います。ですからチンパンジーには、人間のコトバの基本的な部分を覚えて使うぐらいの知能はあるのでしょう。

しかし、チンパンジーが人間の助けを借りずに、自分でカードとかそれに類したものを作り、それを使って他の仲間にある事柄を伝達するなどということは観察されていませんし、まあ、これからもそういう事態が起きることはないと考えられます。大体そういう面倒なことをして伝達を行うとすれば、いつもカードを持ち歩かなければならないわけです。「カードをもったサル」の集団がこの世に出現する可能性は、まずないでしょう。

また、チンパンジーの発声器官は、人間のようにいろいろな音を発音し分けるような仕組みにはなっていないのだそうで、音声を用いたコトバを彼らが使うようになることもありえません。もちろん、音ではなく身振りとか指で作った形とかを使って意味を表現することを、チンパンジーたちが覚える可能性が全くないとはいえません。しかし、それより可能性が低いのが、彼らが自分たちのコトバに、分節という性質を自然に取り入れるようになるということですから、チンパンジーがチンパンジーである限りは、彼らのコトバが人間のコトバと同じ仕組みをもつようになることはないと言っていいでしょう。

人間とは違うんだとばかりいうのも可哀想《かわいそう》ですから、動物のコトバと人間のコトバの共通点もあげておきましょう。まず、動物のコトバも「コトバ」と呼ばれる以上は記号ですから、私たちの知覚に直接伝わる部分である「能記」と記号の意味である「所記」をもっています。そして、人間のコトバでは、能記と所記との関係が(注2)「恣意《しい》的」であるのですが、動物のコトバでも、(注3)先にお話ししたベルベットサルのように、三十くらいの数の記号を区別するレベルであれば、能記と所記の関係は恣意的であると考えることができるでしょう。

もちろん、伝えられる事柄が仲間に対する好意とか敵意の表現だけというように、非常に少ない場合には、そのような感情とそれを表現する鳴き声との間に、かなり自然な関係があることもあるでしょうから、こういう時は恣意性があるとは考えられません。結局、人間のコトバより程度が劣る場合はあるにせよ、動物のコトバにも恣意性は認められるとしてよいと思います。

　実際、ミツバチのような、サルなどよりははるかに知能の劣る昆虫ですら、えさのある場所までの距離や方向を、アラビア数字の8の字の形になるように、巣箱の中で這《は》い回ることによって伝えるという行為を行っているということは、国語の教科書にも載るほどよく知られた事実です。ミツバチのこの這い回り、あるいはもっと優雅に「ダンス」と呼ばれる動きは、それがえさ場までの距離や方向を表しているからには記号なのであり、しかもえさ場についての情報を伝えるためにダンスを踊らなければならないという必然性はどこにもないのですから、どこに出しても恥ずかしくないほどの恣意性を備えているといってかまいません。

　このように、動物のコトバと人間のコトバは、どちらも記号であって恣意性もあるのだという点では共通ですが、何より動物のコトバには人間のコトバにある分節がないため、伝えることのできる事柄の数が極端に限られているという致命的な欠陥があるのです。こういうことを考えると、私などは、動物にもコトバがあると言うのはちょっと無理なんではないだろうかなどと思っているのです。

(町田健『言語学が好きになる本』による。)

(注1)　十年ちょっと前 ―― この文章の出典は、平成十一年に出版された。

(注2)　恣意 ―― 筆者によるとここでは、「目」という意味を表すのに「メ」(me)という音を当てる必然性はないというようなこと。

(注3)　先にお話ししたベルベットサル ―― ベルベットサルは主にサバンナ地帯に生息するサルの一種。本文の未掲載部分にこのサルを素材にしたコミュニケーション研究への言及がある。

問1　傍線部A　同じ名前で呼ばれていても性質が大きく違うことがあるのは、よくあることです。とあるが、その具体例として最も適当なものを、次の①～⑤のうちから一つ選べ。解答番号は 10 。

① 機械としては全く同一の「スマートフォン」が、使う人によって違う機能を果たす道具となっている。
② 「あめをなめる」というときの「あめ」と「あめが降る」の「あめ」ではその指し示す内容は異なる。
③ 同じ飛行機という名前でも百年前につくられたものと、現在のものとでは全く違う機械となっている。
④ 十年前の幼少期に広いと感じた児童公園が、時間の経った現在では同じ広さでも小さな公園だと感じる。
⑤ 降雨時に着用する雨ガッパとレインコートはそれぞれの役割が違うので、表現も違うものとなっている。

問2　傍線部B　人間のコトバには「分節性」があるのに動物のコトバにはないとあるが、人間のコトバの仕組みについて説明したものとして最も適当なものを、次の①～⑤のうちから一つ選べ。解答番号は 11 。

① 「分節」とは文が単語に分かれることを意味しており、「分節」によって、単語を並べ替えることなく一つの事柄を示す単純な仕組みが成り立っている。
② 「分節」とは文が単語で区切られることを意味しており、「分節」によって、単語を組み合わせて一つの事柄を表すという複雑な仕組みが成り立っている。
③ 「分節」とは文が単語で構成されることを意味しており、「分節」によって、単語を並列に並べることで伝達の可能性を狭める仕組みが成り立っている。
④ 「分節」とは文を単語で区切ることを意味しており、「分節」によって、単語が様々に組み合わされることで思考の拡散を防ぐ仕組みが成り立っている。
⑤ 「分節」とは文を単語で分けることを意味しており、「分節」によって、組合せを必要とせずに多くの事柄を伝達する高度な仕組みが成り立っている。

問3　傍線部C　社会とか文化とかがそれまでより複雑な方向へ変化するということが難しい、というより不可能ということになります　とあるが、なぜそう言えるのか、説明したものとして最も適当なものを、次の①〜⑤のうちから一つ選べ。解答番号は 12 。

① 社会が複雑化するということは、伝えなくてはならない事柄が増えるということにつながるが、動物のコトバは伝えられる事柄の数が決まっているため、社会を複雑に変化させる力をもたないから。

② 人類は多くの事柄を伝えることができるコトバを操り、高度な文明を発達させてきたが、最近はニホンザルの例のように、新しいコトバによって文明を進歩させている動物たちも出現してきているから。

③ 文化そのものの複雑さは人間も動物もあまり変わらないが、コトバの組合わせの単純さにより、動物の社会は人間の社会のように発展することができず、長い間同じ生き方を強いられてしまったから。

④ 社会が複雑であるか単純であるかという問題に焦点が当てられたのは、ニホンザルが一種の文明の進歩を見せたことが発端であり、人間と動物のコトバの仕組み自体は考えられてこなかったから。

⑤ 伝える事柄が複雑化するということは、伝える手段であるコトバが複雑化することと同義であるが、そもそも動物にはコトバがなく、仲間に対して自分の考えを伝える手段をもってはいないから。

問4　傍線部D　単語の並び方には必ず規則性がなければなりません　とあるが、ここで述べられている「規則性」があると考えられる事例を、次の①〜⑤のうちから一つ選べ。解答番号は 13 。

① チンパンジーが仲間に「おれはおまえと夫婦になりたいぞ」という内容を伝達する。

② イルカやクジラが人間の耳には聞こえない超音波を使って仲間への伝達行動をする。

③ ニホンザルがサツマイモを海水で洗い塩味にして食べるという方法を仲間に広める。

④ 訓練されたチンパンジーがカードを使って「リンゴが食べたい」と人間に伝達する。

⑤ ミツバチが「ダンス」と呼ばれる動きでえさのある場所までの距離や方向を伝える。

問5　本文の内容と合致するものを、次の①～⑤のうちから一つ選べ。解答番号は 14 。

① 人間と動物のコトバの違いはあまり明確ではなく、昆虫のコトバとの違いははっきりしているが、チンパンジーやイルカなどの知能の高い動物については、人間に近い性質をもっていると考えられている。

② 動物の中には訓練によって人間と同様のコトバを獲得するものがおり、チンパンジーはカードに類したもので訓練することによって、より複雑な社会を作る基礎となるような文章を作り出すことができる。

③ 動物においても、知覚に直接伝わる部分と記号の意味との間には強い結び付きがあり、ハチが「ダンス」と呼ばれる動きをすれば、どんなハチのダンスでも「えさ場に関する情報」を伝える意味をもつ。

④ 動物のコトバの特徴は、文を構成している単語の並び方に構造や規則性をもっていることであり、人間のコトバのように単語を記号に置き換えて自由に組み合わせる仕組みにはなっていないことである。

⑤ 人間のコトバの特徴は、文を単語に分ける分節性によって新しい事柄をいくらでも表現できることであり、動物のコトバのように一つの鳴き声が事柄全体を表すという仕組みにはなっていないことである。

問6　この文章における論の展開と構成について述べたものとして最も適当なものを、次の①～⑤のうちから一つ選べ。解答番号は 15 。

① 人間とチンパンジーのコトバについての研究成果から始め、複雑さという視点から人間社会と動物社会の共通点を列挙した後で、社会をつくるコトバの役割をコトバの特徴から論じている。

② 人間とチンパンジーやイルカなどのコトバの研究成果から始め、コトバがどのようにとらえられてきたかを明らかにし、最後に自分の研究の経過を述べることで、コトバの本質に迫っている。

③ 人間と動物のコトバの違いについて、初めに共通点を述べることでコトバそのものの性質を明確にし、次に相違点を述べることで違いを浮き彫りにして、コトバとは何かについて述べている。

④ 人間と動物のコトバについて、人間のコトバに特有な性質を示しつつ、一方で動物のコトバの特徴と比較することで、結論として両者の差異を明確にして、コトバについての考察を行っている。

⑤ 人間と動物のコトバの違いを論じつつ、チンパンジーなどの一部の動物の飛びぬけた知能について説明を加え、ミツバチなどの生き物とは異なる猿や人間のコトバの特質をとらえて示している。

5

次のⅠ・Ⅱの文章を読んで、問1〜問5に答えよ。

Ⅰ

（若侍が、狐《きつね》が取り憑《つ》いた巫女《みこ》から狐が大切に所持する白い宝玉を取り上げたところ、狐は、宝玉を返してくれれば若侍を末長く守ると約束した。そこで、若侍が宝玉を返すと、狐は喜んで受け取り、取り憑いていた巫女から離れ去った。）

その後、この玉取りの男、太秦《うづまさ》(注1)に参りて帰りけるに、暗くなる程に御堂《みだう》を出《い》でて帰りければ、夜に入りてぞ内野《うちの》(注2)を通りけるに、応天門(注3)の程を過ぎむとするに、いみじく物怖ろしく思《おぼ》えければ、「何《いか》なるにか」と怪しく思ふ程に、「実《まこと》や、『我を守らむ』と云《い》ひし狐ありきかし」と思ひ出でて、暗きに只《ただ》独り立ちて、「狐々」と呼びければ、こうこうと鳴き出で来にけり。見れば、現《あらは》にあり。

「さればこそ」と思ひて、男狐に向かひて、「和狐(注4)、実に虚言《そらごと》せざりけり。いと哀れなり。ここを通らむと思ふに、極めて物怖ろしきを、我送れ」と云ひければ、狐聞き知り顔にて見返る見返る行きければ、男その後《しりへ》に立ちて行くに、A例の道にはあらで異道《ことみち》を経《へ》て行き行きて、狐立ち留《とど》まりて、背中を曲《かが》めて抜き足に歩みて見返る所あり。そのままに男も抜き足に歩みて行けば、人の気色《けしき》あり。やはら見れば、弓箭兵杖《きうぜんひやうぢやう》(注5)を帯したる者ども数《あまた》立ちて、事の定めをするを、垣超しにやはら聞けば、早う(注6)盗人の入らむずる所の事定むるなりけり。「この盗人どもは道理(注7)の道に立てるなりけり。されば その道をば経ではざまよりゐて通るなりけり。狐それを知りてその盗人の立てる道をば経たる」と知りぬ。その道出で果てにければ、狐は失せにけり。男は平らかに家に帰りにけり。狐これにあらず、かやうにしつつ常にこの男に副《そ》ひて、多く助かる事どもぞありける。実に、「守らむ」と云ひけるに違《たが》ふ事なければ、B男返す返すあはれになむ思ひける。かの玉を惜しみて与へざらましかば、男吉《よ》き事なからまし。しかれば、「賢く渡してけり」とぞ思ひける。

（『今昔物語集』による。）

Ⅱ

王度《おうたく》は、師として仕えていた人物の死に際し、持っていれば、多くの妖怪は遠ざかるという古鏡を手に入れ、それを宝とした。ある時、王度が旅の途中に宿泊した程雄の家に、非常に礼儀正しく美しい、鸚鵡《あうむ》という使用人の女がいた。鸚鵡が王度の古鏡を見て逃げようとしたので、王度が問い詰めると、自分は千年生きる古狸《こり》で、これまで人の姿に化け、さまざまな人に仕えてきたと白状した。

度《ハ》又謂《いヒテ》曰《いハク》、「汝《なんぢハ》本老狸《ニシテ》、変《ジテ》レ形《ヲ》為《なル》レ人《ト》。豈《あニ》不《ざラン》レ害《セ》レ人《ヲ》也《やト》。」婢《ひ》(注8)曰《ハク》、「変《ジテ》レ形《ヲ》事《つかフ》レ人《ニ》、非《あらザル》レ有《ルニ》レ害《スルコト》也《なり》。但《ただ》逃(注9)匿幻惑《ハ》、神(注10)道《ノ》所《ナレバ》レ悪《にくム》、自《おのづからラ》当《まさニ》《ベキ》レ至《あたル》レ死《ニ》耳《のみト》。」度又謂《ヒテ》曰《ハク》、「欲《ス》レ捨《ゆるサント》レ汝《ヲ》、可《ナラン》乎《かト》。」鸚鵡曰《ハク》、「辱《かたじケナクス》二公《ノ》厚賜《ヲ》一。豈《ニ》敢《あヘテ》忘《レンヤ》レ徳《ヲ》。然《しかレドモ》天鏡一《タビ》照《ラサバ》、不《ず》レ可《ベカラ》レ逃《ル》レ形《ヲ》。但久《シク》為《セバ》二人形《ヲ》一、羞《ヅ》レ復《スルコトヲ》二故《もとノ》体《ニ》一。願《ハクハ》緘《とヂ》二於匣《はこヲ》一、許《セト》二尽《クシテ》レ酔《ゑヒヲ》而終《ハランコトヲ》一。」度又謂《ヒテ》曰《ハク》、「緘《ヂナバ》二鏡《ヲ》於匣《ニ》一、汝《ハ》不《ラン》レ逃《レ》乎《やト》。」鸚鵡笑《ヒテ》曰《ハク》、「公《ニハ》適《たまたま》有《リテ》二美言《ヲ》一、尚《なホ》許《セリ》二相捨《サンコトヲ》一。緘《ヂテ》レ鏡《ヲ》而走《にゲシモ》、豈《ニ》不《ランヤ》レ終《へ》レ恩《ヲ》。但天鏡一《タビ》臨《マバ》、竄《かくスニ》レ跡《ヲ》無《シ》レ路《みち》。惟《ただ》希《こひねがヒ》二数刻之《の》命《ヲ》一、以《もつテ》尽《クサン》二一生之歓《ヲ》一耳《ト》。」度《ハ》登時《ただちニ》為《ために》匣《ニシ》レ鏡《ヲ》、又為《ニ》致《シ》レ酒《ヲ》、悉《ことごとク》召《シ》二雄《ノ》家《ノ》隣里《ヲ》一、与《ともニ》宴《えん》謔《ぎやくス》。婢《ハ》頃《しばらクニシテ》大《おほイニ》酔《ヒ》、奮《ツテ》レ衣《ヲ》起《たチテ》舞《ヒテ》而歌《ヒテ》曰《ハク》、

「宝鏡宝鏡　哀《かなシイ》哉《かな》予《わガ》命
自《より》二我《ガ》離《レシ》レ形《ヲ》一　于《い》(注11)今《まニ》幾(注12)姓《ゾ》

生《ハ》雖《いへどモ》レ可《シト》レ楽《シム》　死《モ》必《ズ》不レ傷《うれへ》

何《なん》為《すレゾ》眷《けん》恋《れんシテ》（注13）　守《ラント》二此《ノ》一方《ヲ》一」

歌訖《をハリテ》再拝《シ》、化《シテ》為《リテ》二老狸《ト》一而死《ス》。一座驚《きやう》歎《たんセリ》。

（『古鏡記』による。）

（注1）太秦 ―― 今の京都市にある広隆寺をさす。
（注2）内野 ―― 大内裏の中。
（注3）応天門 ―― 大内裏の中の南側にある門。
（注4）和狐 ―― 「和」は相手に対する親愛の気持ちを表す。
（注5）弓箭兵杖 ―― 弓矢と刀剣などの武器。
（注6）早う ―― なんと。じつは。
（注7）道理の道 ―― 通常通る道。表通り。
（注8）婢 ―― 女性の使用人。ここでは鸚鵡のこと。
（注9）逃匿幻惑 ―― 逃げ隠れしたり、人目をくらまし惑わしたりすること。
（注10）神道 ―― ここでは「神」の意味。
（注11）于今 ―― 「于」は置き字。
（注12）幾姓 ―― いくつもの王朝。
（注13）眷恋 ―― 恋い慕う。

問1　傍線部A　例の道にはあらで異道を経て行き行きて、狐立ち留まりて、背中を曲めて抜き足に歩みて見返る所あり　とはどのような様子を述べているか。最も適当なものを、次の①～⑤のうちから一つ選べ。解答番号は 16 。

① 狐は指定された道には盗賊はいないと思いつつ念のため違う道を通ったが、男の不安を解消するために物陰に隠れながら歩いている。
② 狐はいつもの道には盗賊がいて危険だと知っていたので違う道を通りつつ、男を気遣いながら盗賊に見つからないように歩いている。
③ 狐は普段使っている道には盗賊がいると察知して獣道を選んで通ったが、男がそれに気づき責めたためおどおどしながら歩いている。
④ 男はいつもならば裏通りには盗賊がいるはずだと警戒しながら通ったのに、狐は恐れることもなくのんびりとやすみやすみ歩いている。
⑤ 男はいつものように盗賊はいないと思い人通りのない道を通ったため、狐は異変を察知して周囲の様子を伺いながら慎重に歩いている。

問2　傍線部B　男返す返すあはれになむ思ひける　の解釈として最も適当なものを、次の①～⑤のうちから一つ選べ。解答番号は 17 。

① 狐は男が自分を信用して何度も助けを求めてきたことにあきれてしまった。
② 狐は男がいつまでも恩返しは続くと思い込んでいることを哀れだと思った。
③ 男は狐が男との約束を違えることなく自分を守ってくれたことに感心した。
④ 男は狐がいつも自分を陰ながら見守り続けていることに息苦しさを感じた。
⑤ 男は狐がこの先もずっと男に仕えなければならないことを気の毒に思った。

問3 傍線部C 願緘於匣、許尽酔而終。の理由として最も適当なものを、次の①～⑤のうちから一つ選べ。解答番号は 18 。

① 王度の鏡に照らされ人間の姿を保つことができなくなったので、鏡をしまってもらい人間の姿で酔いながらこの世を去りたいと思ったから。
② 王度の鏡は強い霊力を持った貴重な鏡であると分かったので、鏡をしまわせてから王度を酔わせ奪い取って自分の物にしたいと思ったから。
③ 王度の鏡は見る人の本性を暴いてしまう古鏡であったので、鏡をしまってもらい人々を安心させてから酒宴を始めたいと思ったから。
④ 王度の鏡に照らされた自分の姿を見てとても恥ずかしくなったので、鏡をしまってもらわなければすぐに酔いが覚めてしまうと思ったから。
⑤ 王度の鏡に魅了され気を抜いて正体を現してしまったので、鏡をしまってもらってから酔いを覚ましもう一度人間に戻りたいと思ったから。

問4 Ⅱの漢文中の漢詩に込められた思いとして最も適当なものを、次の①～⑤のうちから一つ選べ。解答番号は 19 。

① 自分の余命は短いので、残りの日々は恋人と過ごしたい。
② 自分の今までの罪を反省し、残りの人生を全うしよう。
③ 自分の寿命は決められないので、もっと人生を楽しみたい。
④ 自分の運命を嘆きながらも、自ら死を受け入れよう。
⑤ 自分の運命だと分かっているが、死を受け入れられない。

問5 春田さんのクラスでは、Ⅰ・Ⅱの文章を学習した後、その内容について話合いを行った。次の**【話合いの一部】**を読んで、後の**問**に答えよ。

【話合いの一部】

春田さん 「まずは両方の文章を読んで、気付いた点を挙げてみようよ。」
夏川さん 「Ⅰの古文は、狐が恩返しをした話で、Ⅱの漢文は古鏡を使って古狸を退治した話だから共通点はないんじゃないかな。」
秋山さん 「なるほど。じゃあ、Ⅰの古文とⅡの漢文の内容は全然違うということか。」
冬野さん 「でも、［X］を『美言』といっている点で、Ⅰの古文との共通点はあるように思うよ。」
春田さん 「確かに内容は少し違うけれど、［Y］という点は両方の文章に共通していると読みとれるね。」

問 **【話合いの一部】**の、空欄［X］、［Y］にあてはまるものとして最も適当なものを、次の各群の①～⑤のうちからそれぞれ一つ選べ。
解答番号は［20］・［21］。

X ［20］
① 王度が鸚鵡の命を助けてやると言ったこと
② 王度が鸚鵡の正体を知っていると言ったこと
③ 王度が鸚鵡の容姿をとても美しいと言ったこと
④ 世間の人々が王度の人格をすばらしいと言ったこと
⑤ 世間の人々も鸚鵡の罪を許すと言ったこと

21　Y

① 狐や古狸であっても周囲への気遣いを忘れず、人と協力して生きようとする
② 狐や古狸であっても罪を犯したことを反省し、人に尽くすことで償おうとする
③ 狐や古狸であっても人の心をよく理解し、人に迷惑をかけないように行動する
④ 狐や古狸であっても人と同様に知恵があり、人をだましたり陥れようとしたりする
⑤ 狐や古狸であっても人から受けた恩に感謝し、人を裏切らない誠実な行動をする

令和２年度　第１回

解答・解説

【重要度の表記】

Ａ：重要度が高く確実に正答したい設問。しっかり復習する必要のある問題です。

Ｂ：重要度はＡレベルよりすこし下で、やや難易度が高い設問または内容を読み取る設問。高得点を狙う人は復習しましょう！

Ｃ：重要度が低い、または難解な設問。軽く復習する程度でよいでしょう！

令和２年度　第１回　高卒認定試験

【解　答】

解答番号			正答	配点
1	問1	1	③	2
		2	①	2
	問2	3	②	2
	問3	4	④	5
	問4	5	⑤	4
	問5	6	①	5
2	問	7	⑤	8
3	問1	8	②	6
	問2	9	③	6

解答番号			正答	配点
4	問1	10	③	5
	問2	11	②	5
	問3	12	①	5
	問4	13	④	5
	問5	14	⑤	5
	問6	15	④	5
5	問1	16	②	5
	問2	17	③	5
	問3	18	①	5
	問4	19	④	5
	問5	20	①	5
	問6	21	⑤	5

【解　説】

1

問１

（ア）傍線部の漢字は「たん」ねんと読みます。丹念とは、心を込めて念入りに行うことを意味します。

したがって、正解は③となります。

解答番号【１】・３　⇒　**重要度Ａ**

（イ）傍線部の漢字は、「ゆる」めると読みます。表情を緩めるとは、微笑むこと、笑みを浮かべることを意味します。

したがって、正解は①となります。

解答番号【２】・１　⇒　**重要度Ａ**

問２　ゲンリュウとは、「源流」と書き、川の水源、流れ始めるところを意味します。したがって、傍線部の漢字は「源」となります。選択肢の漢字はそれぞれ、①草「原」、②財「源」、③「言」明、④際「限」、⑤「減」退となります。これらのうち、問題文の「源」を含む選択肢は②となります。

したがって、正解は②となります。

解答番号【３】・２　⇒　**重要度Ａ**

問３　この問題は、尊敬語、謙譲語の適切な使い方について問う問題になります。

問題文は、新人社員が先輩に対して、お客様に何を見せたら良いか相談している状況になります。社員とお客様という関係性であるため、お客様に対して敬意を示す必要があります。行動を起こす人が相手に対して敬意を示す際に使う表現は謙譲語になります。したがって、空欄に入る言葉を考えるときには、「見せる」という意味を持った謙譲語を含む表現を、選択肢から選べばよいということになります。

①について、「ご覧になる」とは「見る」という言葉の尊敬語になります。また、「ご覧になられる」という表現は、「ご覧になる」という尊敬語と、「～される」という尊敬語の二重敬語となっており、適切な表現ではありません。よって、①は誤りです。②について、①と同様、「ご覧になる」とは「見る」という言葉の尊敬語であり、「見せる」という意味を持ちません。よって、②は誤りです。③について、「拝見する」とは「見る」という言葉の謙譲語になります。また、「拝見させる」という表現は、尊敬を表す表現として適切ではありません。よって、③は誤りです。④について、「お見せする」とは「見せる」の謙譲語になります。よって、④は正しいです。⑤について、③と同様、「拝見する」とは「見る」の謙譲語になります。よって、⑤は誤りです。

したがって、正解は④となります。

解答番号【4】・4　⇒重要度Ｂ

問４　この問題は、四字熟語の適切な使い方について問う問題になります。

問題文に、身の回りを敵に囲まれてしまっていることが書かれているため、空欄には絶望的な状況であることを表す表現が入ります。

①について、「竜頭蛇尾」とは、当初の勢いはよいが、段々と振るわなくなってくることを意味するので、不適です。②について、「臥薪嘗胆」とは、将来の成功のために苦労に耐えることを意味するので、不適です。③について、「朝三暮四」とは、目先の差にとらわれて、結局同じ結果になることに気づかないことを意味するので、不適です。④について、「呉越同舟」とは、仲の悪い者同士が同じ場所におり、共通の目標に向けて協力することを意味するので、不適です。⑤について、「四面楚歌」とは、周囲を敵に囲まれて孤立してしまい、味方がいないことを意味するので、適切です。

したがって、正解は⑤となります。

解答番号【5】・5　⇒重要度Ｂ

問５　問題文では、エジプト、メソポタミア、インダス、中国の古代文明で生み出された宇宙像は、それぞれの独自の特徴を持ったものであるものの、いずれも神話や宗教など、非科学的なものと一体化したものであったのに対し、古代ギリシャの宇宙像は、より洗練された哲学的あるいは科学的宇宙観を持ったものであったことが書かれています。

①について、前述の内容の通りなので、正しいです。②について、古代ギリシャの宇宙像は神話や宗教と一体化していないので、誤りです。③について、エジプトやメソポタミアなどの宇宙像は、神話や宗教を排除したものではなく、むしろ一体化したものであったため、誤りです。④について、エジプトやメソポタミアなどの宇宙像は、いずれも神話や宗教と一体化していたものの、それぞれ独自の宇宙像であったことから、同様のものではないため、誤りです。⑤について、エジプトやメソポタミアなどの宇宙像が一体化して古代ギリシャの宇宙観になったとは書かれていないので、誤りです。

したがって、正解は①となります。

解答番号【6】・1　⇒重要度Ａ

2

問 ①について、スピーチの冒頭と最後に「原直喜さんの『ジャパニ』」と繰り返していることから、正しいです。②について、本文4行目の「登場人物である宿泊客たちは、みんなそれぞれ…」以降、各登場人物と彼らの事情について説明がされているので、正しいです。③について、本文9行目の「そんな個性豊かな登場人物の一人に…」以降で、高橋さんが注目する「日本人女性のユマさん」について取り上げられているので、正しいです。④について、本文1行目の最後に「タイトルの『ジャパニ』とは…」とあり、タイトルに簡潔な説明を加えているため、正しいです。⑤について、本文冒頭の2行には、作品のテーマについて述べられている部分がないため、誤りです。

したがって、正解は⑤となります。

解答番号【7】・5 ⇒ **重要度A**

3

問1 空欄部に入る適切な語句を選ぶために、まず、平常貸出と夏季特別貸出の関係性について整理します。

コラムの本文には、夏季特別貸出では「書籍は無制限に借りられるが、雑誌は対象外。」とあります。つまり、平常貸出と夏季特別貸出が重複する期間では、書籍については夏季特別貸出のルールが適用され、雑誌については平常貸出のルールが適用されることになります。

よって、空欄部前後の繋がりとしては、書籍は夏季特別貸出ルール〝＋〟雑誌は平常貸出ルールとなります。この〝＋〟の役割を持つ語句は、ア「かつ」、エ「さらには」の2つになります。

したがって、正解は②となります。

解答番号【8】・2 ⇒ **重要度A**

問2 コラムの文章構成として、まず第一段落で、「夏休みに入ると雑誌の返却を延滞する人が多くなるという状況が、今年も発生してしまいました」と、現状と問題を提示しています。次に第二段落で、「…この2種類の貸出の違いを皆さんに十分御理解いただけていないためではないかと考えています。」と、問題が生じた原因について述べています。第三段落では、「平常貸出では、…」「夏季特別貸出では、…」と、二種類の貸出の違いについて説明しています。そして、第四段落では、その3行目に「…という意見があることも図書委員会では重々承知しています。」と、想定される意見への言及を行い、最後の第五段落で、「この2種類の貸出の違いを改めて御確認ください。」と、依頼を行っています。

したがって、正解は③となります。

解答番号【9】・3 ⇒ **重要度B**

4

問1 傍線部の直後の文章から、傍線部の内容について、作者の実体験が具体例として記されています。同じ「大画面」という言葉であっても、十年ちょっと前では「わずか六行程度の表示」しかできなかったものが、現在では「その十倍くらいの行数を表示」できるようになったとあります。つまり、同一の言葉で表されるものであっても、文脈に応じて違うものを指しているということです。

①について、「機械としては全く同一の『スマートフォ

ン』」とあり、既に同一の言葉で全く同じものを指していることから、誤りです。②について、選択肢の「あめ」は「雨」と「飴」であり、同一の言葉ではないため、誤りです。③について、同じ飛行機と言われても、百年前のものと現在のものが全く違うものであることは、作者の具体例の内容と合致するため、正しいです。④について、十年前と現在で「児童公園」それ自体は全く同一のものを指しているため、誤りです。⑤について、「雨がっぱ」と「レインコート」と違う言葉で表されており、同一の言葉によって表される作者の具体例と合致しないため、誤りです。

　したがって、正解は③となります。

解答番号【10】・3　⇒**重要度A**

問２　15行目より、「分節」とは「文が単語に分かれること」を意味します。つまり、「分節性」を持つ人間のコトバは、単語を並べ替え、組み合わせることで文を作り上げるという複雑な仕組みになっています。また、24行目と26行目より、動物では三十個程度の文しか持たない一方で、人間のコトバは、「分節性」による単語の並べ替えを通じて、「一日だけでも何百あるいは何千もの異なった文」を使うことがわかります。よって、人間のコトバは、「分節性」により、動物は持ちえない多様な表現力と幅広い伝達の可能性を持ったものであるということになります。これを参考に、選択肢を見ていきます。

　①について、「単語を並べ替えることなく一つの事柄を示す単純な仕組み」という部分より、誤りです。②について、「単語を組み合わせて一つの事柄を表すという複雑な仕組み」という部分が本文の内容と合致するため、正しいです。③について、「伝達の可能性を狭める仕組み」という部分が前述の内容とは異なるため、誤りです。④について、「思考の拡散を防ぐ仕組み」という部分が前述の内容と異なるため、誤りです。⑤について、「組合せを必要とせずに」という部分が「分節性」の反対の事柄を意味しているため、誤りです。

　したがって、正解は②となります。

解答番号【11】・2　⇒**重要度A**

問３　傍線部Ｃの直前に、「社会がどんどん複雑～ちゃんと表現することができるわけです」とあり、社会が複雑化すると同時に、伝えることも複雑化することが述べられています。しかしながら、傍線部Ｃを含む文にあるように、動物のコトバでは、伝えられる事柄の数が限られています。したがって、動物においては、コトバが複雑化に対応できないため、社会が複雑化しないということがわかります。これを参考に、選択肢を見ていきます。

　①について、「社会が複雑化～ということにつながる」、「動物のコトバは伝えられる事柄の数が決まっている」という部分より、正しいです。②について、「新しいコトバによって文明を進歩させている動物たち」という部分が前述の内容と異なるため、誤りです。③について、「文化そのものの複雑さは人間も動物もあまり変わらないが」という部分が人間は複雑化に対応できる一方で、動物は対応できないという本文の内容と異なるため、誤りです。④について、「人間と動物のコトバの仕組み自体は考えてこなかった」という部分が、コトバの仕組みを分析している本文の趣旨と合致しないため、誤りです。⑤について、「そもそも動物にはコトバがなく」という部分が、人間も動物もコトバを持っているとしている本文の趣旨と合致しないため、誤りです。

したがって、正解は①となります。

解答番号【12】・1　⇒　重要度B

問4　人間のコトバには単語の組合せが必要であり、そこに「規則性」がなければ伝わりません。反対に、動物のコトバには単語の組み合わせなど存在しないので、「規則性」はありません。これを参考に、人間のコトバを必要とする事例と、そうではない動物のコトバを使っている事例を見分けていきます。

①について、チンパンジーが仲間に伝達するときは動物のコトバを使いますので、単語の組合せなど必要なく、「規則性」は存在しません。よって、①は不適です。②について、①と同様、イルカやクジラの超音波も動物のコトバなので、単語の組合せなど必要なく、「規則性」は存在しません。よって、②は不適です。③について、ニホンザル同士のやり取りは、動物のコトバで行われるため、単語の組合せなどもちろんありません。よって、③は不適です。④について、人間に「リンゴが食べたい」と伝えるには、「規則性」がなければなりません。よって、④は適切です。⑤について、ミツバチのダンスは動物のコトバであるため、「規則性」は存在しません。よって、⑤は不適です。

したがって、正解は④となります。

解答番号【13】・4　⇒　重要度C

問5　①について、「人間と動物のコトバの違いはあまり明確ではなく」という部分が、人間と動物のコトバには「分節性」や「規則性」という大きな違いがあることから、誤りです。②について、「動物の中には訓練によって人間と同様のコトバを獲得する」、「文章を作り出すことができる」という部分が、動物は人間と同様のコトバを獲得しえず、単語の並び替えで文章を作るようなコトバの仕組みを持っていないことから、誤りです。③について、「知覚に直接伝わる～強い結び付きがあり」という部分が、能記と所記の関係は恣意的、つまり、強い結び付きを持った必然性はないという本文の内容から、誤りです。④について、「動物のコトバの～規則性をもっていること」という部分が、動物のコトバはむしろ構造や規則性を持っていないことから、誤りです。⑤について、「人間のコトバの特徴は、～いくらでも表現できること」、「動物のコトバ～仕組みにはなっていない」という部分が本文の内容と合致することから、正しいです。

したがって、正解は⑤となります。

解答番号【14】・5　⇒　重要度B

問6　この文章では、まず人間と動物のコトバの違いについて論じ、その後、「分節性」や「規則性」といった人間のコトバが持つ特徴的な性質について論じています。そして最後に、「恣意性」という人間と動物のコトバの共通点について論じながら、コトバというものに関する考察を行っています。

①について、「人間とチンパンジーのコトバについての研究成果」という部分が、本文では人間と動物の比較であったこと、また、「複雑さという視点～共通点を列挙」という部分が、本文ではむしろその違いとコトバが与える影響について語られていたことから、それぞれ誤りです。②について、「自分の研究の経過を述べる」という部分が、本

文では作者の研究について語られていないことから、誤りです。③について、「初めに共通点を述べることで」とありますが、前半部分ではむしろ「分節性」や「規則性」など、人間特有のコトバの特徴について語られていたことから、誤りです。④について、「人間のコトバに特有な性質」を述べ、「動物のコトバの特徴」と比較した上で、「両者の差異を明確に」しているという流れが、本文のそれと一致することから、正しいです。⑤について、「チンパンジーなどの一部の動物のとびぬけた知能について説明を加え」という部分が、人間のコトバの特徴について語っている本文の内容と一致しないことから、誤りです。

したがって、正解は④となります。

解答番号【15】・4 ⇒ **重要度B**

5

Ⅰ

（現代語訳）

その後、玉を取った男が、太秦の広隆寺に参詣した帰り道で、日が暮れるころに御堂を出て、夜になったころに内野を通った時に、応天門を過ぎようとすると、ひどく恐ろしく思えたので、「何か起こるのか」と怪しく思った時に、「そういえば確か、『私の守り神になる』と言っていた狐がいた」と思い出して、暗闇にひとり立ち、「狐、狐」と呼んでみると、コンコンと鳴きながら出て来た。見ると、本物のようであった。

男は狐に向かって言った。「狐よ、おまえは嘘をつかなかった。とてもかわいいやつだ。ここを通ろうと思うのだが、恐くて通れないので、道案内をしてくれ。」と言うと、狐は理解した顔をして、振り返りながら歩いていくので、男はその後をついていくと、普段の道ではない、いつもと違った道を通って進んでいっては、狐は立ち止まり、背をかがめて、抜足で歩いて所々振り返る。男も同じように抜足で歩いて行くと、人の気配がした。

見ると、弓矢と刀剣を帯した者が何人も立って、話し合いをしている。垣根ごしに聞くと、なんと盗賊がこれから入ろうとする家の話し合いしていた。「この盗人たちは表通りに立っていた。そのため、狐はその道を通らず、そのそばの道を通り抜けていたのだ。狐は盗賊がいるのを知っていて、その盗賊が立っていた道を避けた」と知った。その道を抜けると、狐はどこかに消えた。男はなにごともなく帰った。狐はこれだけではなく、このようにして常にこの男の傍にいて、多くの場面で助けていた。本当に、「おまえを守る」という言葉に背くことはなかったので、男は返す返すかわいく思った。もしあの玉を返さなかったなら、男は良い事がなかっただろう。そのため、「玉を渡してよかった。」と心底思った。

Ⅱ

（書き下し文）

度は又謂ひて曰はく、「汝は本老狸にして、形を変じて人と為る。豈に人を害せざらんや。」と。婢曰はく、「形を変じて人に事ふ、害すること有るに非ざるなり。但逃匿幻惑は、神道の悪む所なれば、自ら当に死に至るべきのみ。」と。度又謂ひて曰はく、「汝を捨さんと欲す、可ならんか。」と。鸚鵡曰はく、「公の厚賜を辱けなくす。豈に敢へて徳を忘れんや。然れども天鏡一たび照らさば、故の体に復することを逃るべからず。但久しく人形を為せば、故の体に復することを羞づ。願はくは匣を緘ぢ、酔ひを尽くして終はらんことを許せ。」と。度又謂ひて曰はく、「鏡を匣に緘ぢなば、汝は逃れざらんや。」と。鸚鵡笑ひて曰はく、「公には適美言有りて、尚ほ相捨さんことを許せり。鏡を緘ぢて走げしも、豈に恩を終へざらんや。但天鏡一たび臨まば、跡を竄すに路無し。惟数刻の命を希ひ、以て一生の歓を尽くさんのみ。」と。度は登時に為に鏡を匣にし、又為に酒を致し、悉く雄の家の隣里を召し、与に宴謔す。婢は頃くにして大いに酔ひ、衣を奮つて起ちて舞ひて歌ひて曰はく、

「宝鏡宝鏡　哀しいかな予が命
我が形を離れし自り　于今に幾姓ぞ
生は楽しむべしと雖も　死も必ず傷へず
何為れぞ眷恋して　此の一方を守らん」と。

歌訖はりて再拝し、化して老狸と為りて死す。一座驚歎せり。

(現代語訳)

度はまた言った、「お前はもともとは老狸であり、形を変えて人になっている。どうして人に害を与えないことがあろうか。(いや、与える。)」と。使用人は言った、「形を変えて人に仕えることは、害することではない。ただ逃げ隠れしたり、人目をくらまし惑わしたりすることは、神が嫌うことなので、自ら死を選ぶだけである。」と。度はまた言った、「汝を逃がしたいと思っている。それは可能であるか。」と。鸚鵡は言った、「王度の施しを辱めることになる。どうして自ら徳に背くようなことをするだろうか。(いや、しない。)それでも、古鏡に一度照らされれば、元の形になってしまう。ただ長い間人の姿をしていたので、元の体に戻りたくはない。願わくば、鏡をしまってもらい、酔いを巡らせて死ぬことを許してほしい。」と。度はまた言った、「鏡をしまわなければ、お前は逃げられないではないか。」と。鸚鵡は笑って言った、「王度にたまたま良く言ってもらい、さらには逃げることをも許そうとしてくれている。鏡をしまって逃げ出したとしても、どうして恩を果たせないだろうか。(いや、必ず恩を返す。)ただ古鏡を一度見れば、もう正体を隠すことはできない。ただあと少しの命を大切にし、一生の楽しみを尽くしたい。」と。度は直ちに鏡をしまい、酒を用意して、程雄の家のある里の人々を招待し、宴会を開いた。使用人は大いに酔い、衣服を奮って立って舞い、歌いながら言った、「宝鏡よ宝鏡よ　なんと悲しいことか私の人生は　自分の姿を変え、今までいくつもの王朝を渡り歩いてきた　人生は楽しむべしといえども　死も必ずしも嘆き悲しいものではない　何のために生を恋い慕い　生の一方に固執する」と。

歌い終わってもう一度お辞儀をすると、変身が解かれ、老狸になって死んだ。その場にいた者たちは驚き叫んだ。

問1　狐が立ち止まったり、背中を丸めて歩いたりしていたのは、表通りに盗賊がいることを予め察知しており、彼らに見つからないようにするためです。対して男は、表通りに盗賊がいることを知らず、狐の様子を真似るようにただ歩いていました。このことを参考に選択肢を見ていきます。

①について、「指定された道~違う道を通った」という部分が、狐は本来通る道に盗賊がいることを知っていたという内容と合致しないので、誤りです。②について、「いつもの道には盗賊がいて」「盗賊に見つからないように」という部分が、本文の内容と合致するので、正しいです。③について、「男がそれに気づき責めたため」という部分が、男は黙って狐の様子を真似ながらついていったという本文の内容と合致しないので、誤りです。④について、「裏通りには~しながら通った」という部分が、盗賊がいたの

は表通りだったという本文の内容と合致しないので、誤りです。⑤について、「いつものように～道を通った」という部分が、表通りに盗賊がいたという本文の内容と合致しないので、誤りです。

　したがって、正解は②となります。

解答番号【16】・2　⇓ **重要度B**

問２　傍線部Bの直前に、「実に、『守らむ』と云ひけるに違ふ事なければ」とあります。これより、狐が玉を返してくれた恩返しに「あなたを守る」といった発言に嘘はなく、それに従って、今回も盗賊に出会いそうだったところから助けてくれたことが読み取れます。それを受けて、男は狐に対して、「あはれ（かわいらしい、感心）」と返す返す思ったということになります。このことを参考に選択肢を見ていきます。

　①について、「何度も助けを求めてきた」という部分が、本文の男の行動と合致しておらず、また、「あはれ」という感情は男から狐に対する感情であることから、誤りです。②について、「恩返しは続く～哀れだと思った」という部分が、本文の内容と合致しておらず、また、「あはれ」という感情は男から狐に対する感情であることから、誤りです。③について、「約束を違える～に感心した」という部分が、本文の最後から3行目、「実に、「守らむ」～事なければ、」という内容と合致するので、正しいです。④について、「息苦しさを感じた」という部分が、「あはれ」という表現が意味することと合致しないので、誤りです。⑤について、「気の毒に思った」という部分が、狐の恩返しに感動している男の心情と合致しないので、誤りです。

　したがって、正解は③となります。

解答番号【17】・3　⇓ **重要度B**

問３　傍線部Cの直前にある2文は、「それでも、古鏡に一度照らされれば、元の形になってしまう。ただ長い間人の姿をしていたので、元の体に戻りたくはない。」という意味です。つまり、老狸は人間の姿のままで死にたいと考えていたので、鏡をしまって、酔いを巡らせた上で死にたいと王度に告げたということになります。このことを参考に選択肢を見ていきます。

　①について、「鏡をしまって～世を去りたい」という部分が、傍線部Cとその直前の内容と合致するので、正しいです。②について、「王度を酔わせ～物にしたい」という部分が、本文の内容と合致しないので、誤りです。③について、「人々を安心させてから酒宴を始めたい」という部分が、鏡は人に対して恐怖を与えるものではないことから、誤りです。④について、「鏡をしまって～覚めてしまう」という部分が、鏡をしまうことで人間の姿のまま死にたいという老狸の考えと合致しないので、誤りです。⑤について、「酔いを覚ましもう一度人間に戻りたい」という部分が、文章の最後まで狸の姿に戻っていないという本文の流れと合致しないので、誤りです。

　したがって、正解は①となります。

解答番号【18】・1　⇓ **重要度C**

問４　Ⅱの文章の最後に書かれている漢詩は、「哀哉予命」と自分の人生を嘆きながらも、「死必不傷」と自分の死を受け入れる気持ちを歌っています。このことを参考に選択肢を見ていきます。

　①について、「残りの日々は恋人と過ごしたい」という

部分が、漢文の内容と合致しないため、誤りです。②について、「残りの人生を全うしよう」という部分が、それ以前の宴会時の老狸の心情とは合致する部分がありますが、自らの死を受け入れるという漢詩の内容と合致しないため、誤りです。③について、「もっと人生を楽しみたい」という部分が、生への固執から解放され、自らの死を受け入れようとする漢詩の内容と合致しないので、誤りです。④について、「運命を嘆きながらも、自ら死を受け入れよう」という部分が、漢詩の内容と合致するので、正しいです。⑤について、「死を受け入れられない」という部分が、自らの死を受け入れようとする漢詩の内容と反対になっているため、誤りです。

　したがって、正解は④となります。

解答番号【19】・4　⇓ **重要度B**

問5

X

　Ⅱの文章の『美言』とは、直訳すると”良い言葉、ありがたい言葉”という意味です。鸚鵡にとってありがたい言葉とは、王度の鸚鵡（老狸）に対して言った「欲捨汝」のことであり、王度が鸚鵡を許したい、救ってあげたいという言葉を指します。このことを参考に選択肢を見ていきます。

　①について、前述の内容と合致するため、正しいです。②について、王度が鸚鵡の正体を知っていることは事実ですが、鸚鵡はそれを『美言』と言っているわけではないので、誤りです。③について、「鸚鵡の容姿をとても美しい」と言った内容は本文に書かれていないので、誤りです。④について、「王度の人格をすばらしいと言った」という部分は、本文に書かれていないので、誤りです。⑤について、世間の人々の考えについては本文に書かれていないので、誤りです。

　したがって、正解は①となります。

解答番号【20】・1　⇓ **重要度B**

Y

　Ⅰ、Ⅱの文章に共通する内容は、人から受けた施しに対して感謝し、人に対して誠実に行動することです。Ⅰの文章では、玉を返してもらったことに感謝し、誓った通りに若侍を守っており、Ⅱの文章では、助けたいという王度の言葉に感謝しながらも、変身して過ごしてきたことをきっちりと死して償っており、それぞれ誠実に行動しています。このことを参考に選択肢を見ていきます。

　①について、「人と協力して生きようとする」という部分は、本文の趣旨と合致しないので、誤りです。②について、「人に尽くすことで償おうとする」という部分は、Ⅱの文章の、自ら死を選ぶ形で償った内容と合致しないので、誤りです。③について、「人に迷惑をかけないように行動する」という部分が、Ⅱの文章の人に仕え、人の世界で過ごしていた老狸の行動と合致しないので、誤りです。④について、「人をだましたり陥れようとしたりする」という部分が、特にⅠの文章の狐の恩返しの内容と反対になってしまうので、誤りです。⑤について、「受けた恩に感謝し～行動をする」という部分が、Ⅰの文章の狐の男への恩返し、Ⅱの文章の老狸の償いと合致するので、正しいです。

　したがって、正解は⑤となります。

解答番号【21】・5　⇓ **重要度B**

キ リ ト リ 線

第　回　高等学校卒業程度認定試験

国　語　解答用紙

氏　名	

受験番号 ⇒

①	⓪①②③④⑤⑥⑦⑧⑨	⓪①②③④⑤⑥⑦⑧⑨	⓪①②③④⑤⑥⑦⑧⑨	⓪①②③④⑤⑥⑦⑧⑨

生年月日 ⇒

年号						
明治Ⓜ 大正Ⓣ 昭和Ⓢ 平成Ⓗ	⓪①②③④⑤⑥	⓪①②③④⑤⑥⑦⑧⑨	⓪①	⓪①②③④⑤⑥⑦⑧⑨	⓪①②③	⓪①②③④⑤⑥⑦⑧⑨

（注意事項）
1．記入はすべてＨまたはＨＢの黒色鉛筆を使用してください。
2．訂正するときは、プラスチックの消しゴムで丁寧に消し、消しくずを残さないでください。
3．所定の記入欄以外には何も記入しないでください。
4．解答用紙を汚したり、折り曲げたりしないでください。
5．マーク例　良い例　悪い例

受験地			
北海道	○	滋　賀	○
青　森	○	京　都	○
岩　手	○	大　阪	○
宮　城	○	兵　庫	○
秋　田	○	奈　良	○
山　形	○	和歌山	○
福　島	○	鳥　取	○
茨　城	○	島　根	○
栃　木	○	岡　山	○
群　馬	○	広　島	○
埼　玉	○	山　口	○
千　葉	○	徳　島	○
東　京	○	香　川	○
神奈川	○	愛　媛	○
新　潟	○	高　知	○
富　山	○	福　岡	○
石　川	○	佐　賀	○
福　井	○	長　崎	○
山　梨	○	熊　本	○
長　野	○	大　分	○
岐　阜	○	宮　崎	○
静　岡	○	鹿児島	○
愛　知	○	沖　縄	○
三　重	○		

解答番号	解答欄 1234567890
1	①②③④⑤⑥⑦⑧⑨⓪
2	①②③④⑤⑥⑦⑧⑨⓪
3	①②③④⑤⑥⑦⑧⑨⓪
4	①②③④⑤⑥⑦⑧⑨⓪
5	①②③④⑤⑥⑦⑧⑨⓪
6	①②③④⑤⑥⑦⑧⑨⓪
7	①②③④⑤⑥⑦⑧⑨⓪
8	①②③④⑤⑥⑦⑧⑨⓪
9	①②③④⑤⑥⑦⑧⑨⓪
10	①②③④⑤⑥⑦⑧⑨⓪
11	①②③④⑤⑥⑦⑧⑨⓪
12	①②③④⑤⑥⑦⑧⑨⓪
13	①②③④⑤⑥⑦⑧⑨⓪
14	①②③④⑤⑥⑦⑧⑨⓪
15	①②③④⑤⑥⑦⑧⑨⓪

解答番号	解答欄 1234567890
16	①②③④⑤⑥⑦⑧⑨⓪
17	①②③④⑤⑥⑦⑧⑨⓪
18	①②③④⑤⑥⑦⑧⑨⓪
19	①②③④⑤⑥⑦⑧⑨⓪
20	①②③④⑤⑥⑦⑧⑨⓪
21	①②③④⑤⑥⑦⑧⑨⓪
22	①②③④⑤⑥⑦⑧⑨⓪
23	①②③④⑤⑥⑦⑧⑨⓪
24	①②③④⑤⑥⑦⑧⑨⓪
25	①②③④⑤⑥⑦⑧⑨⓪
26	①②③④⑤⑥⑦⑧⑨⓪
27	①②③④⑤⑥⑦⑧⑨⓪
28	①②③④⑤⑥⑦⑧⑨⓪
29	①②③④⑤⑥⑦⑧⑨⓪
30	①②③④⑤⑥⑦⑧⑨⓪

キリトリ線

第　　回　高等学校卒業程度認定試験

国　語　解答用紙

氏　名	

受験番号⇒

①	⓪①②③④⑤⑥⑦⑧⑨	⓪①②③④⑤⑥⑦⑧⑨	⓪①②③④⑤⑥⑦⑧⑨	⓪①②③④⑤⑥⑦⑧⑨

生年月日⇒

年号						
明治Ⓜ 大正Ⓣ 昭和Ⓢ 平成Ⓗ	⓪①②③④⑤⑥	⓪①②③④⑤⑥⑦⑧⑨	⓪①	⓪①②③④⑤⑥⑦⑧⑨	⓪①②③	⓪①②③④⑤⑥⑦⑧⑨

（注意事項）
1．記入はすべてＨまたはＨＢの黒色鉛筆を使用してください。
2．訂正するときは、プラスチックの消しゴムで丁寧に消し、消しくずを残さないでください。
3．所定の記入欄以外には何も記入しないでください。
4．解答用紙を汚したり、折り曲げたりしないでください。
5．マーク例　良い例 ●　悪い例

受験地			
北海道	○	滋　賀	○
青　森	○	京　都	○
岩　手	○	大　阪	○
宮　城	○	兵　庫	○
秋　田	○	奈　良	○
山　形	○	和歌山	○
福　島	○	鳥　取	○
茨　城	○	島　根	○
栃　木	○	岡　山	○
群　馬	○	広　島	○
埼　玉	○	山　口	○
千　葉	○	徳　島	○
東　京	○	香　川	○
神奈川	○	愛　媛	○
新　潟	○	高　知	○
富　山	○	福　岡	○
石　川	○	佐　賀	○
福　井	○	長　崎	○
山　梨	○	熊　本	○
長　野	○	大　分	○
岐　阜	○	宮　崎	○
静　岡	○	鹿児島	○
愛　知	○	沖　縄	○
三　重	○		

解答番号	解答欄 1 2 3 4 5 6 7 8 9 0
1	①②③④⑤⑥⑦⑧⑨⓪
2	①②③④⑤⑥⑦⑧⑨⓪
3	①②③④⑤⑥⑦⑧⑨⓪
4	①②③④⑤⑥⑦⑧⑨⓪
5	①②③④⑤⑥⑦⑧⑨⓪
6	①②③④⑤⑥⑦⑧⑨⓪
7	①②③④⑤⑥⑦⑧⑨⓪
8	①②③④⑤⑥⑦⑧⑨⓪
9	①②③④⑤⑥⑦⑧⑨⓪
10	①②③④⑤⑥⑦⑧⑨⓪
11	①②③④⑤⑥⑦⑧⑨⓪
12	①②③④⑤⑥⑦⑧⑨⓪
13	①②③④⑤⑥⑦⑧⑨⓪
14	①②③④⑤⑥⑦⑧⑨⓪
15	①②③④⑤⑥⑦⑧⑨⓪

解答番号	解答欄 1 2 3 4 5 6 7 8 9 0
16	①②③④⑤⑥⑦⑧⑨⓪
17	①②③④⑤⑥⑦⑧⑨⓪
18	①②③④⑤⑥⑦⑧⑨⓪
19	①②③④⑤⑥⑦⑧⑨⓪
20	①②③④⑤⑥⑦⑧⑨⓪
21	①②③④⑤⑥⑦⑧⑨⓪
22	①②③④⑤⑥⑦⑧⑨⓪
23	①②③④⑤⑥⑦⑧⑨⓪
24	①②③④⑤⑥⑦⑧⑨⓪
25	①②③④⑤⑥⑦⑧⑨⓪
26	①②③④⑤⑥⑦⑧⑨⓪
27	①②③④⑤⑥⑦⑧⑨⓪
28	①②③④⑤⑥⑦⑧⑨⓪
29	①②③④⑤⑥⑦⑧⑨⓪
30	①②③④⑤⑥⑦⑧⑨⓪

- - - - - - - - - - キ リ ト リ 線 - - - - - - - - - -

第　　回　高等学校卒業程度認定試験

国　語　解答用紙

氏　名	

受験番号 ⇒				
①	⓪①②③④⑤⑥⑦⑧⑨	⓪①②③④⑤⑥⑦⑧⑨	⓪①②③④⑤⑥⑦⑧⑨	⓪①②③④⑤⑥⑦⑧⑨

生年月日 ⇒

年号						
明治Ⓜ 大正Ⓣ 昭和Ⓢ 平成Ⓗ	⓪①②③④⑤⑥	⓪①②③④⑤⑥⑦⑧⑨	⓪①	⓪①②③④⑤⑥⑦⑧⑨	⓪①②③	⓪①②③④⑤⑥⑦⑧⑨

（注意事項）
1．記入はすべてＨまたはＨＢの黒色鉛筆を使用してください。
2．訂正するときは、プラスチックの消しゴムで丁寧に消し、消しくずを残さないでください。
3．所定の記入欄以外には何も記入しないでください。
4．解答用紙を汚したり、折り曲げたりしないでください。
5．マーク例　良い例　悪い例

受験地			
北海道	○	滋　賀	○
青　森	○	京　都	○
岩　手	○	大　阪	○
宮　城	○	兵　庫	○
秋　田	○	奈　良	○
山　形	○	和歌山	○
福　島	○	鳥　取	○
茨　城	○	島　根	○
栃　木	○	岡　山	○
群　馬	○	広　島	○
埼　玉	○	山　口	○
千　葉	○	徳　島	○
東　京	○	香　川	○
神奈川	○	愛　媛	○
新　潟	○	高　知	○
富　山	○	福　岡	○
石　川	○	佐　賀	○
福　井	○	長　崎	○
山　梨	○	熊　本	○
長　野	○	大　分	○
岐　阜	○	宮　崎	○
静　岡	○	鹿児島	○
愛　知	○	沖　縄	○
三　重	○		

解答番号	解答欄 1234567890
1	①②③④⑤⑥⑦⑧⑨⓪
2	①②③④⑤⑥⑦⑧⑨⓪
3	①②③④⑤⑥⑦⑧⑨⓪
4	①②③④⑤⑥⑦⑧⑨⓪
5	①②③④⑤⑥⑦⑧⑨⓪
6	①②③④⑤⑥⑦⑧⑨⓪
7	①②③④⑤⑥⑦⑧⑨⓪
8	①②③④⑤⑥⑦⑧⑨⓪
9	①②③④⑤⑥⑦⑧⑨⓪
10	①②③④⑤⑥⑦⑧⑨⓪
11	①②③④⑤⑥⑦⑧⑨⓪
12	①②③④⑤⑥⑦⑧⑨⓪
13	①②③④⑤⑥⑦⑧⑨⓪
14	①②③④⑤⑥⑦⑧⑨⓪
15	①②③④⑤⑥⑦⑧⑨⓪

解答番号	解答欄 1234567890
16	①②③④⑤⑥⑦⑧⑨⓪
17	①②③④⑤⑥⑦⑧⑨⓪
18	①②③④⑤⑥⑦⑧⑨⓪
19	①②③④⑤⑥⑦⑧⑨⓪
20	①②③④⑤⑥⑦⑧⑨⓪
21	①②③④⑤⑥⑦⑧⑨⓪
22	①②③④⑤⑥⑦⑧⑨⓪
23	①②③④⑤⑥⑦⑧⑨⓪
24	①②③④⑤⑥⑦⑧⑨⓪
25	①②③④⑤⑥⑦⑧⑨⓪
26	①②③④⑤⑥⑦⑧⑨⓪
27	①②③④⑤⑥⑦⑧⑨⓪
28	①②③④⑤⑥⑦⑧⑨⓪
29	①②③④⑤⑥⑦⑧⑨⓪
30	①②③④⑤⑥⑦⑧⑨⓪

キリトリ線

第　回　高等学校卒業程度認定試験

国　語　解答用紙

氏　名	

受験番号 ⇒

①	⓪①②③④⑤⑥⑦⑧⑨	⓪①②③④⑤⑥⑦⑧⑨	⓪①②③④⑤⑥⑦⑧⑨	⓪①②③④⑤⑥⑦⑧⑨

生年月日 ⇒

年号						
明治Ⓜ 大正Ⓣ 昭和Ⓢ 平成Ⓗ	⓪①②③④⑤⑥	⓪①②③④⑤⑥⑦⑧⑨	⓪①	⓪①②③④⑤⑥⑦⑧⑨	⓪①②③	⓪①②③④⑤⑥⑦⑧⑨

（注意事項）
1．記入はすべてＨまたはＨＢの黒色鉛筆を使用してください。
2．訂正するときは、プラスチックの消しゴムで丁寧に消し、消しくずを残さないでください。
3．所定の記入欄以外には何も記入しないでください。
4．解答用紙を汚したり、折り曲げたりしないでください。
5．マーク例　良い例　●　悪い例

受験地			
北海道	○	滋　賀	○
青　森	○	京　都	○
岩　手	○	大　阪	○
宮　城	○	兵　庫	○
秋　田	○	奈　良	○
山　形	○	和歌山	○
福　島	○	鳥　取	○
茨　城	○	島　根	○
栃　木	○	岡　山	○
群　馬	○	広　島	○
埼　玉	○	山　口	○
千　葉	○	徳　島	○
東　京	○	香　川	○
神奈川	○	愛　媛	○
新　潟	○	高　知	○
富　山	○	福　岡	○
石　川	○	佐　賀	○
福　井	○	長　崎	○
山　梨	○	熊　本	○
長　野	○	大　分	○
岐　阜	○	宮　崎	○
静　岡	○	鹿児島	○
愛　知	○	沖　縄	○
三　重	○		

解答番号	解答欄 1 2 3 4 5 6 7 8 9 0
1	①②③④⑤⑥⑦⑧⑨⓪
2	①②③④⑤⑥⑦⑧⑨⓪
3	①②③④⑤⑥⑦⑧⑨⓪
4	①②③④⑤⑥⑦⑧⑨⓪
5	①②③④⑤⑥⑦⑧⑨⓪
6	①②③④⑤⑥⑦⑧⑨⓪
7	①②③④⑤⑥⑦⑧⑨⓪
8	①②③④⑤⑥⑦⑧⑨⓪
9	①②③④⑤⑥⑦⑧⑨⓪
10	①②③④⑤⑥⑦⑧⑨⓪
11	①②③④⑤⑥⑦⑧⑨⓪
12	①②③④⑤⑥⑦⑧⑨⓪
13	①②③④⑤⑥⑦⑧⑨⓪
14	①②③④⑤⑥⑦⑧⑨⓪
15	①②③④⑤⑥⑦⑧⑨⓪

解答番号	解答欄 1 2 3 4 5 6 7 8 9 0
16	①②③④⑤⑥⑦⑧⑨⓪
17	①②③④⑤⑥⑦⑧⑨⓪
18	①②③④⑤⑥⑦⑧⑨⓪
19	①②③④⑤⑥⑦⑧⑨⓪
20	①②③④⑤⑥⑦⑧⑨⓪
21	①②③④⑤⑥⑦⑧⑨⓪
22	①②③④⑤⑥⑦⑧⑨⓪
23	①②③④⑤⑥⑦⑧⑨⓪
24	①②③④⑤⑥⑦⑧⑨⓪
25	①②③④⑤⑥⑦⑧⑨⓪
26	①②③④⑤⑥⑦⑧⑨⓪
27	①②③④⑤⑥⑦⑧⑨⓪
28	①②③④⑤⑥⑦⑧⑨⓪
29	①②③④⑤⑥⑦⑧⑨⓪
30	①②③④⑤⑥⑦⑧⑨⓪

キリトリ線

第　　回　高等学校卒業程度認定試験

国　語　解答用紙

氏　名	

受験番号⇒

①	⓪①②③④⑤⑥⑦⑧⑨	⓪①②③④⑤⑥⑦⑧⑨	⓪①②③④⑤⑥⑦⑧⑨	⓪①②③④⑤⑥⑦⑧⑨

生年月日⇒

年号						
明治Ⓜ 大正Ⓣ 昭和Ⓢ 平成Ⓗ	⓪①②③④⑤⑥	⓪①②③④⑤⑥⑦⑧⑨	⓪①	⓪①②③④⑤⑥⑦⑧⑨	⓪①②③	⓪①②③④⑤⑥⑦⑧⑨

（注意事項）
1．記入はすべてＨまたはＨＢの黒色鉛筆を使用してください。
2．訂正するときは、プラスチックの消しゴムで丁寧に消し、消しくずを残さないでください。
3．所定の記入欄以外には何も記入しないでください。
4．解答用紙を汚したり、折り曲げたりしないでください。
5．マーク例　良い例 ●　悪い例

受験地	
北海道 ○	滋　賀 ○
青　森 ○	京　都 ○
岩　手 ○	大　阪 ○
宮　城 ○	兵　庫 ○
秋　田 ○	奈　良 ○
山　形 ○	和歌山 ○
福　島 ○	鳥　取 ○
茨　城 ○	島　根 ○
栃　木 ○	岡　山 ○
群　馬 ○	広　島 ○
埼　玉 ○	山　口 ○
千　葉 ○	徳　島 ○
東　京 ○	香　川 ○
神奈川 ○	愛　媛 ○
新　潟 ○	高　知 ○
富　山 ○	福　岡 ○
石　川 ○	佐　賀 ○
福　井 ○	長　崎 ○
山　梨 ○	熊　本 ○
長　野 ○	大　分 ○
岐　阜 ○	宮　崎 ○
静　岡 ○	鹿児島 ○
愛　知 ○	沖　縄 ○
三　重 ○	

解答番号	解答欄 1 2 3 4 5 6 7 8 9 0
1	①②③④⑤⑥⑦⑧⑨⓪
2	①②③④⑤⑥⑦⑧⑨⓪
3	①②③④⑤⑥⑦⑧⑨⓪
4	①②③④⑤⑥⑦⑧⑨⓪
5	①②③④⑤⑥⑦⑧⑨⓪
6	①②③④⑤⑥⑦⑧⑨⓪
7	①②③④⑤⑥⑦⑧⑨⓪
8	①②③④⑤⑥⑦⑧⑨⓪
9	①②③④⑤⑥⑦⑧⑨⓪
10	①②③④⑤⑥⑦⑧⑨⓪
11	①②③④⑤⑥⑦⑧⑨⓪
12	①②③④⑤⑥⑦⑧⑨⓪
13	①②③④⑤⑥⑦⑧⑨⓪
14	①②③④⑤⑥⑦⑧⑨⓪
15	①②③④⑤⑥⑦⑧⑨⓪

解答番号	解答欄 1 2 3 4 5 6 7 8 9 0
16	①②③④⑤⑥⑦⑧⑨⓪
17	①②③④⑤⑥⑦⑧⑨⓪
18	①②③④⑤⑥⑦⑧⑨⓪
19	①②③④⑤⑥⑦⑧⑨⓪
20	①②③④⑤⑥⑦⑧⑨⓪
21	①②③④⑤⑥⑦⑧⑨⓪
22	①②③④⑤⑥⑦⑧⑨⓪
23	①②③④⑤⑥⑦⑧⑨⓪
24	①②③④⑤⑥⑦⑧⑨⓪
25	①②③④⑤⑥⑦⑧⑨⓪
26	①②③④⑤⑥⑦⑧⑨⓪
27	①②③④⑤⑥⑦⑧⑨⓪
28	①②③④⑤⑥⑦⑧⑨⓪
29	①②③④⑤⑥⑦⑧⑨⓪
30	①②③④⑤⑥⑦⑧⑨⓪

キリトリ線

第　　回　高等学校卒業程度認定試験

国　語　解答用紙

氏　名	

受験番号 ⇒

①	⓪①②③④⑤⑥⑦⑧⑨	⓪①②③④⑤⑥⑦⑧⑨	⓪①②③④⑤⑥⑦⑧⑨	⓪①②③④⑤⑥⑦⑧⑨

生年月日 ⇒

年号						
明治Ⓜ 大正Ⓣ 昭和Ⓢ 平成Ⓗ	⓪①②③④⑤⑥	⓪①②③④⑤⑥⑦⑧⑨	⓪①	⓪①②③④⑤⑥⑦⑧⑨	⓪①②③	⓪①②③④⑤⑥⑦⑧⑨

（注意事項）
1．記入はすべてＨまたはＨＢの黒色鉛筆を使用してください。
2．訂正するときは、プラスチックの消しゴムで丁寧に消し、消しくずを残さないでください。
3．所定の記入欄以外には何も記入しないでください。
4．解答用紙を汚したり、折り曲げたりしないでください。
5．マーク例　良い例 ●　悪い例

受験地	
北海道 ○	滋　賀 ○
青　森 ○	京　都 ○
岩　手 ○	大　阪 ○
宮　城 ○	兵　庫 ○
秋　田 ○	奈　良 ○
山　形 ○	和歌山 ○
福　島 ○	鳥　取 ○
茨　城 ○	島　根 ○
栃　木 ○	岡　山 ○
群　馬 ○	広　島 ○
埼　玉 ○	山　口 ○
千　葉 ○	徳　島 ○
東　京 ○	香　川 ○
神奈川 ○	愛　媛 ○
新　潟 ○	高　知 ○
富　山 ○	福　岡 ○
石　川 ○	佐　賀 ○
福　井 ○	長　崎 ○
山　梨 ○	熊　本 ○
長　野 ○	大　分 ○
岐　阜 ○	宮　崎 ○
静　岡 ○	鹿児島 ○
愛　知 ○	沖　縄 ○
三　重 ○	

解答番号	解答欄 1234567890
1	①②③④⑤⑥⑦⑧⑨⓪
2	①②③④⑤⑥⑦⑧⑨⓪
3	①②③④⑤⑥⑦⑧⑨⓪
4	①②③④⑤⑥⑦⑧⑨⓪
5	①②③④⑤⑥⑦⑧⑨⓪
6	①②③④⑤⑥⑦⑧⑨⓪
7	①②③④⑤⑥⑦⑧⑨⓪
8	①②③④⑤⑥⑦⑧⑨⓪
9	①②③④⑤⑥⑦⑧⑨⓪
10	①②③④⑤⑥⑦⑧⑨⓪
11	①②③④⑤⑥⑦⑧⑨⓪
12	①②③④⑤⑥⑦⑧⑨⓪
13	①②③④⑤⑥⑦⑧⑨⓪
14	①②③④⑤⑥⑦⑧⑨⓪
15	①②③④⑤⑥⑦⑧⑨⓪

解答番号	解答欄 1234567890
16	①②③④⑤⑥⑦⑧⑨⓪
17	①②③④⑤⑥⑦⑧⑨⓪
18	①②③④⑤⑥⑦⑧⑨⓪
19	①②③④⑤⑥⑦⑧⑨⓪
20	①②③④⑤⑥⑦⑧⑨⓪
21	①②③④⑤⑥⑦⑧⑨⓪
22	①②③④⑤⑥⑦⑧⑨⓪
23	①②③④⑤⑥⑦⑧⑨⓪
24	①②③④⑤⑥⑦⑧⑨⓪
25	①②③④⑤⑥⑦⑧⑨⓪
26	①②③④⑤⑥⑦⑧⑨⓪
27	①②③④⑤⑥⑦⑧⑨⓪
28	①②③④⑤⑥⑦⑧⑨⓪
29	①②③④⑤⑥⑦⑧⑨⓪
30	①②③④⑤⑥⑦⑧⑨⓪

2023　高卒認定スーパー実戦過去問題集
国　語

2023年　1月17日　初版　第1刷発行

編集：J-出版編集部
制作：J-Web School
発行：J-出版

〒112-0002 東京都文京区小石川2-3-4 第一川田ビル TEL 03-5800-0552
J-出版.Net　http://www.j-publish.net/

この本についてのご質問・ご要望は次のところへお願いいたします。
*企画・編集内容に関することは、J-出版編集部(03-5800-0552)
*在庫・不良品(乱丁・落丁等)に関することは、J-出版(03-5800-0552)
*定価はカバーに記載してあります。

ISBN978-4-909326-69-0 C7300 Printed in Japan